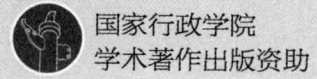
国家行政学院
学术著作出版资助

电子政务规划与设计

Dianzi Zhengwu
Guihua Yu Sheji

王益民◎著

国家行政学院出版社

图书在版编目（CIP）数据

电子政务规划与设计／王益民著．
—北京：国家行政学院出版社，2013.6
　ISBN　978-7-5150-0811-0

　Ⅰ．①电…　Ⅱ．①王…　Ⅲ．①电子政务—研究—中国
Ⅳ．①D630.1-39

中国版本图书馆CIP数据核字（2013）第134513号

书　　名	电子政务规划与设计
作　　者	王益民
责任编辑	李旭颖
出版发行	国家行政学院出版社
	（北京市海淀区长春桥路6号　100089）
电　　话	（010）68920640　68929037
编 辑 部	（010）68928817
经　　销	新华书店
印　　刷	北京中印联印务有限公司
版　　次	2013年6月北京第1版
印　　次	2013年6月北京第1次印刷
开　　本	787毫米×1092毫米　1/16
印　　张	25
字　　数	395千字
书　　号	ISBN　978-7-5150-0811-0
定　　价	50.00元

前 言

党的十八大报告明确把"信息化水平大幅提升"纳入全面建成小康社会的目标之一,并提出了走中国特色新型工业化、信息化、城镇化、农业现代化道路,促进"四化"同步发展。"新四化"是党中央审时度势、高瞻远瞩做出的重大判断和战略选择,把信息化与工业化、城镇化和农业现代化并列,突出强调了信息化在经济发展中的重要战略地位。信息化不仅仅是信息技术的应用,更为重要的是它已经成为经济发展的路径和重要组成部分。电子政务作为我国信息化战略中的重要组成部分,必将在下一阶段我国经济社会发展、政府管理过程中发挥更重要的作用。

本书从电子政务规划设计的内容方法、电子政务网络平台设计、政府信息资源平台设计、电子政务应用支撑设计、电子政务安全体系设计、政府门户网站设计等方面介绍电子政务设计。全书共分8章,内容简述如下:

第1章主要对电子政务构成要素、作用、功能进行了概括性介绍,同时对电子政务的四种应用模式进行了阐述。

第2章首先介绍了电子政务规划涉及的主要内容,然后总结了电子政务规划的基本原则,最后介绍了电子政务规划的主要方法和流程。

第3章主要介绍电子政务系统设计的原则与内容。内容包括电子政务设计的基本原则、电子政务体系结构、电子政务设计的主要内容、电子政务设计和实现流程等,重点对电子政务系统的可行性研究、需求分析、总体设计等进行了讨论。

第4章主要介绍了电子政务基础网络平台设计,内容涉及电子政务基础网络体系结构、政务内网规划设计概要、政务内网规划设计、政务外网规划设计、电子政务网络中心设计。

第5章主要介绍政府信息资源管理平台设计。包括政府信息资源分类框架、政务信息的组织与管理、政府信息资源目录体系等。并对北京市政务信息资源共享交换平台的建设与应用做了案例分析。

第6章主要是电子政务应用支撑系统设计，重点介绍了应用支撑平台设计、应用组件设计、协同办公平台设计等方面的内容。

第7章着重介绍了电子政务安全分析和电子政务安全体系架构，并就网络安全防护体系、安全信息体系设计展开论述。

第8章主要介绍了政府门户网站的规划设计，包括政府门户网站的发展趋势、设计原则、政府网站群建设等内容，并对部委和省市的政府网站进行了案例分析。

本书由王益民编著，丁艺、胡红梅、朱锐勋、唐建斌分别参与了部分章节的编写工作。本书在编写过程中得到了宋彭旭、魏华、陶勇、刘密霞、翟云、余坦等的大力帮助和支持，在此一并表示感谢。

由于时间仓促，作者水平有限，书中难免会有错误和不妥之处，欢迎业界同仁批评指正。

作　者

2013年6月

前　言 / 001

第1章　电子政务概述 / 001

1.1　电子政务基础理论 / 001

1.1.1　电子政务基本概念 / 001

1.1.2　电子政务的构成要素 / 009

1.1.3　电子政务的作用和功能 / 010

1.2　电子政务系统应用模式 / 021

1.2.1　GtoG 模式 / 021

1.2.2　GtoE 电子政务 / 025

1.2.3　GtoB 电子政务 / 026

1.2.4　GtoC 电子政务 / 029

第2章　电子政务规划内容和方法 / 032

2.1　电子政务规划的内容 / 032

2.1.1　发展现状及面临形势 / 033

2.1.2　指导思想及发展方针 / 038

2.1.3 发展目标 / 039

2.1.4 发展方向和发展重点 / 039

2.1.5 保障措施 / 040

2.2 电子政务规划的基本原则 / 040

2.2.1 "以人为本"原则 / 040

2.2.2 统一性原则 / 040

2.2.3 系统性原则 / 041

2.2.4 安全性原则 / 042

2.3 电子政务规划的方法和流程 / 043

2.3.1 规划的方法 / 043

2.3.2 规划的流程 / 045

第3章 电子政务系统设计原则与内容 / 051

3.1 电子政务设计的原则 / 051

3.1.1 扩展性原则 / 052

3.1.2 兼容性原则 / 052

3.1.3 标准化原则 / 052

3.2 电子政务体系结构 / 053

3.2.1 电子政务的系统框架 / 053

3.2.2 电子政务体系结构 / 060

3.3 电子政务设计的主要内容 / 066

 3.3.1 基础设施的设计 / 067

 3.3.2 应用系统的设计 / 067

 3.3.3 信息资源系统设计 / 068

 3.3.4 安全体系设计 / 069

3.4 电子政务设计及实现流程 / 069

 3.4.1 准备工作 / 069

 3.4.2 可行性研究 / 070

 3.4.3 需求分析 / 071

 3.4.4 总体设计 / 074

 3.4.5 详细设计 / 074

 3.4.6 编码和单元测试 / 075

 3.4.7 综合测试 / 075

 3.4.8 软件维护 / 076

第 4 章 电子政务基础网络平台设计 / 077

4.1 电子政务基础网络体系结构 / 077

 4.1.1 电子政务的网络平台 / 077

 4.1.2 电子政务网络平台总体设计的目标和原则 / 079

 4.1.3 电子政务网络平台总体设计要点 / 081

4.2 政务内网规划设计概要 / 082

    4.2.1 政务内网建设的需求分析 / 083

    4.2.2 政务内网建设的原则 / 084

4.3 政务内网规划设计要点 / 085

    4.3.1 政务内网建设的性能指标要求 / 086

    4.3.2 内网建设的主要内容 / 087

    4.3.3 内网网络平台设计参考 / 088

4.4 政务外网规划设计概要 / 094

    4.4.1 外网平台设计概述 / 094

    4.4.2 外网设计的原则 / 095

4.5 政务外网设计要点 / 097

    4.5.1 外网整网结构设计 / 097

    4.5.2 外网网络平台设计要点 / 099

    4.5.3 外网网络平台设计参考 / 100

4.6 电子政务网络中心的设计 / 102

    4.6.1 中心机房设计 / 103

    4.6.2 网络路由规划 / 107

    4.6.3 网络管理设计 / 109

第 5 章 政府信息资源管理平台设计 / 113

5.1 政府信息资源分类框架 / 114

5.2 政府信息的组织与管理 / 115
5.2.1 政府信息资源的组织 / 115
5.2.2 政府信息资源管理 / 122

5.3 政府信息资源目录体系 / 135
5.3.1 政府信息资源目录体系概述 / 135
5.3.2 政府信息资源目录体系基础与体系结构 / 137
5.3.3 政府信息资源目录体系与交换体系 / 140

5.4 政府信息资源管理与共享平台案例 / 141

第 6 章 电子政务应用支撑系统设计 / 144

6.1 应用支撑平台设计 / 144
6.1.1 应用集成平台 / 145
6.1.2 数据交换平台 / 145
6.1.3 工作流引擎支撑平台 / 146
6.1.4 辅助定制平台 / 149

6.2 协同办公平台设计 / 150
　　6.2.1 办公自动化系统 / 150
　　6.2.2 电子公文交换系统 / 162
　　6.2.3 网上联合审批系统 / 167
　　6.2.4 电子邮件系统 / 182

6.3 应用组件设计 / 190
　　6.3.1 通用技术组件 / 190
　　6.3.2 通用业务组件 / 193

第 7 章　电子政务安全体系设计 / 195

7.1 电子政务安全体系结构设计 / 195
　　7.1.1 电子政务安全风险分析 / 196
　　7.1.2 电子政务安全体系结构 / 197
　　7.1.3 电子政务系统安全措施 / 199

7.2 网络安全防护体系 / 201
　　7.2.1 网络安全防护目标 / 201
　　7.2.2 安全域的划分 / 201
　　7.2.3 物理链路安全 / 202
　　7.2.4 基础网络安全 / 203

目 录

7.3 安全信任体系设计 / 210

7.3.1 安全信任体系设计目标 / 210

7.3.2 加密服务基础设施 / 211

7.3.3 密钥管理系统 / 217

7.3.4 文件加密系统 / 222

7.3.5 磁盘加密系统 / 225

7.3.6 虚拟专用网 / 228

7.3.7 公钥基础设施软件 / 231

7.3.8 身份识别控制 / 239

7.3.9 访问控制网关 / 243

7.3.10 可信时间戳系统 / 248

7.3.11 电子印章系统 / 251

7.3.12 数字签名 / 253

7.3.13 数据完整性验证系统 / 257

7.4 安全管理中心 / 262

7.4.1 设计目标 / 262

7.4.2 安全管理制度要求 / 265

第 8 章 政府门户网站设计 / 268

8.1 政府门户网站性质 / 269

8.1.1 政府门户网站的功能 / 269

8.1.2 政府门户网站的特征 / 271

8.1.3 建设政府门户网站的重要意义 / 272

8.2 各国/地区的电子政务门户 / 274

8.2.1 国外典型电子政务门户网站的发展 / 274

8.2.2 我国政府门户网站发展回顾 / 280

8.2.3 国外电子政务门户网站发展的启示 / 282

8.3 政府门户网站设计原则 / 283

8.3.1 政府门户网站的发展趋势 / 284

8.3.2 政府门户网站的建立原则 / 285

8.4 政府门户网站集群管理 / 288

8.4.1 网站集群管理——突破政府门户网站发展的瓶颈 / 288

8.4.2 政府门户网站集成的原则 / 289

8.4.3 政府门户网站集群设计 / 290

8.5 政务网站导航系统 / 291

8.5.1 政府门户网站的导航机制 / 291

8.5.2 政府门户网站的链接标识 / 293

8.5.3 政府门户网站导航系统设计 / 294

8.6　典型案例分析 / 296
　　8.6.1　商务部 / 296
　　8.6.2　首都之窗 / 300
　　8.6.3　佛山市政府网 / 303

附录一　《2006—2020年国家信息化发展战略》/ 308

附录二　《国家电子政务"十二五"规划》/ 324

附录三　《"十二五"国家政务信息化工程建设规划》/ 338

附录四　《上海市政府电子政务"十二五"发展规划》/ 352

附录五　《青岛市电子政务发展"十二五"规划纲要》/ 363

参考文献 / 377

第 1 章 电子政务概述

1.1 电子政务基础理论

1.1.1 电子政务基本概念

1.1.1.1 电子政务的不同定义及我们的界定

目前电子政务尚无统一的定义,许多专家从不同角度给出了不同的定义。自 20 世纪 90 年代电子政务产生以来,关于电子政务的定义有很多,并且随着实践的发展而不断更新。有的认为电子政务是政府机构应用现代信息和通信技术,将管理和服务通过网络技术进行集成,在互联网上实现政府组织结构和工作流程的优化重组,超越时间和空间及部门之间的分隔限制,向社会提供优质和全方位的、规范而透明的、符合国际水准的管理和服务。联合国经济社会理事会将电子政务定义为,政府通过信息通信技术手段的密集性和战略性应用组织公共管理的方式,旨在提高效率、增强政府的透明度、改善财政约束、改进公共政策的质量和决策的科学性，建立良好的政府之间、政府与社会、社区以及政府与公民之间的关系，提高公共服务的质量，赢得广泛的社会参与度。世界银行则认为电子政府主要关注的是政府机构使用信息技术（比如万维网、互联网和移动计算），赋予政府部门以独特的能力，转变其与公民、企业、政府部门之间的关系。这些技术可以服务于不同的目的：向公民提供更加有效的政府服务、改进政府与企业和产业界的关系、通过利用信息更好地履行公民权，以及增加政府管理效能。因此而产生的收益可以减少腐败、提高透明度、促进政府服务更加便利化、增加政府收益或减少政府运行成本。

我们认为要给电子政务下一个确切的定义，必须要先理解公共行政、行政管理、政府管理、公共管理等的涵义。长期以来，我国学界主流观点是把"公共行政（public administration）"简称行政，是政府依法对国家事务、自身事务和社会公共事务进行的管理活动。麦克斯韦尔学院副院长梅戈特博士认为，20世纪80年代前后的西方行政改革使得公共管理主体的划分很难有明确的界限，所有为公共利益服务的人员都是公共管理的主体。人们今天所讲的公共管理，与名义上称之的"行政管理"而实际上的"政府管理"不同，公共管理的主体不仅有政府，而且还包括社会中那些追求为公共利益服务的第三部门。北京大学陈庆云教授认为，公共管理是政府与非政府公共组织，在运用所拥有的公共权力，处理社会公共事务的过程中，在维护、增进与分配公共利益，以及向民众提供所需的公共产品（服务）所进行的管理活动。可见，政府管理与公共管理是两个不同的模式。公共管理是包括政府管理在内的全社会开放式管理体系。政府管理是公共管理的主角，但社会公共事务管理还需若干配角，如非政府公共组织。就我国而言，从计划经济走向市场经济，政府管理也必然要求走向公共管理。

从某种意义上说，我们可以把侧重现代信息技术与行政管理（或政府管理）结合的传统电子政务称为"电子政务"，而把侧重现代信息技术与公共管理结合的现代电子政务称为"电子公务"。电子政务是政府部门广泛采用计算机、互联网、移动通信等现代信息技术开展行政管理，利用信息化手段向企业和公众（个人）提供所需的公共产品（或服务）。电子公务则是政府部门和非政府公共组织广泛采用计算机、互联网、移动通信等现代信息技术开展公共管理，利用信息化手段向企业和公众（个人）提供所需的公共产品（或服务）。显然，除了政府部门自身的信息化，电子公务还包括非政府公共组织的信息化。在我国，目前非政府公共组织的发展还处于起步阶段，但随着经济社会的转型，非政府公共组织的作用将日益重要。我国行政事业单位的改革、改制、重组正在进行，新兴的行业协会不断出现，他们也必然要利用现代信息技术手段向企业和公众提供所需的公共产品（服务）。从更广泛的意义上说，政务是指与国家政权有关的所有公共性事务。在我国，它除了政府机关的行政事务以外，还包括党委、人大、政协、军委等方面的事务。因此，电子党务、电子人大、电子政协、电子军务都可以纳入电子政务的范畴。

综上，我们认为，电子政务是通过信息技术改革传统政务，形成一个更加开放包容，快速响应、高效作为的政府。电子政务的核心作用主要体现在提升行政效率、促进信息公开和提升政府与公众互动三个方面。在提升行政效率方面，电子政务提倡科技领先和效率，有效运用现代信息技术，并将其整合到政府管理中去，从而实现政府管理的目标，在信息化的过程中，要改变传统的政府组织形式，使行政程序简单化，统一化；在促进信息公开方面，增强了政府信息的公开和可获取性，电子政务意味着政府的公开化和民主化，政府有责任和义务以便利的方式，让民众容易获得政府的信息，从而创造更高的附加值；在提升政府与公众互动方面，政府与公众之间需建立互动反馈机制，电子政务的目标在于建立起政府机关、企业与公众之间的互动机制，促使政务了解公众的合理需求。可见，电子政务的核心作用旨在促进政府利用现代信息技术构建"在线服务"，即跨越时间、地点、部门的全天候的政务服务体系，最终实现基于一站式的无缝隙政府，并产生政务的服务与管理模式、技术应用等多维创新，进而更加支撑和服务整个社会经济文化的和谐稳定发展。

1.1.1.1.2 电子政务的特征

1. 办公电子化

办公电子化指运用计算机技术处理内部事务。例如，电子公文：公文制作、公文管理电脑化。电子签章：运用 CA 技术进行身份识别。电子邮递：建立整体性的政府电子邮递系统，实现同级各职能部门以及上下级之间的公文流转网络化。电子目录：提供电子目录查寻与服务。电子数据交换：在以电子签章以及密钥技术为支撑的网络安全环境下，推动政府机关之间、政府与企业之间进行电子资料交换。电子采购与招标：在电子商务的安全环境下，在线完成政府采购、交易、支付等。

2. 管理数字化

政府管理数字化包括中央政府对国家管理以及地方政府对城市与地区管理两个层面。地方政府的数字化管理可以利用 GIS 系统，即地理信息系统，实行城市规划、土地使用、地下管线、城市交通与治安以及自然资源、生态环境等的数字化管理。

3. 服务网络化

运用互联网完成政府对公民的服务。例如，电子税务：运用电子化、网络化，可以全天候、全年无休地在异地完成税务活动。电子工商：在网上办理管理事务。电子福利支付：运用电子数据交换、IC 卡等技术，处理各种社会福利事务。电子身份认证：集个人身份证件、指纹、经历、收入、房产、公积金、养老保险等个人资料，以及缴费、纳税等个人信用于一卡，通过网络实现为民服务。

4. 监督电子化

通过政府公务的电子化，将政府办公事物流程向社会公开，让公众迅速了解政府机构的组成、职能和办事章程，各项政策法规，增加办事的透明度并自觉接受公众的监督。

1.1.1.3 电子政务与传统政务及相似概念的辨析

1. 电子政务与传统政务的区别

从上面的论述中可以看出，电子政务与传统政务相比，具有很多显著的区别，可以将这些区别归纳为在办公手段、业务流程以及与公众沟通方式上的区别。

（1）办公手段不同

信息资源的数字化和信息交换的网络化是电子政务与传统政务最显著的区别。传统政务办公模式依赖于纸质文件作为信息传递的介质，办公手段落后，效率低。人们到政府部门办事，要到各管辖部门的所在地，如果涉及不同的部门，更是费时费力。信息技术的飞速发展使得电脑不仅进入企业和政府机构，而且还进入了千家万户，这为人类社会进入信息社会奠定了坚实的物质基础。因特网几乎以连年翻番的发展速度在全球推广应用，电子邮件可以在瞬息之间将大量资料发往世界各地。计算机的普及和因特网的广泛应用引发了世界范围的信息革命，一边是个人电脑和其他智能设备进入企业、政府机构和百姓家庭；一边又将全球的信息设备通过因特网互联，使人们可以随时传递、交换和共享各种信息资源，加快了信息交换的速度，提高了信息利用的频率，使信息资源的开发利用渗透到经济和社会生活的各个领域，推动了经济、社会的发展，使人类进入信息时代。可以说，信息时代因特网在发挥政府职能和实施政府管理方面均能起到非常积极的作用。政府通过计算机存储介质或网络发布的信息，远比以往通过纸质介质发布的信息容量大、速度快、形式灵活。

（2）行政业务流程不同

实现行政业务流程的集约化、标准化和高效化是电子政务的核心，是与传统政务的重要区别。传统政务的机构设置是管理层次多，决策与执行层之间信息沟通的速度较慢，费用较多，信息失真率较高，往往使行政意志在执行与贯彻的过程中发生不同程度的偏离，从而影响了政府行政职能的有效发挥，也造成了机构臃肿膨胀、行政流程复杂、办事效能降低等不良后果。电子政务的发展使信息传递高效、快捷，使政府扭转机构膨胀的局面成为可能。政府可以根据自身的需要，适度地减少管理层次，拓宽管理幅度，这不但能保证信息传递的高速度，也降低其成本，大大提高信息传递的准确率和利用率。政府还可以使行政流程尽量优化、标准化，使大量常规性、例行性的事务电子化，这既可以减轻政府部门人员的管理劳动强度，又可以使政府内部的领导层与执行层之间、各职能部门之间直接对话，从而极大地提高政府的行政效率。因此，电子政务的实施将从根本上改变传统政府的运作方式，使现代政府办公更加高效、快捷、方便。

（3）与公众沟通方式不同

直接与公众沟通是实施电子政务的目的之一，也是与传统政务的又一重要区别。传统政务容易疏远政府与公众的关系，也容易使中间环节缺乏有力的民主监督，以致发生腐败现象。而电子政务的根本意义和最终目标是政府对公众的需求反应更快捷，更直接地为人民服务。政府通过因特网可以让公众迅速了解政府机构的组成、职能、办事章程和各项政策法规，提高办事效率和执法的透明度，促进勤政廉政建设；同时，普通公众也可以在网上与政府领导人直接进行信息交流，反映大众呼声，促进政府职能转变，更便于发扬民主。

2. 电子政务与几个相似概念的区别

（1）电子政府

虽然电子政务与电子政府来自同一个英文组合词"Electronic Government"，但两者之间其实是有一定的区别。我们首先来看看"政府"和"政务"的区别，在此基础上再来理解"电子政府"与"电子政务"的区别。

1）政府是指国家权力的执行机关，即国家行政机关。政府是一种机构和组织，是为社会各种组织和个人提供政府管理事务的客观存在。政府按管辖权不同，可分为中央政府和地方各级政府，不同的政府机构各自承担着不同的职能。

2）政务则是指有关政治方面的事务，泛指国家和地方政府的管理工作。

在我国,"政务"的概念可以从广义和狭义两个角度来理解。广义的"政务"泛指各类行政管理事务,包括政党、政府、人大、政协、军队等系统所从事的行政管理活动;狭义的"政务"则是专指政府部门所开展的行政管理和社会服务活动。

3)"电子政府"原指利用网络技术来构建一个"虚拟政府",从而使民众能够随时随地得到政府的各类服务,是与传统的政府机构相对而言的,是现有的政府机构在开展电子政务的过程中,对现有的政府组织结构和工作流程进行优化重组之后重新构造的新的政府管理组织,它的外在表现形式可以是虚拟化的政府网站,但支撑网站运作的必须是精简的机构、高效的团队和电子化的业务运作。

由此可见,"电子政府"是一个实体概念,主要是建立一个功能完善的政府网站,偏重于政府网络化;而"电子政务"是一个程序概念,主要是通过电子手段完成行政目的,偏重于政务。二者既有区别又有联系,电子政务的实施必须依靠电子政府来完成,而构建电子政府的根本目的也就是为了更好地实施电子政务。

(2)办公自动化

所谓办公自动化,主要是指利用现代化的办公设备、计算机技术和通信技术来代替办公人员的手工作业,从而大幅度地提高办公效率。办公自动化设备早在20世纪80年代就已经开始在我国普及应用,而电子政务系统的大规模应用基本上是90年代中期以后的事情。

具体地说,电子政务和办公自动化系统在以下几个方面存在明显的差异:

1)应用定位不同。电子政务侧重于政府部门内部以及跨部门、系统和地区的应用,而办公自动化系统的应用重点一般是在部门内部,并且集中于办公人员的个人层面。

2)二者的应用主体不同。办公自动化广泛地应用于几乎所有的党政机关和企事业单位,而电子政务顾名思义,其应用主体主要是各级政府部门。

3）系统用户不同。办公自动化系统的用户多为办公人员，而电子政务由于一般是互动式进行的，因此其系统用户的范围要广得多，除了政府部门的工作人员之外，还包括与这些部门相关的企业和公众等。

虽然电子政务和办公自动化在应用定位、应用主体、功能、系统管理模式等方面均存在较大的差异，但是它们之间仍然有着十分密切的关系。由于电子政务实现了打破部门界线的联网办公和互动式作业，因此可以把电子政务看作是办公自动化系统在范围和功能上的对外延伸，是面向全社会的政府办公自动化。

（3）政府上网

"政府上网"这个词来源于1999年我国启动的"政府上网工程"。当年1月，中国电信联合40多家部委（办、局）的信息主管部门，共同倡议发起了政府上网工程。这项工程的主旨是推动各级政府部门开通自己的互联网站，并推出政务公开、领导人电子信箱、电子报税等服务，从而为政府系统的信息化建设打下了坚实的基础。"政府上网工程"取得了巨大的成功。在短短的一年时间内，全国各级政府部门申请的"gov.cn"域名就达到2400余个，而且还开发出了大量成功的网上应用项目。正是由于"政府上网工程"取得了如此大的成功，所以人们后来经常用"政府上网"来指代我国的电子政务建设。不过，"政府上网"与电子政务不是同一个概念。"政府上网"的重要任务是建设政府网站，推动政府部门与公众之间的信息交流；而电子政务则是一个更为广泛的概念，它还包括政府部门内部以及政府部门之间所有的政务往来。因此，政府上网只是电子政务建设内容的一个组成部分。

（4）政府信息化

政府信息化是指为了适应信息时代的到来，运用信息技术、通讯技术、网络技术以及办公自动化技术等现代信息手段，对传统政府的管理和公共服务进行改造。具体包括办公自动化、信息网络化、管理电子化等多个方面。

政府信息化与电子政务的关系是相辅相成的，电子政务是政府信息化的主要表现形式，而政府信息化又是电子政务实施的必要条件。可以说，政府信息化与电子政务是相互作用、同步推进的。

1.1.2 电子政务的构成要素

目前，在电子政务领域，随着区域政府跨部门信息共享、资源整合、业务协同的工作需求，软件架构再一次出现分化，形成浏览器/应用层/应用支撑层/信息资源层四层架构（图1-1），其核心是将应用支撑层与应用层分离开来。在工程建设中，应用支撑层对应为应用支撑平台。应用支撑平台的建设，有力地支撑了区域统一电子政务应用系统的建设，满足了区域政府跨部门信息共享、资源整合、业务协同的工作需求，也使得电子政务应用系统的建设更为规范、高效、合理。电子政务领域中应用支撑层概念的正式提出，最早是在2002年5月，原国务院信息化工作办公室（简称原国信办）发布的《电子政务标准化指南》第1部分《总则》指出："应用支撑层向电子政务应用层提供所需的各种通用服务，如信息交换服务、事务处理服务和流程控制服务等，它能有效地简化电子政务应用系统的设计和实现。该层面对应的是应用支撑标准，包括为各种电子政务应用提供支撑和服务的标准，主要有信息交换平台、电子公文交换、电子记录管理、日志管理和数据库等方面的标准。"[1] 2005年12月，原国信办所发布的《电子政务标准化指南》第5部分《支撑技术》中，对应用支撑层的相关技术进行了进一步的解释和说明，提出了应用支撑层建设的三种主要架构和该层所应包含的主要服务。三种架构分别为面向过程的架构、基于组件的架构和面向服务的架构。该层所应包含的主要服务包括信息表示标准、消息服务、事务服务、流程控制、数据访问、目录服务、安全服务和管理服务[2]。

---

[1] 国信办《电子政务标准化指南》第1部分《总则》，2002年5月。
[2] 国信办《电子政务标准化指南》第5部分《支撑技术》，2005年12月。

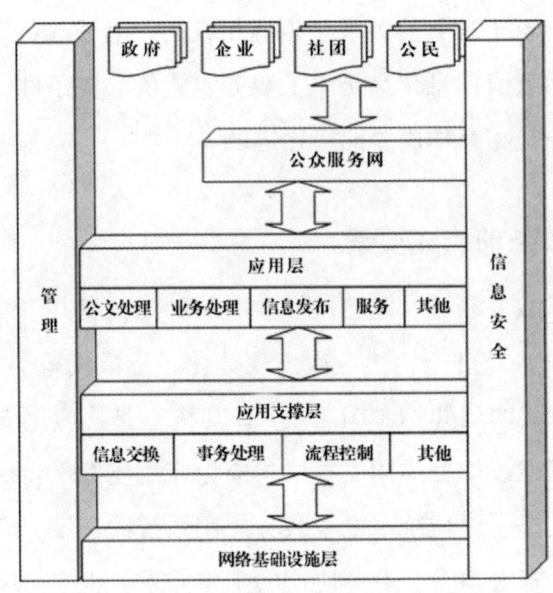

图 1-1　电子政务的构成要素

1.1.3 电子政务的作用和功能

1.1.3.1 实施电子政务的重要意义

实施电子政务并不是简单地把政府信息搬到网上，也不仅仅是以计算机代替人工来处理政府事务，而是利用以互联网为核心的信息技术，彻底转变传统的政府管理工作模式，使政府机构、公务员、公民、企事业单位和其他社会组织构筑起一种全新的网络联系，实现公务、政务、商务、事务的一体化管理与运行，实现"办公网络化、政务公开化、管理一体化、决策科学化、经济信息化和社会发展现代化"的综合目标。因此，实施电子政务具有十分重要的战略意义。电子政务是政府管理方式的革命，它不仅意味着政府办公要进一步地公开和透明。而且更意味着政府要通过网络去处理属于其管辖范围内的一部分公共管理事务，它实质上是构建一个电子政府，利用信息和通讯技术有效地实现行政服务及内部管理等功能，在政府、社会和公众之间建立有机服务系统。其重要意义体现在以下几个方面：

1. 提高政府工作效率

政府机构各部门实行电脑化、网络化和信息化，可以提高政府在行政、服务和管理方面的效率。电子政府利用信息技术，积极推动精简组织结构层次、简化办公流程和提高政府效能。政府部门是电子政务的推行者，更是电子政务的受益者。近年来，欧、美、日等主要国家为提高其国际竞争优势，相继推出了国家信息基础设施建设计划，并规划用网络构建"电子化政府"或"连线政府"，作为提升政府效率及便民服务的重点，以建立一个以适应人民需求为导向的政府，并以更高效率的行政流程，为人们提供更广泛的、更便捷的信息及服务。

2. 降低管理和服务成本

电子政务将通过提高政府的办公效率来大大削减公共行政成本，进而降低各项税收费用。电子政务的广泛推行，使企业可以通过因特网直接与政府部门进行沟通和交流，节省了大量的人力、物力和财力资源。应用网站及电子邮件与传统的会议和公文相比可大大减少会务组织、纸面处理、邮递等费用；加上网络突破了时间和空间的限制，还可以节省大量交通费用；另外，政务活动处理方式的简化和政务职能的调整不仅可以减轻行政工作人员的负担，还可以降低公众获取信息服务的成本等等，从而使政府和公众在人力、物力和财力上双方都获益。

3. 提升政府部门的决策能力和业务管理水平

电子政务的建设和发展过程，同时也是政府信息化网络的建设和发展过程，电子政务的建设和发展将有助于政府更及时、更准确、更全面地掌握国家经济运作的各种信息，并进行更迅速、更有针对性、更系统的分析，进而有效地提高政府的管理水平和对经济的调控能力。

4. 促进廉政建设

电子政务将使政府工作的透明度越来越高，有利于政府的勤政、廉政建设，有利于杜绝腐败现象和不正之风。实施电子政务，一方面可以实现政府施政的透明化和公开化；另一方面可以简化政府部门的工作呈现，将大量原来人员管理的事务变为计算机自动管理，减少人为因素，从而保证了政府工作的可靠性，政府官员以权谋私、徇私舞弊的机会大为降低。

5. 推进全社会信息化发展

电子政务的普及和运用，将以政府的信息化发展有力地推动和加速整个社会的信息化发展。只有向公众展示高新技术的应用，让社会享受信息网络的便利，才能切实地推动全社会信息化的发展。另外，电子政务是一项覆盖各级政府部门的大型复杂的系统工程，是当今信息技术与政府政务相结合的产物，将涉及信息技术的各种产品和技术。因此，电子政务将为中国信息产业在未来相当长一段时间创造大量就业机会和全行业市场盈利机会。

6. 引导本国市场与国际市场接轨，促进数字经济时代国家经济的发展

一国政府只有将本国的电子政府管理平台与国际发达国家的电子政府管理平台实现制度上的相对一致性和信息上的共享，才能为本国企业发展营造更优越的环境，保证本国企业在进行国际贸易活动时具有更高的效率。赢得更大的商机，从而有利于本国企业融入国际环境并参与世界经济的竞争。电子政务为政府机构向全国乃至全世界的开放创造了条件，同时也促使政府行使系统对信息变化的反应更为敏捷。电子政务将使政府咨询与合作的双向渠道得以贯通，从而进一步增强政府和社会各界之间的相互理解、支持与合作。

总之，实施电子政务，全面实现政府信息化，能为政府机构导入全新的概念，带来政府办公模式与观念上的革命；同时也为社会公众和企业提供了良好的信息沟通渠道和优越的发展环境，对本国政治、经济、文化、生活各个方面都具有重大意义。

1.1.3.2 电子政务的主要功能

1. 社会管理与公共服务职能

就政府职能而言，电子政务能够在相当程度上实现社会管理与公共服务的统一，做到"融服务于管理之中"或"融管理于服务之中"。因此，这里将政府职能定位"16字方针"（即经济调节、市场监管、社会管理、公共服务）中的"公共服务"与"社会管理"统一放在电子政务的基本职能即"社会职

能"中。在物理环境下，政府社会管理与公共服务多半是以有形的物质手段直接作用于被管理与服务的对象。例如，对经济落后地区而言，最佳的公共服务就是为之提供良好的经济发展条件，如桥梁、道路、城市交通工具等公共物品。因此，在网络环境下，政府实施社会管理与公共服务的手段与形式与在物理环境下的存在很大差异，电子政务的主要作用是发挥信息网络技术在对社会管理信息的处理、分析、综合方面的强大功能，从而进一步加强政府对社会的管理及应急反应能力，例如"金盾工程"、人口信息管理系统和公安交通信息管理系统等使得政府打击各类违法犯罪活动、加强社会流动人口管理以及维持城市交通秩序等的能力得到极大提升。所以，根据电子政务的特性，本文将社会职能划分为政府信息资源服务、基础设施提供（消除"数字鸿沟"）和社区信息化等。这些职能其实也是社会管理、公共服务职能在网络环境下的具体表现。

（1）政府信息资源服务

在有关电子政务经济职能的分析中，已经讨论了政府信息资源对现代服务业的促进作用。这里要分析的是政府在信息资源服务方面所应该承担的社会职责。这种社会职责包含两个方面：第一个方面是政府信息公开；第二个方面是对社会信息资源的收集、管理、分析与社会化提供。就第一方面的社会职责而言，具体内容包含两点：首先是从法律上确立公民知情权，对政府信息公开加以立法；其次是以公众觉得便利的方式提供所需信息。但是，就国家层面来看，公民知情权尚未纳入相应的法律之中。按照法理，公民知情权应该属于公民的基本权利范畴，要由宪法来明确。而就信息公开立法而言，国务院出台了《政府信息公开条例》，相应的法律还未见出台。其实，就社会服务职能而言，光有简单的信息公开仍然是不够的，还必须辅以恰当合理的信息提供方式。在互联网出现以前，这些方式主要包括政府公告、报纸和杂志等媒体，一些国家甚至要求当地图书馆也要承担提供这些信息的责任。在网络时代，很多国家都要求必须将政府信息在政府网站公开。政府对信息资源的处理应使其具有两种职能，一是公开政府信息，二是对这些信息进行综合与深度分析。前一种职能已经为公众所熟知，而第二种职能尚未受到人们的重视。为实施第二种职能，政府应该设立专门机构配备专业人员。

（2）增加基础设施提供以消除"数字鸿沟"

所谓"数字鸿沟"即是指人们通过互联网所能获取的信息数量的差异。这种差异在城乡之间、地区之间，以及不同文化层次、不同年龄段的人群之间表现得非常明显，它会严重地阻碍全社会的信息化应用水平特别是电子政务的发展水平。

"数字鸿沟"既是个经济问题，更是个社会发展问题。全社会通过信息化所消费的已经不仅仅是计算机、互联网以及相关的软硬件基础设施，更是由教育、科技、文化、历史、娱乐等综合在一起的信息资源。就人类需求层次而言，它居于较高的层次，是在人类解决基本生活条件以后的"高档"消费品，用经济学术语来说，其需求弹性要远大于1。这些是我们在思考消除"数字鸿沟"的政策时必须充分考虑的。特别是在广大农村和偏远地区，电子政务相关的信息基础设施的普及程度及使用能力都需要得到极大的关注。

（3）社区信息化

在电子政务的政治职能中，我们曾讨论过社区信息化问题，但那是从公民参与角度来分析的，既有网络社区，也有物理社区。这里主要讨论物理社区以及政府在其信息化过程中的基本功能与职责问题。在中国体制改革的过程中存在着一些明显的趋势，一方面，那些事关国家宏观经济调节与微观经济管理的权力与职能不断地由地方上收到中央职能部门；另一方面，基层政权的组织形式发生了明显的变化，城市社区在逐渐成为基层组织的主力，其自治性日益受到人们的重视，同时很多原来属于上级政府的职能正日益向社区"沉淀"，社区所承担的任务以百项计，城市管理的工作量、任务量在成倍增长，社区正日益呈现出作为一级政府所具备的形态。

近年来，随着构建"和谐社会"目标的提出，社区更是被寄予更多的期待，人们对未来社区的定位展开了激烈的争论，很多人主张按照西方自治的理念来规划和建设中国的社区。其实，无论是从历史还是现实情况来看，社区作为纯粹的居民自治组织都缺乏可行性，社区应该被视为未来国家实施社会管理与公共服务的基础平台，是一种兼具自治与基层政权的复合体。随着社区功能的增加，对管理手段、管理能力、管理方式的要求也日益增多。在这种背景下，应用信息网络技术，整合各类管理与服务资源，以提升社区综合服务能力已成为现代社区发展的重要目标。

2. 经济职能

电子政务已成为服务公众、促进经济与社会发展的重要组成部分，其经济职能正日益显著。电子政务的经济职能体现在宏观经济调节、微观经济管理、产业结构调整和优化经济环境四个方面。在宏观经济调节方面，电子政务可服务于传统的调节资源流向、提高资源配置效率的目的；在微观经济管理方面，信息网络手段被用于政府对经济行为主体的精细化管理，通过创新管理方式实现政府的企业化管理；在产业结构调整方面，电子政务建设在创造对IT产业巨大需求的同时，也在促进整个经济产业结构软化和转型升级，以"电子政务带动信息化"战略直接带动了软件产业以及现代服务业的发展；在优化经济发展环境方面，电子政务直接促进政府信息公开与管理服务理念的转型，为经济发展提供一个公开、透明、诚信、高效的良好环境。

电子政务具有经济外部性，因涉及部门多和系统庞大，不易对其经济效益进行具体的量化分析。我国电子政务网络的建设是一项庞大的工程，并且蕴涵着丰富的商业机会，除了中央政府层面的电子政务建设，扩大到省市，甚至是社区，电子政务建设的市场空间将十分巨大。电子政务的建设总体规模巨大，涉及部门和单位众多，相关资金投入十分庞大。它具有公共产品所具有的经济外部性，对其所带来的经济效益和社会效益的分析，比较复杂和困难。在电子政务对经济作用的方面，我们认为可从直接和间接影响的角度进行分析（图1-2）。

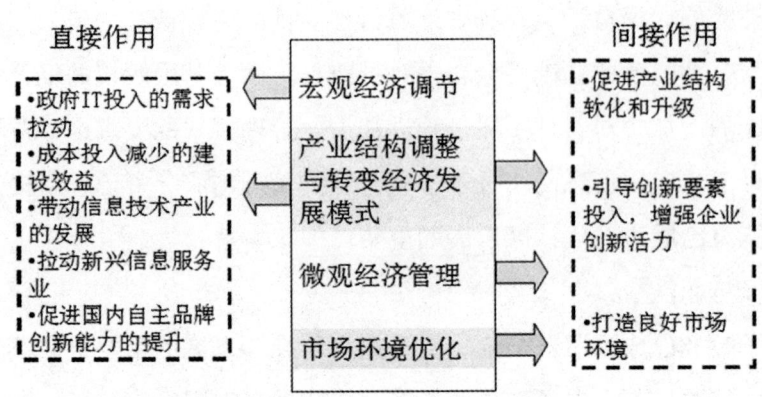

图 1-2　电子政务的经济职能

（1）电子政务经济职能的直接作用

1）政府 IT 投入及购买需求直接活跃市场

电子政务网络建设已具备良好基础，IT 投入仍有较大上升空间。截至 2011 年年底，电子政务网络覆盖 90% 的地市和 80% 的区县。全国政府 100% 的省级、98% 的地市及 85% 以上的区县政府已经建立了政府网站。政府信息化与电子政务的建设，特别是前期硬件设备和网络基础设施建设带动了巨大的有效需求，当然，需要说明的是电子政务相关投入是信息化建设投资的骨干部分，其作用和价值将随着投资周期变动逐渐趋于平缓。根据计世资讯的研究数据，2011 年我国政府行业 IT 投入为 464.9 亿元，2012 年全年 IT 投资规模大幅上涨，达到 518.7 亿元，预计 2013 年我国政府行业 IT 投资规模将持续上涨，达到 589.9 亿元。[1] 国家政务信息化建设"十二五"规划，亦确定了近期政府信息化主要目标，包括五大基础资源库和 15 个重要信息系统建设等，进一步明确了未来市场的增长方向。不论是政府基础设施的投入，还是软件应用的开发，我国政府电子政务建设的购买需求都将对我国经济活动产生直接影响。

---

[1] 计世资讯（CCW Research）：《2013 年中国政府行业信息化建设与 IT 应用趋势研究报告》。

2）行政成本的大大降低直接提升建设的经济效益

在电子政务的建设中，成本的控制将要求"以小的投入实现电子政务效益的最大化"。电子政务的业务协同和办公手段科学化以及集约化建设方式，节约了政府的资金投入，大大提高行政效能的同时，也显示出极强的经济效益。如：贵州省通过行政审批统一平台的建设，至少增加500万~600万的资金投入，《贵州省行政审批及电子监察系统》依托贵州省电子政务外网网络平台建设，节约电子监察专网建设资金近亿元；[1]长春市依托长春信息港建设全市统一的社区信息化服务平台，每年可节约财政经费投入近300万元；[2]厦门市开展电子政务集约化建设，据初步测算，从1999年开通市政府网站以来，已带来超过10亿元的经济效益，目前网上审批市级平台共审批通过了7.3万个申报事项，节省5 100余万元费用；[3]中国人民银行基于财税库关银横向联网的国库信息处理系统的应用实践系统，采用全国集中模式并实现总部级联网，避免了各城市低水平重复建设。按照副省级以上城市（36个）单独建设平均投入1 000万元、一般城市（约300个）单独建设平均投入300万元计算，可以为国家节省重复建设投入约13亿元。[4]

3）业务系统建设直接拉动信息技术与产业的发展

业务系统建设有力促进各行业信息技术和产业的发展。中国电子政务建设的一个主要目标是形成标准统一、功能完善、安全可靠的政务信息网络平台。中国电子政务的具体规划中，整合信息资源，建立人口、法人单位、空间地理和自然资源、宏观经济数据库，重点推进办公业务资源系统、宏观经济管理、金关、金税、金财、金卡、金审、金盾、社会保障、金农、金水和金质等10多个业务系统，为电子商务和企业信息化，提供信息化的行业环境，有力地促进各行各业应用信息技术和信息产业的发展。财政部统计数据显示，

---

[1] 数据来源：贵州省信息中心。
[2] 数据来源：长春市信息中心。
[3] 数据来源：厦门市电子政务中心。
[4] 数据来源：中国人民银行。

政府采购规模去年已达到 11 882 亿元，10 年间增长超过 10 倍，其中包括信息技术服务等项目的服务类采购占比目前约为 8%。另一方面，软件行业对政府采购的依赖度目前也正不断提升，政府采购占中国整个软件市场的份额比重也从 2005 年的 14% 左右上升到了目前接近 1/4，提高幅度超过 10 个百分点。对于目前许多行业龙头公司，来自政府客户的订单占其业务收入的比重更已超过了 50%。

4）电子政务实践提升国内自主品牌影响力

全国范围内的大的行业的政务实践，除了大大提高政府效率，也极大地提升了我国自主品牌的竞争力和影响力。在国产数据库方面，以金仓数据库在全国党员和公务员管理中的应用为例，截至目前，全国党员管理系统的用户达到 12 万，公务员管理系统的用户达到 5 万。同时，通过在数十万个单位对国产数据库的大范围应用，有效地树立了国产基础软件的品牌形象，在应用国产基础软件方面起到了良好的示范作用。从国产软硬件基础平台方面看，中标软件在审计总署（金审二期）审计管理系统的实践也表明，在各种复杂的软件硬件环境下中标麒麟操作系统体现了良好的兼容性，稳定的运行能力，高安全特性及完善的售后服务能力，政府客户体验非常优秀，展现了国产基础软件平台的实力。截至 2012 年 5 月底，在已部署实施审计管理系统（国产化版）的省份中占有率达 86%[1]。此外，浪潮集团、太极计算机股份有限公司等民族企业也在国防、外交、公共安全、宏观经济、金融、民生保障、工业生产等领域信息化发展发挥了重要作用。

然而，我们也需要清醒地看到，国内信息服务业及企业竞争力与国外仍存在较大差距。以国产数据库为例，多年来，国内数据库市场超过 90% 的市场份额被 Oracle 等国际巨头占领。经过十年的努力，国产数据库在电子政务等行业取得了突破。但由于国产数据库起步晚，在众多领域无法与国际巨头相抗衡。

---

[1] 数据来源：国家审计署、北京人大金仓信息技术股份有限公司。

（2）电子政务经济职能的间接作用

1）促进产业结构软化

硬件基础设施建设在发挥需求调节作用的同时，亦在促进IT产业的发展，直接促进整个产业结构向信息化转型。与此同时，除了电子政务的硬件基础设施能够为产业结构调整提供动力外，电子政务的日常运营，管理与维护等也为IT产业发展提供了重要的市场机遇。实际上，硬件建设只在电子政务发展的初期具有重要的投资拉动作用，随着电子政务的成熟，以外包业务形式的电子政务IT服务将为IT产业提供源源不断的市场动力。

政府信息资源在对现代服务业的促进作用中起基础性作用。人类社会的发展经历了农业社会、工业社会、现在已经进入信息社会。在信息时代，信息则是最重要的最有价值的资源。从产业结构的分类来看，信息资源服务成为现代服务业的重要组成部分，并在整个服务业中起着越来越重要的作用，从整个社会的信息资源分布来看，政府信息资源占其中的80%以上。从信息资源服务市场来看，政府信息资源起着基础性作用，是信息资源、市场调查等信息资源增殖服务行业的基础。

2）引导创新要素投入

电子政务是经济活动的重要表现渠道，有利于引导创新资源的聚集。在经济发展进程中，电子政务能够有效排除行政过程和信息流动过程中人为因素的干扰和修正，朝着"单一窗口"、"跨部门"、"24小时"、"自助式"的方向发展，电子政务不仅是一个地区或企业对外宣传的窗口和招商引资等经济活动的重要渠道，也是该社会文化的一种具体表现形式，构建和完善社会主义市场经济体系的重要支撑。同时，电子政务是通过有效的表达形式和渠道，把经济战略转型与科技的自主创新结合起来，建立以企业为主体，产学研有机结合的技术创新体系，形成好的政策体系和人才培养体系等政府支持和政策协调体系，不断引导创新资源的有效聚集，更好地增强企业主体的创新活力和我国自主创新品牌的竞争力。

3）打造良好市场环境

电子政务将为经济发展提供更为民主、透明、公正的发展环境。电子政务与传统政务的区别在于，它强调以人为本，公民的广泛参与、行政公开透明、政府与公民互动、公共部门与私营部门合作等，并正在成为信息社会的一种新的治理范式，得到广泛的关注、认同和实施。借助互联网就公共事务和经济活动进行协商和交流，既经济又高效。新华网就"浏览政府网站最关心哪方面的内容"的调查显示，近50%的人选择了"在线互动交流"。互动交流也将促进微观经济主体在企业兼并重组、拓宽融资渠道、投资相关产业等经济活动中的高效规范运作，并为积极营造平等准入、公平竞争的市场环境，帮助民间投资健康发展提供新的服务平台。可见，随着信息技术的不断发展以及公众理性参与能力的提升，电子政务对社会经济发展环境的良性营造作用将不断加强。

3. 政治职能

传统的政府政治职能包括政治统治、保卫国家主权、惩罚犯罪和维护治安、保障与促进人民民主建设等几个方面，这些内容在信息网络环境下仍然存在，并且出现了很多新的表现形式和特征。这些变化主要体现在网络传播与管理、身份认证与网络安全、公民参与等三个方面。就目前中国电子政务的发展来看，我们关注更多的是电子政务的经济与社会职能，对其政治职能讨论得不多。而从政策层面来看，电子政务尚未进入中国的政治发展领域，影响了信息网络技术对社会进步所应该发挥的重要促进作用。我们只是狭义地理解电子政务，仅仅从业务类型而非更深层次地从政府基本职能的角度来理解电子政务，因此，网络世界所出现的很多应该由政府来承担（管理或协调）的事务，在发展初期往往处于无人管理的状态。例如，中国目前尚未有效地建立对网络信息传播的疏导机制，非但如此，我们仍然是负面地看待它的社会影响与作用，有意无意地采取"堵"的办法，从而与国家信息化发展的最终目标背道而驰。

1.2 电子政务系统应用模式

作为以网络技术为核心的信息技术在政府管理与服务中的基本应用，电子政务正在世界范围内蓬勃兴起，必将对传统的政府管理活动产生根本性的变革。电子政务所包含的内容极为广泛，几乎可以包括传统政务活动的各个方面。目前，国际上关于电子政务应用模式比较主流的观点是 Siau 和 Long（2006）提出的目标象限模型。该模型认为电子政务的研究主题可按照对内—对外、个人—组织的维度划入四个象限：政府对公众（G2C）、政府对雇员（G2E）、政府对企业（G2B）和政府部门之间（G2G）。根据近年来国际电子政务的发展和我国电子政务的实践，我们也认为，电子政务的主要模式有 GtoG 模式、GtoE 模式、GtoB 模式和 GtoC 模式等四种。

1.2.1 GtoG 模式

GtoG 电子政务即政府（Government）与政府（Government）之间的电子政务，又称作 G2G，它是指政府内部、政府上下级之间、不同地区和不同职能部门之间实现的电子政务活动。GtoG 模式是电子政务的基本模式，具体的实现方式可分为以下几种：

1.2.1.1 政府内部网络办公系统

政府内部网络办公系统是电子政务的基础，它是指政府部门内部利用 OA（办公自动化）系统和 Internet／Intranet 技术完成机关工作人员的许多事务性的工作，实现政府内部办公的自动化和网络化，在实现内部资源充分共享的基础上，提高政府的作业效率和业务水平。

政府内部网络办公系统可分为领导决策服务子系统、内部网站子系统、内部财务管理子系统等，通过不同子系统的应用，使得传统的政府内部管理实现向网络化管理转型。

1.2.1.2 电子法规、政策系统

颁布和实施各项政策法规是各级政府部门的一项重要工作。由于政策法规的牵涉面广、信息量大、时效性强，因此，制定、发布、执行各种政策法规历来是政务活动的重要内容。通过电子化方式传递不同政府部门的各项法律、法规、规章、行政命令和政策规范，使所有政府机关和工作人员真正做到有法可依、有法必依，具有十分明显的速度和管理成本优势，既可做到政务公开，又可实现政府公务人员和老百姓之间"信息对称"。目前，众多政府机构的网站都开设了不同形式的政策、法规的宣传窗口，起到了较好的作用。

1.2.1.3 电子公文系统

公文处理是政府部门的基本职能，传统的公文处理方式是依靠纸张作为载体，借助盖章、签字等形式实现公文的传递与处理。这种公文处理方式不但浪费资源，而且因为周期长、效率低，常常会出现因公文"长途旅行"而影响政府决策的效率，比如在招商引资过程中，不少地方政府因为公文处理过程复杂漫长而失去吸引外资的机会，不能不令人痛心。

电子公文系统借助网络技术的应用，使传统的政府间的报告、请示、批复、公告、通知、通报等在保证信息安全的前提下通过数字化的方式在不同的政府部门间实现瞬时传递，大大提高了公文处理的效率，彻底改变传统的、司空见惯的"公文长途旅行"现象。

1.2.1.4 电子司法档案系统

长期以来，公安机关破案难、司法机关执法难的问题一直没有得到很好的解决，一方面是因为我国目前还没有建立起全国统一、完整的档案管理系统，如有关公民个人和企业的信用管理系统基本还是一个空白，给执法带来一定的难度；另一方面，全国不同地区、不同政府机构缺乏实时、有效的信息沟通也是一个重要的原因。

通过电子化的手段，在政府司法机关之间共享司法信息，如公安机关的

刑事犯罪记录、审判机关的审判案例、检察机关检察案例等，必将会大大促进司法工作的开展，在改善司法工作效率的同时，对提高司法工作人员的能力和水平也将大有裨益。

1.2.1.5 电子财政管理系统

分配和使用财政资金、实现政府不同部门之间的资金流转以及对财政资金使用的监控是政府管理的重要内容，也是政府财政、审计等部门的基本工作。传统的财务管理系统因为财务信息的封闭和独立给政府的财务管理带来了一定的难度，也为滋生腐败提供了条件。

建立在网络基础上的电子财务管理系统可以向政府主管部门、审计部门和相关机构提供分级、分部门、分时段的政府财政预算及其执行情况报告，包括从明细到汇总的财政收入、开支、拨付款数据以及相关的文字说明和图表，便于有关领导和部门及时掌握和监控财政状况，将使政府财务管理工作的水平跃上一个新台阶。

1.2.1.6 电子培训系统

如何尽快提高政府管理水平，实现与国际接轨已成了各级政府领导的一个紧迫问题。提高政府管理水平的关键在于政府公务员水平的提高，而提高公务员水平的根本途径必须通过各种形式的培训来实现。长期以来，我国的各级政府管理部门对员工培训的重视程度明显不足，一方面是因为经费有限；另一方面是因为传统的培训必须要求员工在同一时间、集中在同一地点进行，对日常工作的影响大，组织培训有较大的困难。

应用网络技术实现电子化培训克服了传统培训的缺点，既大大降低了培训的成本，又提高了培训的针对性和灵活性。所以，电子化培训借助网络交互的方式帮助公务员通过网络随时随地注册参加各类培训课程、接受培训、参加考试等，将会给政府管理人员的学习与进修提供一条理想的通道。

1.2.1.7 垂直网络化管理系统

垂直网络化管理系统主要适合于一些垂直管理的政府机构，如国家税务系统、海关、审计等部门通过组建本系统的内部网络，形成垂直型的网络化管理系统，以实现统一决策，信息实时共享，有效提高系统的决策水平和反应速度。

1.2.1.8 横向网络协调管理系统

横向网络协调管理系统通过网络在政府不同部门及不同地区政府部门之间进行横向协调来实现政府的有效管理，它的目的主要是通过网络的应用，使原分散在不同部门、不同地区的决策信息做到有机集成，为不同决策者所共享，减少部门间、地区间的相互扯皮现象，提高决策准确性和作业效率。如我国已经实施的"中国电子口岸执法系统"，这一系统主要是由海关总署牵头，运用 Internet 网络技术，将涉及进出口管理和服务的海关、商检、外贸、外汇、工商、税务、银行等单位联结起来，把这些部门分别管理的进出口业务信息流、资金流、货物流等数据的电子底账集中在统一、安全、高效的公共数据中心物理平台上，建立电子底账，实行联网核查，实现数据共享和数据交换。这不仅使企业可在网上进行进出口贸易，而且还加强了政府对口岸的监管，提升了打击走私，打击骗税，骗汇活动的力度。

1.2.1.9 网络业绩评价系统

在我国，政府部门的业绩考核长期不被重视，一方面是因为缺乏量化的指标，业绩考核很难实施；另一方面，因为我国的政府管理部门一贯以来没有形成合理的激励和约束机制，业绩高低对员工的影响并不显著。入世后，政府工作人员的业绩要求将明显提高，业绩评价指标也将逐步与国际接轨，所以完善业绩考评体系也已成为提高政府管理水平的重要措施。

利用网络技术构筑业绩考评体系，既可以对业绩考评的各项指标进行量化考核，又可通过网络实现远程考评，与此同时还可实现员工之间的横向比较以及不同时期的纵向比较，使得考评方式更加科学、公平与公正。网络业绩考评系统可按照设定的任务目标、工作标准和完成情况对政府各部门以及每一员工的业绩进行科学的测量和公正的评估，以达到良好的激励与约束的效果。

1.2.1.10 城市网络管理系统

GtoG 电子政务还包括城市网络管理系统,主要的应用有以下几个方面:对城市供水、供电、供气、供暖等城市要害部门实行网络化控制与监管;对城市交通、公安、消防、环保等部门实行网络统一化调度与监管,提高管理的效率与水平;对各种突发事件和灾难实施网络一体化管理与跟踪,提高城市的应变能力。

从以上概括的十个方面可以看出,传统的政府与政府间的大部分政务活动都可以网络技术的应用高速度、高效率、低成本地实现。

1.2.2 GtoE 电子政务

GtoE 电子政务是指政府(Government)与政府公务员(即政府雇员)(Employee)之间的电子政务,又称作 G2E。GtoE 电子政务主要是利用内部网(Intranet)建立起有效的行政办公和员工管理体系,为提高政府工作效率和公务员管理水平服务。具体的应用主要有以下几种:

1.2.2.1 公务员日常管理

利用电子化手段实现政府公务员的日常管理对降低管理成本,提高管理效率具有重要意义。如利用网络进行日常考勤、出差审批、差旅费异地报销等,既可以为公务员带来很多便利,又可节省领导的时间和精力,还可有效降低行政成本。

1.2.2.2 电子人事管理

政府公务员的人事管理是政府机构自身管理的重要内容。应用网络技术实现电子化人事管理已成为一种新的形式和趋势,已在不少企业和政府机构实践。电子化人事管理包括电子化的招聘、电子化的学习、电子化的沟通等内容。电子化人事管理的发展将使传统的、以纸面档案管理为中心的人事管理方式产生一场新的革命,对提高政府人事管理的水平和效率,降低管理成本起到极为重要的作用。

GtoE 电子政务的形式不一而足，主要应从不同政府部门需求的实际出发，探索具体可行的电子化管理方式。

1.2.3 GtoB 电子政务

GtoB 电子政务是指政府（Government）与企业（Business）之间的电子政务，又称作 G2B。企业是国民经济发展的基本经济细胞，促进企业发展，提高企业的市场适应能力和国际竞争力是各级政府机构共同的责任。对政府来说，GtoB 电子政务的形式主要包括以下几种：

1.2.3.1 政府电子化采购

在世界各国，政府采购的总额通常占到本国 GDP（国内生产总值）的 10~15%，我国近年的年政府采购额达到了上万亿元人民币。因此，政府采购项目是本国市场的基本组成部分。对政府而言，政府采购是 GtoB 的电子政务，因为政府机构的采购不具有商业目的；对企业而言，政府采购是 BtoG 的电子商务，是企业电子商务的重要内容。

政府采购是一项牵涉面十分广泛的系统工程，利用电子化采购和电子招投标系统，对提高政府采购的效率和透明度，树立政府公开、公正、公平的形象，促进国民经济的发展起着十分重要的作用。政府电子化采购主要是通过网络面向全球范围发布政府采购商品和服务的各种信息，为国内外企业提供平等的机会，特别是广大中小企业可以借此参与政府的采购，可赢得更多的发展机会。电子化招投标系统在一些政府大型工程的建设方面已有了很多的应用，它对减少徇私舞弊和暗箱操作有重要意义，同时还可减少政府和企业的招投标成本，缩短招投标的时间。

政府电子化采购对杜绝传统政府采购中的腐败行为同样具有重要的意义，电子化采购使原来由政府代表与厂商代表的直接接触转化为政府代表与网络的互动过程，人人界面转变成了人机界面，并且所有过程都有电子记录在案，大大增强了采购工作的透明度，提高了行政效率，显著降低了腐败行为发生的机会。

1.2.3.2 电子税务系统

税收是国家财政收入的主要来源,降低征税成本、杜绝税源流失、方便企业纳税一直是税务部门工作的重要目标。电子税务系统可使企业直接通过网络足不出户地完成税务登记、税务申报、税款划拨等业务,并可查询税收公报、税收政策法规等事宜。我国已经实施的"金税工程"对打击偷逃税行为起到了重要的作用,并逐步建立起了全国范围内的增值税发票稽查系统和电子纳税系统,既方便了企业,又提高了国家税收征管的效率和水平。电子税务,使企业通过政府税务网络系统,在家里或企业办公室就能完成税务登记、税务申报、税款划拨、查询税收公报、了解税收政策等业务,既方便了企业,也减少了政府的开支。

1.2.3.3 电子工商行政管理系统

工商行政管理部门的主要职能是对市场和企业行为的管理,传统的管理方式由于工作量大、程序复杂,效率低下,常常导致企业的不满。如把作为工商行政管理工作主要内容的证照管理通过网络来实现,即可大大缩短证照办理时间,还可减轻企业人力和经济的负担。电子证照系统可使企业营业执照的申请、受理、审核、发放、年检、登记项目变更、核销以及其他相关证件如统计证、土地和房产证、建筑许可证、环境评估报告等的申请和变更均可通过网络实现,电子工商行政管理的实施将使传统的工商行政管理工作产生质的飞跃。

1.2.3.4 电子外经贸管理

进出口业务在一国的国民经济发展中占有重要的比重,我国在加入WTO后,进出口业务的发展将进入高速成长期。对我国政府来说,一方面要通过各项符合WTO要求的政策鼓励国内企业开展进出口业务,特别是加快出口业务的发展和产品国际竞争力的提高;另一方面,我国的外经贸管理必须有一个新的突破,既要符合国际惯例,又要为广大国内外企业创造一个公平、高效、宽松的进出口环境。电子化外经贸管理已成为一种新的趋势，如进出口配额的许可证的网上发放、海关报关手续的网上办理以及网上结汇等已在我国外经贸管理中开始应用。

1.2.3.5 中小企业电子化服务

中小企业在促进就业、活跃市场、增强出口等许多方面发挥着极为重要的作用，一个国家和地区的经济繁荣程度很大程度上决定于中小企业的生存质量。据有关部门的统计，我国中小企业占到企业总数的99%，数量超过1000万家。入世以后，广大中小企业在得到了更为广阔的市场空间的同时，自身的生存发展也因为技术、人才、市场等资源的局限受到的了严峻的挑战。帮助和促进中小企业的发展是各级政府义不容辞的责任，利用电子化手段是政府为中小企业开展服务的重要形式。政府可利用宏观管理优势，借助网络为提高中小企业国际竞争力和知名度提供各种帮助，如组建专门为中小企业进出口服务的专业网站，为中小企业设立网上求助中心，为中小企业提供软、硬件服务等。

1.2.3.6 综合信息服务系统

"改变政府职能，增强服务意识，提高政府服务水平"是今后政府改革的重要方向。政府各部门应高度重视利用网络手段为企业提供各种快捷、高效、低成本的信息服务。比如，商标注册管理机构可以提供已注册商标的数据库，供企业查询；科技成果主管部门可以把有待转让的科技成果在网上公开发布；质量监督检查部门可以把假冒伪劣的产品和企业名录在网上公布，以保护有关厂家的利益；政策、法规管理部门可向企业开放法律、法规、规章、政策数据库以及政府经济白皮书等各种重要信息。

GtoB电子政务活动远不止这些，实际上只要与企业发生直接或间接联系的政府管理部门都可在一定程度上通过电子政务方式代替传统形式的政务活动，以提高效率，降低成本，为企业提供更大的方便。

1.2.4 GtoC 电子政务

GtoC 电子政务是指政府（Government）与公民（Citizen）之间的电子政务，又称作 G2C，是政府通过电子网络系统为公民提供各种服务。GtoC 电子政务所包含的内容十分广泛，主要的应用包括以下一些方面：

1.2.4.1 电子身份认证

公民身份认证的电子化、网络化已成为必然趋势。电子身份认证可以记录个人的基本信息，包括姓名、性别、出生时间、出生地、血型、身高、体重及指纹等属于自然状况的信息，也可记录个人的信用、工作经历、收入及纳税状况、养老保险等信息，使公民的身份能得到随时随地地认证，既有利于人员的流动，又可以方便公安部门的管理。公民电子身份认证还可允许公民个人通过电子报税系统申报个人所得税、财产税等个人税务，政府不但可以加强对公民个人的税收管理，而且可方便个人纳税申报。此外，电子身份认证系统还可使公民通过网络办理结婚证、离婚证、出生证、学历和财产公证等手续。

1.2.4.2 电子社会保障服务

在我国，社会保障事业在近几年得到了很大的发展，并将逐渐成为政府工作的中心内容。因此，电子化社会保障服务必将成为电子政务的重要应用。电子社会保障服务主要是通过网络建立起覆盖本地区乃至全国的社会保障网络，使公民能通过网络及时、全面地了解自己的养老、失业、工伤、医疗等社会保险账户的明细情况，政府也能通过网络把各种社会福利，比如困难家庭补助、烈军属抚恤和社会捐助等，运用电子资料交换、磁卡、智能卡等技术，直接支付给受益人。电子社会保障体系，一方面可以增加社保工作的透明度，另一方面还可加快社会保障体系普及的进度。

1.2.4.3 电子民主管理

电子民主管理也是 GtoC 电子政务的重要应用。公民可以通过网络发表对政府有关部门和相关工作的看法，参与相关政策、法规的制定，而且还可直接向政府有关部门的领导发送电子邮件，对某一具体问题提出意见和建议。与此同时，电子民主管理可以提高选举工作的透明度和效率，政府可以把候选人的背景资料在网上公布，方便选举人查阅，选举人可以直接在网上投票，既可大大提高选举工作的效率，又可有效保证选举工作的公正和公平。可以毫不夸张地说，电子政务的实施必将会大大推进我国社会主义民主的进程。

1.2.4.4 电子医疗服务

长期以来，人民群众普遍感到我国的医疗服务不尽如人意，医疗体制的改革还远未到位，而网络技术在改善政府的医疗服务方面也能发挥重要作用。政府医疗主管部门可以通过网络向当地居民提供医疗资源的分布情况，提供医疗保险政策信息、医药信息，执业医师信息，为公民提供全面的医疗服务。公民可通过网络查询自己的医疗保险个人账户余额和当地公共医疗账户的情况；查询国家新审批的药品的成分、功效、试验数据、使用方法及其他详细数据，提高自我保健的能力；查询当地医院的级别和执业医师的资格情况，选择合适的医生和医院等。电子医疗服务既可以使病人能更加方便地享受到优质的医疗服务，又可有效地促进当地医疗卫生事业的发展。

1.2.4.5 电子就业服务

提供就业服务是政府的基本职能之一，也是维护社会稳定和促进经济增长的重要条件。政府可充分利用网络这一手段为求职者和用人单位之间架起一座服务的桥梁，使传统的、在特定时间和特定地点举行的人才和劳动力的交流突破时间和空间的限制，做到随时随地都可使用人单位发布用人信息、调用相关资料，应聘者可以通过网络发送个人资料，接收用人单位的相关信息，并可直接通过网络办妥相关手续。政府网上人才市场还可在就业管理和劳动部门所在地或其他公共场所建立网站入口，为没有计算机的公民提供接入互联网寻找工作职位的机会，帮助他们分析就业形势，指导就业方向等。

1.2.4.6 电子教育，培训服务

社会主义市场经济的发展以及科学技术的迅猛发展使得人民群众对教

育、培训的需求不断上升，越来越多的人认识到"终身学习"的重要性。但由于受到各种条件的限制，满足人民学习、培训的需求难度很大，对边远地区的群众来说困难尤其显著。利用网络手段为广大老百姓提供灵活、方便、低成本的教育培训服务，不仅是增强我国公民素质的有效途径，也是改善政府服务的重要内容。在提供电子教育与服务方面，政府可从以下几方面入手：一是出资建立全国性的教育平台，资助相应的教学、科研机构、图书馆接入互联网和政府教育平台；二是出资开发高水平的教育资源向社会开放；三是资助边远、贫困地区信息技术的应用，逐步消除落后地区与发达地区之间业已存在的"数字鸿沟"。

第 2 章
电子政务规划内容和方法

2.1 电子政务规划的内容

世界主要发达国家,都把电子政务建设作为国家信息化和政府工作的重要战略,制定了相应的政府电子政务规划。如英国政府发布了《政府现代化白皮书》;加拿大政府发布《利用新技术更新政府服务规划》;法国政府发布《信息社会政府行动计划》;荷兰、意大利政府提出《电子政务行动计划》;日本政府发布《促进政府广泛应用信息技术纲要》等等。各国还建立了相应的组织机构,统一领导、组织协调和实施政府电子政务。如英国在内阁办公室成立信息中心(Central IT Unit/CITU),美国成立了信息技术理事会(Government Information Technology Board/GITB),爱尔兰政府成立了信息社会委员会(Information Society Commission)等,负责电子政务的研究、规划和实施。

我国已经制定了国家电子政务"十二五"规划,一些中央部委和地方政府也出台了电子政务相关规划,但由于缺乏科学的顶层设计,使得规划与具体实施项目之间脱节，可能导致电子政务建设实际效果达不到预期目标。目前我国电子政务建设没有将政府作为一个整体来统筹设计顶层IT战略、基础设施和政策制度框架，政府各部门往往对政府整体利益考虑不够，常以本部门和项目利益最大化为目标进行信息化项目建设，在规划实施过程中造成各自为政的局面，导致资源难以共享，信息难以互联互通。

参照国家电子政务"十二五"规划，我们认为电子政务规划的内容大致包括发展现状及面临形势、指导思想及发展方针、发展目标、发展方向和发展重点、保障措施。

2.1.1 发展现状及面临形势

规划中关于电子政务发展现状及面临形势部分是整个规划制定的基础，重点需要体现对本部门（地区、领域）电子政务发展的阶段、环境、成效、问题和面临的新趋势五个方面进行梳理。

2.1.1.1 发展阶段的判断

如今，电子政务已成为一种新的政府管理的工具，是信息社会的一个显著标志。世界主要经济技术大国和部分发展中国家，电子政务的发展十分迅速，政府管理和服务已经初步实现了电子化，电子政务与电子商务、家庭上网密切融合，国民经济信息化的水平大大提高，开始初步形成信息社会的雏形。而我国的电子政务起步晚，不同地区、不同部门、城乡之间电子政务发展很不平衡，电子政务的理论和政策研究尚属空白，应用还处于"摸着石头过河"的探索阶段，与主要信息技术国家的差距还很大，发展电子政务的任务十分紧迫。

对发展阶段的判断有利于我们总体把握本地区本单位电子政务发展的客观水平。作为长期服务的电子政务业务，其经济学上的合理性至关重要。人们经常强调电子政务是"一把手工程"，以强调行政领导在推动电子政务项目建设中的关键作用，但是开始的推动者却无法担保项目的长久成功，因为电子政务业务的生命周期经常会有二三十年，要比领导的任期长许多倍，每位后来的"一把手"都有可能来终止、修正和完善前人留下来的做法。因此，在进行电子政务规划时，我们有必要搞清楚当前所处的阶段，根据发展的阶段进而客观分析所取得的成绩抑或不足。

以我国电子政务整体发展的阶段分析为例，目前有学者分别给出我国电子政务的三阶段论或四阶段论。我们认为，中国电子政务的发展总体上可分为信息化前期、基础设施大规模建设和深化应用三个阶段。以1999年"国家信息化领导小组"的成立和"政府上网工程"启动为标志，之前为政府信息化的前期，1999年至2002年为政府信息化大规模基础设施建设阶段，2003年至今为资源整合、深化应用为主的时期。近十年来，我国电子政务发展不断壮大，大大加快了对我国社会经济发展的支撑作用，极大提升了政府对宏观经济调节、市场监管、社会管理和公共服务各项能力。在政府网络基础设施、政府门户网站与公共服务、信息资源公开与开发、核心业务支撑等方面均取得跨越式的发展。

各地方或各重点应用领域，在制定电子政务规划时，除了要充分考虑国家电子政务发展阶段的同时，还应考虑到个体差异及实际发展水平，一般在发展过程中，必然存在标志性和影响深远的实践，分析其对发展阶段的促进或影响程度。

另外，具体电子政务项目的生命周期是指电子政务项目从立项到收尾的整个过程。由于电子政务项目是由政府部门主导的，因而其生命周期划分与一般企业IT项目有很大的差异。根据我国投资管理体制和项目建设程序，电子政务项目的生命周期可分为前期阶段、准备阶段、实施阶段和运营阶段。前期阶段从项目策划起，到批准可行性研究报告止，包括项目建议书、可行性研究等阶段；准备阶段从项目可行性研究报告批准起，到项目正式开工建设止，可分为方案设计、招投标等阶段；实施阶段从开工建设起，到工程验收完成交付运营止，可分为研制开发、试运行、系统测试、验收等阶段；运营阶段从验收交付使用起，到运营一定时期或回收全部投资止，可分为使用维护、后评估等阶段。

2.1.1.2 发展环境的分析

我们认为，对电子政务发展环境的分析，实际上是行政生态学的应用。对电子政务的发展环境的分析，主要包括社会经济环境、行政体制环境、技术环境、人才环境和法律环境等。对于发展环境的分析，有助于全面了解本地区本单位电子政务发展的宏观背景及制约因素。从而更有利于把握未来一段时间内，本地区本部门的电子政务的发展重点。

在社会经济环境中，我们可以重点探讨当地经济的发展水平，以及对IT投入占财政支出比重、公务员拥有计算机数量等；城乡差异带来的新的电子政务的需求；地区差异带来的电子政务发展模式的创新问题等等。

在行政体制环境方面，要在梳理中央现存的电子政务的行政管理体制的基础上，具体分析本地区本部门与中央的对接情况及与其他各部门的协调现状。本地区或本单位有没有设立对接机构，有没有设立运行机制。历史经验证明，每一次重大的技术革命和制度转型都面临旧体制的阻力，尤其是来自思想和观念上的阻力，信息技术带来的管理方式变革必然对传统封闭的管理体制产生冲击和振荡。在此部分的分析中，实际上是为电子政务的组织保障方面，提供一些研究基础和现实依据。

在技术环境方面，主要探讨随着信息通信技术的发展，是否给电子政务带来了实质性的带动作用，在本地区或本领域是否已经呈现了一些新的发展趋势和初步尝试，并分析如何利用新技术来进一步提升电子政务的社会管理和公共服务的职能。

在人才环境方面，首先需要理清本地区本部门的人才队伍的种类及不同梯队。我们认为，在电子政务的建设与应用中，存在着四支队伍。第一支队伍是电子政务的管理职能部门人员，这支队伍的建设目标应该是提高电子政务管理的履职能力。第二支队伍是从事电子政务技术支撑的事业单位人员，这支队伍的建设目标是提高电子政务的专业技术支撑能力。第三支队伍是落实电子政务职能的公务员队伍，也就是各部门的电子政务使用者，这支队伍的建设目标应该是提高其电子政务应用能力。第四支队伍是IT企业的专业技术队伍,这支队伍的建设目标是提高其系统开发、系统建设能力。只有全面提高这四支队伍的能力水平,明确各自的职能和定位,才能构建一套适合中国国情的电子政务人才队伍体系。在进行地方电子政务规划的预研中,可通过调研了解当地从事电子政务工作的人员数、具有行政管理的公务员队伍、事业单位为主的技术服务人员和从事落实职能的业务公务员占比情况等等。

在法制环境方面,先重点梳理国家出台的有关电子政务方面的法律法规等一系列政策性文件,然后通过调研与访谈,了解一些地方及典型行业出台的有关地方或行业的条例。这些法制环境是否有力地促进了本地区或本领域的电子政务发展,如果执行力度和效果不是很理想,要进一步分析存在的深层次原因。

2.1.1.3 取得的成绩

在规划中必不可少地需要呈现成绩部分,针对电子政务的特征及职能,可从信息技术应用水平、信息资源开发利用、信息基础设施建设水平、效益、工作组织与管理的力度五个方面进行归纳。最好是以定性定量相结合的原则进行描述,规划分析中可酌情参考如下指标:

1. 信息技术应用水平、广度与深度

信息技术在政府工作与活动中的普及率:包括政府机关能采用计算机、网络、办公自动化等信息技术的公务员占政府公务员总数的比例,办公自动化系统、网上办公在政府机关办公室的普及程度和 G2C、G2B 的普及程度。

信息技术在政府工作、政务活动中应用的覆盖率:包括采用信息技术、办公自动化系统处理的业务工作量占政府业务工作总量的比例(%)和网上办公的工作量占办公业务工作总量的比例(%)。

2. 信息资源开发利用水平

政务信息资源开发水平:包括数据库、资料库的种类、数量、容量规模,数据库内容的覆盖率,数据库内容占政府信息总资源的比例和数据共享程度。

3. 信息基础设施建设水平

信息技术设备装备率包括：政府部门计算机设备拥有量、装机量（每百人的计算机拥有量）和计算机网络化程度、计算机联网的比例。

4. 政府内部网、外联网规模

包括政府内网、专网、外联网的规模，节点数、带宽与接入速度；IT设备投资占政府办公设备固定资产的比例和每年IT设备软、硬件购置费、维护费占每年办公费用的比例。

5. 电子政务的效益

社会效益：包括公众与企业对政府工作的满意度提升率、提高工作办事效率情况，对信息化、电子商务、信息产业的带动度情况。

经济效益：包括政府公文信息传送无纸化、办公自动化后办公费用节约政府开支的百分比、实现电子政务后行政费用节约开支的百分比、正确决策减少失误带来的经济效益和电子政务对信息产业产值的增加值情况。

6. 电子政务工作组织与管理的力度

关于电子政务工作与管理力度方面的分析可以从政府领导班子对电子政务工作的认知程度和领导力度、政府改革、业务流程重组状况、干部、公务员信息化意识、培训、技能水平、政府管理基础水平、信息化建设规划和计划实施力度等方面进行分析。

2.1.1.4 存在的问题

可根据"取得的成绩"中供参考的分析指标找差距。规划中对问题的总结，一定要突出问题，并且从本地区本部门的实际出发。根据电子政务的地区差异、功能作用及以上关于成绩的有关指标设计，可以将问题归纳为体制机制、基础设施建设、应用深化、信息资源利用与公众互动、社会效益、经济效益、法律法规等方面。在规划中，必须实事求是，客观分析当前本地区本部门存在的突出问题及具体表现，参照成绩的分析指标，进行定性与定量的描述。

2.1.1.5 面临的新形势

对面临形势的分析，需要对全球电子政务的发展趋势及我国电子政务发展的方向进行研判，并结合我国国民经济和社会发展"十二五"规划的目标，考虑技术创新、产业培育和发展模式创新等方面的因素，综合分析本地区本部门电子政务面临的新机遇、新挑战，为规划的前瞻性和操作性奠定坚实的理论基础。

2.1.2 指导思想及发展方针

2.1.2.1 指导思想

以邓小平理论、"三个代表"重要思想和科学发展观为指导，紧紧围绕全面建成小康社会的总目标，以电子政务科学发展为主题，以深化应用和注重成效为主线，转变电子政务发展方式，充分发挥电子政务应用成效，服务经济结构战略性调整，服务保障和改善民生，服务加强和创新社会管理，促进服务型政府、责任政府、法治政府和廉洁政府建设，走一条立足国情、讲求实效、面向未来的电子政务发展道路。

2.1.2.2 发展方针

必须坚持将科学发展观贯穿电子政务发展全过程。加快转变电子政务发展方式，坚持统筹规划，抓好顶层设计，强调政务与技术深度融合，深化电子政务应用，突出发展质量，注重全面协调可持续发展。

必须坚持把以人为本和构建和谐社会作为电子政务发展的出发点和落脚点。以服务社会公众为中心，围绕解决经济社会重大问题和突出矛盾，把保障和改善民生、促进社会和谐稳定、保持经济平稳较快发展作为发展重点，加快服务向基层延伸，提升服务效率和质量，使电子政务惠及全民。

必须坚持把深化应用和突出成效作为电子政务发展的根本要求。切实以提高各级政务部门履行职责能力为目标，优化业务流程，创新服务模式，强化应用推广，加大政务信息资源开发、利用和管理力度，大力推动信息共享和业务协同，突出建设集约化、应用平台化、服务整体化，进一步提高电子政务的经济和社会效益。

必须坚持创新发展和加强管理的有机统一。积极探索新技术在电子政务中的应用，构建互联互通和高效服务的技术应用体系，顺应发展形势需要，进一步健全管理体制机制，加强建设、运行和服务管理，开展考核评估，加大安全可靠产品的研发和应用力度，带动信息产业发展，提升信息安全保障能力。

2.1.3 发展目标

电子政务的目的是什么？从本质上讲，政府所需要的并不是一套网络，那么掩藏在政务网背后的真实目的是什么呢？我们认为至少包括以下内容：一是适应形势，转变职能。从"管理主导型"向"服务主导型"转变，适应社会主义市场经济的发展需要。二是提高效率，精简机构。配合转变职能，裁减冗员，节约成本。三是政务公开，廉政建设。加强政务公开程度，提高政府透明度。四是加强行业管理和规范。加强行业监管，稳定社会、经济、生活和生产秩序。五是科学决策，提高执政水平。依靠科学数据，预测和规避风险。六是政策宣传和民众教育。加强法律法规宣传，提高国民素质。这些才是政府的真实需求，任何信息化的建设都必须要围绕这样的目的来进行。

因此，我们在制定电子政务规划的时候，一定要突出电子政务的目标及提升电子政务在本地区本领域的实际应用及效率，强化电子政务在本地区和本行业领域内的行政效率、经济作用、社会管理和公共服务的巨大作用。

2.1.4 发展方向和发展重点

发展方向和发展重点方面，需要基于整个国家电子政务规划的同时，充分考虑本地区本部门的实际情况。可考虑在重要政务应用、保障民生服务领域、创新社会管理、强化信息资源开发利用和构建公共服务平台方面进行具体的设计与细化。

2.1.5 保障措施

保障措施部分一般是规划的最后部分，是指为实现发展目标，确保发展方向和实施发展重点而设计的具体的政策措施，原则上需要具有较强的实际操作性。保障措施主要包括组织领导、资金保障、财税政策、人才建设和法制建设等方面的内容。各地区和各部门可依据国家相关政策，积极探索在本区域内的机制创新，并体现在规划的保障措施里面，为整个规划画上圆满的句号。

2.2 电子政务规划的基本原则

2.2.1 "以人为本"原则

服务是推行电子政务的出发点和落脚点，其实现程度、服务质量、服务效率以及社会的满意度是衡量电子政务建设成败的重要标志。电子政务服务主要包括面向各级政府部门与领导、面向企事业单位、面向城市居民与农村居民的各种服务。行政服务中心、电子政务系统必须紧密结合行政服务中心职责的要求，贴近需要，充分体现"以人为本"的根本宗旨，在设计和实现上都要以服务对象为中心，以互联网为主体，多样化手段相结合。要加强面向各级领导提供决策支持服务，提高科学决策水平。重点推进城市电子政务服务，让人民群众更普遍地享受电子化服务，更广泛地参与公共事务管理。以良好的服务体验为根本，实现各项服务功能，充分发挥电子政务系统的应用效益。

2.2.2 统一性原则

要坚持顶层设计，统一规划，总体筹划，局部试点，秩序渐进，以点带面、整体推进的原则。要将行政服务中心电子政务建设规划纳入本地区本单位电子政务建设总体规划中，克服以前行政服务中心和电子政务各自单独发展的状况；同时，要将行政服务中心电子政务建设规划纳入行政服务中心基础建设规划中，统筹规划，一并实施。

要加强规划设计，整合信息化建设资源，充分利用现有电子政务基本设施，对现有的电子政务平台进行调整、升级、改造和整合，形成由电子政务网络、政府网站、业务管理系统、应用及数据服务中心和信息安全保障体系等组成的统一的电子政务平台。应在统一的电子政务平台上，开发建立行政服务中心业务应用系统，以保障政务公开与政务服务的一体化实现，保障一站式、一网式、一线式并联审批的全面实施。

比如，区域性的电子政务规划可以有3个层次的规划互相配合：第一个层面是对本区域电子政务的总体规划，作为一个全局性的部署，明确整个区域电子政务的总体架构，重点是明确集中建设与分布建设的分工，确定重点发展的业务领域。第二个层面是对总体规划确定的重点业务领域分别进行规划，优先对诸如人口管理、税收管理、土地管理等比较稳定和关键的业务领域进行统筹的规划。第三个层面是部门级的规划。各个部门按照上一层次的规划要求，结合自身的业务情况，制定一个以总体框架、实施步骤为主的主要内容的规划。当然三个层面的规划必须要通过某种管理机制实现互相衔接。

规划层面的分解实际上既是一个战略规划的过程，树立了业务领域重点，也是一个分解业务的过程，将一些能够集中统一建设的内容明确下来，将各部门应该承担的任务做了限定也留了空间，形成一个内在更为统一的规划体系。

2.2.3 系统性原则

电子政务的建设和传统的系统工程有着性质上的差别，电子政务的对象系统是处在变革、发展进程中的政务管理系统，不是一个纯客体（如铁路、机场、水库）建设的系统工程，而是一个包含主体特征的复杂系统。在经济全球化的全新的生存竞争环境中，电子政务是一个集技术水准、经济实力、文化传统于一体，在不断适应环境、不断新陈代谢的演化进程中发育成长的有机体。

在制定电子政务规划的时候，一定要防止过度地依赖技术而忽视管理。制定电子政务规划时，总体解决方案不是一个技术方案，它包括很多管理理念、管理思路，技术和管理不能简单地互通，否则就失去了规划和总体解决方案的价值。

从系统论角度看，电子政务规划的第一阶段是做什么的问题，即电子政务规划的目标是什么；第二阶段是如何做的问题，即电子政务规划的具体内容与措施。电子政务的规划与建设有规模庞大、结构复杂、影响因素多、涉及面广、投资大、风险大等特征。一方面，牵涉的利益相关主体众多，涉及的公众利益广泛而复杂；另一方面自身包含海量的相关决策信息，对决策者、决策支持系统和决策技术有着很高的要求。电子政务的规划具有明显的社会管理特点，因此，必须坚持系统性原则，将电子政务的规划与电子政务的发展阶段、各相关主体的协调、存在的问题及未来趋势等各个方面有机结合进行研究与设计。

2.2.4 安全性原则

发展电子政务不能不考虑信息的安全问题。因为电子政务事关一个地区、一个系统，甚至一个国家的利益，如果得不到充分的安全保障，显然，电子政务的发展水平是无法提高的。但如果对电子政务安全缺乏正确的认识，片面地强调信息安全的重要性而忽视电子政务的实际作用，必然会与电子政务的发展要求背道而驰。所以说，在对待电子政务的安全问题时，既要保证电子政务系统"足够"的安全，又要坚持"适度"的安全，避免矫枉过正，以免使电子政务发展误入歧途。

控制风险、保障安全，正确处理发展与安全的关系。一方面，综合平衡安全成本和风险，建立和完善本地区本领域电子政务网络与信息安全保障体系，全面提高信息安全防护能力，保障和促进电子政务应用发展，保护公众利益，维护国家安全；另一方面，要高度重视网络安全和信息安全，在规划中要予以体现。

2.3 电子政务规划的方法和流程

2.3.1 规划的方法

2.3.1.1 SWOT 分析法

SWOT 分析方法是一种企业战略分析方法，即根据企业自身的既定内在条件进行分析，找出企业的优势、劣势及核心竞争力之所在。其中，S 代表 Strength（优势），W 代表 Weakness（弱势），O 代表 Opportunity（机会），T 代表 Threat（威胁），其中，S、W 是内部因素，O、T 是外部因素。SWOT 分析法主要有以下三个内容：

1. 分析环境因素

运用各种调查研究方法，分析出企业所处的各种环境因素，即外部环境因素和内部能力因素。外部环境因素包括机会因素和威胁因素，它们是外部环境中直接影响企业发展的有利和不利因素，居于客观因素。内部环境因素包括优势因素和弱点因素，它们是企业在其发展中自身存在的积极和消极因素，属主动因素。在调查分析这些因素时，不仅要考虑企业的历史与现状，而且更要考虑企业未来的发展。

2. 构造 SWOT 矩阵

将调查得出的各种因素根据轻重缓急或影响程度等排序，构造 SWOT 矩阵。在这个过程中，要将那些对企业发展有直接的、重要的、大量的、迫切的、久远的影响因素优先排列出来，而将那些间接的、次要的、少许的、不急的、短暂的影响因素排在后面。

3. 制定行动计划

在完成环境因素分析和 SWOT 矩阵的构造之后，便可以制定相应的行动计划了。制定计划的基本思路是：发挥优势因素，克服弱点因素，利用机会因素，化解威胁因素；考虑过去，立足当前，着眼未来。运用系统分析的方法，将排列与考虑的各种因素相互联系并加以组合，得出一系列企业未来发展的可选择对策。

利用 SWOT 方法进行电子政务规划时，主要是全面分析本地区本领域电子政务所面临的机遇与挑战，自身的优势与劣势，进而按照其分析法构建矩阵，制定行动计划，即确立发展目标、重点及保障措施。

2.3.1.2 PESTEL 分析法

PESTEL 分析模型又称大环境分析，是分析宏观环境的有效工具，不仅能够分析外部环境，而且能够识别一切对组织有冲击作用的力量。它是调查组织外部影响因素的方法。

政治因素，是指对组织经营活动具有实际与潜在影响的政治力量和有关的政策、法律及法规等因素。经济因素，是指组织外部的经济结构、产业布局、资源状况、经济发展水平以及未来的经济走势等。社会因素，是指组织所在社会中成员的历史发展、文化传统、价值观念、教育水平以及风俗习惯等因素。技术因素，技术要素不仅仅包括那些引起革命性变化的发明，还包括与企业生产有关的新技术、新工艺、新材料的出现和发展趋势以及应用前景。环境因素，一个组织的活动、产品或服务中能与环境发生相互作用的要素。法律因素，组织外部的法律、法规、司法状况和公民法律意识所组成的综合系统。

此工具可用于影响电子政务发展的因素分析，也可以用于对其发展形势的分析。

2.3.1.3 文件审查法

在对国家相关政策文件进行梳理的基础上，对本地区本领域相关部门的电子政务的项目文件进行系统和结构性审查。通过对所有计划之间的一致性及其与需求和假设条件的符合程度，来识别电子政务重点工程的风险。实施的前提是需要完整的文件资料。

2.3.1.4 头脑风暴法

通过专家会议,以专家的创造性思维来索取未来信息的一种直观预测和识别方法。该方法比较简单易行,应用较多。

2.3.1.5 德尔菲法

通过函询收集专家意见,整理后再匿名反馈给专家的德尔菲法（Deiphi Method）,又名专家意见法,是依据系统的程序,采用匿名发表意见的方式,即团队成员之间不得互相讨论,不发生横向联系,只能与调查人员发生关系,反覆地填写问卷,以集结问卷填写人的共识及搜集各方意见,可用来构造团队沟通流程,应对复杂任务难题的管理技术。德尔菲法是预测活动中的一项重要工具,在实际应用中通常可以划分三个类型：经典型德尔菲法、策略型德尔菲法和决策型德尔菲法。

德尔菲法作为一种主观、定性的方法,不仅可以用于电子政务的发展趋势判断方面,而且可以广泛应用于电子政务发展现状的具体指标的确定过程中。德尔菲法的主要缺点是过程比较复杂,花费时间较长。经过多次函询,使意见趋向一致。该方法可减少数据中的偏倚并防止个人对结果产生过大的影响。

2.3.1.6 调研访谈法

通过访问有经验的项目参与者、利益关系者或某项问题的专家,来识别风险。该方法简单易行,在实践中应用较多。主要是设计调研问卷和访谈提纲,进行现场调研与访谈,依据反馈分析。该方法可用于电子规划起草前期的准备工作和写作完善期的效果验证。

2.3.2 规划的流程

2.3.2.1 确立规划框架及关注重点

如何确立规划框架和关注重点？我们有必要看清传统模式下电子政务规划的特点。通过明确目标、原则,提出任务和措施,传统模式下的电子政务规划作为一个庞大的工作计划,基本上是比较完整的。但对于电子政务的发展建设需要，仅止于此还是不够的。首先，传统的电子政务规划过于偏重宏观和原则，就如同要对架构的房子全景缺乏实质性描述，在部门利益的驱动下，"你建房顶，我开天窗"似的重复建设、"信息孤岛"等问题在所难免。有学者认为，由于这种规划与具体的工程实施缺乏有机联系，其间存在非常大的自由空间，强化了各部门建设方案的独立性，最终使规划被分隔扭曲，也不利于减少不必要的投入。一些直接从事电子政务的管理者对此也洞若观火。其次，尽管从理论上某个地区（部门）的政府作为一个整体，但由于其下各部门（机构）的目标多元、专业多样，在传统的电子政务规划模式下，是难以做到业务的整合和优化的。在实际工作中会经常发现，每个部门从其业务需要出发提出的建设需求都是很有必要的，但如果顺应每个不部门的需求和业务流程构建信息系统，相关部门的信息系统之间就非常容易出现重复建设。换句话说就是信息系统的规划建设使各部门业务关系中不尽协调的部分成为显性矛盾。由于解决这种矛盾与政府机构的设置和职能的划分调整有极为密切的关系，也因此非常难以进行整合优化。对此，通过电子政务规划来"越俎代庖"似乎有些勉为其难。

因此，我们必须参照电子规划以人为本原则、系统性原则、统一性原则和安全性原则，依据本地区本部门电子政务的发展阶段和实际情况，确立规划的总体架构及关注重点。的确，构建一个既能体现发展战略，明确工作计划，又在梳理业务流程和信息资源的基础上确定应用框架和基础设施架构的电子政务规划，确实存在非常大的难度，对规划的研究制定者的挑战也非常大，但通过调整规划编制的思路、改变原有的模式、还是可以把电子政务规划做得更实在一些。

2.3.2.2 需求分析

需求分析主要采取调研及访谈的方式。问卷与提纲的设计重点需要围绕本调研的地区、部门或行业关于电子政务的基本情况、信息资源、业务系统和服务应用、网络和基础设施等方面的情况。调研问卷以客观题为主，访谈提纲可设计成开放式的问题，便于采集到比较全面的信息和不同看法。

1. 基本情况

主要了解调研对象的本部门电子政务组织体系情况、编制、建设资金和运维情况。

2. 信息资源、业务系统和服务应用

主要了解调研对象的信息资源建设情况、业务信息系统建设情况和本部门的网站建设情况、本部门的网上服务情况和本部门的信息共享、业务协同实现情况。

3. 网络和基础设施

主要了解调研的电子政务基础设施情况、本单位局域网建设情况、服务器情况、数据库管理系统、应用系统的等级保护和安全设施等情况。

4. 其他

（1）了解被调研对象当前电子政务工作中存在的主要问题。

（2）了解被调研的单位在"十二五"期间电子政务建设的目标、主要任务和重点工程，达到的预期效益情况。本部门实施"十二五"电子政务的条件（优势和困难）（如内容多可以附上附件）。

（3）了解被调研单位为推进完成"十二五"期间电子政务建设任务目标，准备在体制机制、政策文件、人才培养等方面采取的措施。

2.3.2.3 组织与协调

电子政务的利益相关者包括政府本身、企业、社区、公众等社会各个层面，各个利益主体都有各自不同的诉求。在现有的资源与条件下，如何有效整合各个利益主体的利益是进行电子政务规划的重要前提。鉴于我国各地区经济与社会发展的差异性以及传统文化的影响，电子政务规划坚持以政府为主导是必要的，但是决策机制应当吸纳相关利益主体的代表来参加制定电子政务的规划、建设、运营、监理、审计等相关制度。因此，我们要用系统性原则对电子政务规划的制定进行周密的组织和协调，提高规划的科学性和客观性。

步骤1：认识问题的情景

对电子政务系统有关的各种问题收集数据与信息。对非结构化问题，收集到的素材往往是各个层面反映出来的零散、片面的问题。此环节需要规划制定方征求专家意见，设定分析指标，分发采集需求和回收各地各部门反馈的有关电子政务建设、应用等方面的成绩和问题。

步骤2：表达问题的情景

对步骤1所收集到的数据与信息进行整理，找到零散问题之间的联系，或对一些问题进行抽象、概括，努力找出其共同特点。此环节实际上是对各地各部门电子政务发展现状进行梳理，找到共性问题。

步骤3：确定相关系统的根定义

一个系统的根定义的核心是一个变换过程（T），即确定的输入转换输出的方法；系统的所有权（O），即掌管着系统并能使系统停止存在的最终力量；系统内部的行动者（A），即执行系统主要活动的人；顾客（C）即系统活动的受益者或受害者；环境（E），即系统的环境特征；再一个是根定义有意义的基本前提与观点（W）。这6个要素可以简记为CATWOE。此环节，有助于我们理清电子政务各相关主体的关系，建立一个电子政务的所有者—建设者—应用者—体验者之间的生态联系。这个过程的分析，可展开对电子政务行政管理架构、深化应用现状、用户体验等相关问题的分析。

——顾客（C）即系统活动的对象是企业、公众、政府公务员、各级政府。

——系统内部的行动者（A）是以政府电子政务规划部门为指导的决策小组。

——变换小组（T）即改善和创新政务管理——通过理念更新及流程再造来提高公众满意度，实现民主执政、科学执政、依法行政。

——基本前提与观点（W）即前面讨论的电子政务规划的目标。

——系统的所有权（O）是广大人民利益的代表——各级政府。

——环境（E）主要指"电子"即技术环境与"政务"及政治环境两个方面，当然相关的经济、文化等方面的内容也不容忽视。

步骤4：构建和建立概念模型

采用输入—变换—输出的流程把根定义规定的系统描述出来。这个步骤有助于分析电子政务的效益，对社会经济的影响，对社会管理与公共服务创新的作用。

步骤 5：概念模型与现实比较

重点比较的是概念模型与实体之间的差距，其目的是把理念上的诉求与现实状况的差别揭示出来，并从差别的认识中开展对变革的讨论。通过比较，努力发现不但可行而且可以改变现状的行动思路与灵感。此环节用于分析电子政务目标与现存问题的差距，为发展方向和重点提供依据。这一步中项目决策者与各利益群体展开讨论，将其建立的概念模型与对电子政务规划情景的感知进行比较，得出各利益群体期望的变化。比较的问题，例如：

——电子政务规划的目标是否能够真正、充分地反映各方利益主体的诉求？

——现有资源、环境对政府机构变革与流程再造的约束有哪些？

——定义的衡量标准科学吗？

——政府机构变革与流程再造所需的主要作业有哪些？

——政府机构变革与流程再造可能引起的结果有哪些（正面的以及负面的）？

——电子政务部门实施后的风险，即由此所引起的政府内部各部门的利益变化以及政府与其他利益主体权利的变化，是否明确、可控？

步骤 6：实施系统需求的，文化上可行的变革

从系统论的角度看，变革可以描述为对系统结构的改造，如设立新的权力子系统，改变权力分配、增加 2 个子系统之间的关联或相互之间的控制与制约。一般的变革如业务流程的变革、基层管理制度的变革等；而更深刻的变革可能是理念、价值观的变革，如组织文化的变革。在针对电子政务规划的系统需求方面，我们认为为实现电子政务的目标，需要建立相互关联的有机结合的政策体系和产业关联。

步骤 7：改善问题情景的行动

将可行变革付诸实施。第 7 个步骤可以对应我们对电子政务保障措施的设计。

2.3.2.4 编制与论证

编制与论证需要交叉进行，在编制的过程中，需要基于上述研究方法进行撰写与讨论，对电子政务领域的政府管理者、专家学者、企业等知名人士进行访谈，关注并采集电子政务领域人士的个性视点，生动反映电子政务各领域的发展趋势。不断修改和完善规划中的判断和观点。主要应聚焦在如下几个领域：

1. 电子政务的理论研究

要求在理论上、实践上或理论与实践结合上有一定创新。

2. 电子政务政策和标准

关于电子政务的政策法规解读、规划剖析、领导讲话、法律法规、相关电子政务标准解读、标准化研究，跟踪国家正在制定的相关标准。

3. 电子政务建设与应用

反映中央各部委和各级地方政府在电子建设过程中所遇到的各种问题，涉及电子政务的顶层规划、体系设计、管理思想、管理方法、管理模型、政府信息资源的开发与利用、信息资源的整合与协同、运营维护、应用软件、安全技术体系、培训方案、培训渠道、人才培养、人才评价、咨询和规划、绩效评估的理论方法、绩效评估的体系框架、绩效结果分析；分析解剖不同区域、不同级别、不同领域电子政务建设中的成功和失败案例等。

4. 电子政务国际视野

关注各国电子政务建设发展方向及趋势、成功经验、发展战略及模型、政府管理体制机制；搜集国外电子政务资讯、国外电子政务研究机构的研究成果。

5. 控制风险、保障安全

正确处理发展与安全的关系，综合平衡安全成本和风险，建立和完善电子政务网络与信息安全保障体系，全面提高信息安全防护能力，保障和促进电子政务应用发展，保护公众利益，维护国家安全。

第 3 章
电子政务系统设计原则与内容

3.1 电子政务设计的原则

电子政务建设是一个长期的过程，从具体的应用系统，到底层的网络平台，再到数据信息的组织管理，都有可能随着技术的不断进步和社会公众对政府服务的新需求而不断扩展。利用先进信息技术对传统政务模型进行改造也是一个渐进的改革过程，不能一蹴而就。所以，实际情况决定了电子政务的建设不可能一步到位，必须跟随时代的发展而不断地进行新的投资和建设，这一特点对电子政务的设计提出了较高的要求。目前，在政府信息化和企业信息化的过程中经常出现重复投资，过往投资得不到合理利用，从而造成资源浪费的情况。究其原因，是在系统建设过程中没有用发展的眼光来看问题，在系统设计的时候没有考虑今后的扩展。

电子政务系统到底应该如何设计和建设，才能既很好地满足当前信息化工作的具体要求，又符合信息化建设过程的特点？具体来说，有以下一些原则。

3.1.1 扩展性原则

扩展性需要从两个方面进行考虑,一方面是系统本身今后可能的升级和迭代;另一方面是将来可能建设的基于系统的其他应用。系统本身的升级和迭代是指系统的功能可能会增加,应用规模可能会扩大,集成范围可能扩展等。基于系统的其他应用是指今后可能会有新的信息系统需要利用现有系统的功能、数据、应用等。要满足这些潜在的扩展需求,要求系统在设计上要有非常好的扩充性,充分利用软件体系结构思想。系统功能采用模块化设计,各种功能用基于组件的软件模块实现,软硬件平台可以积木式拼装,并为今后可能建设的其他应用系统留足数据和应用接口。

3.1.2 兼容性原则

兼容性是指对以往建设项目的兼容和集成。在系统设计的时候,一方面在满足建设目标的前提下尽量利用现有资源,充分利用现有系统;另一方面,不与以往建设的系统发生冲突,保护已有的投资。

3.1.3 标准化原则

标准化是电子政务建设的必然要求。整个电子政务的标准化是一项顶层工作,是需要从国家层面上考虑的全局性问题。而标准化在具体的设计工作中的体现,一方面是数据、应用的设计要遵循国家标准;另一方面是指要有本系统的,可供后续建设利用的开放标准。当需要扩展和再建设时,可以找到标准的途径对现在建设的内容进行再利用和扩充。这就要求网络环境、操作环境、软件环境之间的依赖性要尽可能的降到最低,具体的应用设计和数据设计在国家标准的框架下尽可能采用国际通行技术标准。

3.2 电子政务体系结构

3.2.1 电子政务的系统框架

3.2.1.1 电子政务系统的基本框架

电子政务系统是基于计算机网络信息系统，应用了先进的计算机及网络技术。电子政务系统是为电子政务活动提供实现手段和保障支持的计算机网络软硬件平台，包括电子政务网络平台，电子政务应用服务平台及提供上下衔接的电子政务中间件。电子政务的系统结构和一般的网络体系结构既有相同之处，又有区别。电子政务系统业务涉及政府机关内部，其他机关、团体、企业和社会公众；所处理的信息既包括政府机关内部的信息，也包括可在一定范围内交流的信息，还包含可以公开发布的信息。在机关内部，主要处理流程模拟、协作、信息发布、受理各类申请、投诉、建议和要求等，既有信息的发布和接收，又有交互式的文件处理。电子政务系统建设包括：①涉及政府内部核心机密的应用系统，主要有机要、秘密文件及相关信息数据管理平台系统；②领导事务管理系统，包括日程安排、个人信息等；③涉及重大事件的决策分析、决策处理系统；④涉及国家重大事务的数据分析、处理系统；⑤涉及重要事务的核心数据库存储系统。

电子政务系统的基本结构如图 3-1 所示，自上而下可分为网络平台层、信息资源管理层、应用服务支撑层、应用系统层和公众访问层五层基本结构。整个系统还包括系统管理维护体系、电子政务标准和规范体系、面向电子政务的安全体系等。这种结构代表了电子政务系统在实际应用中的基本框架，具有普遍的意义。

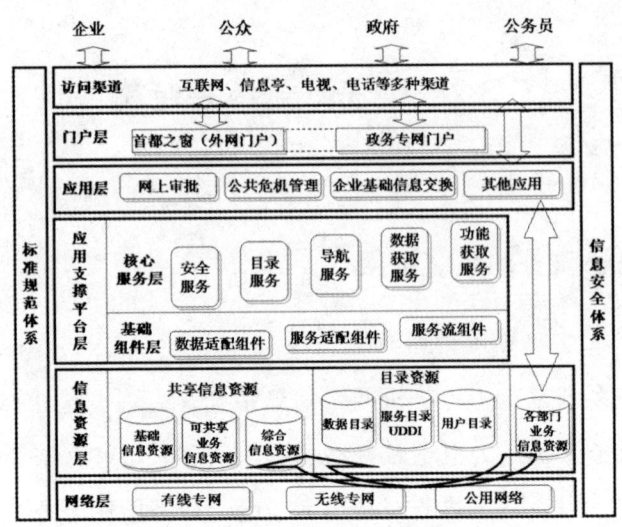

图 3-1 电子政务系统的基本结构

下面让我们对电子政务体系框架中的各个组成部分作简单的介绍。

1. 网络平台层

网络平台层即电子政务网络平台，是电子政务的网络基础平台，是因特网、政务内网、政务专网、政务外网四大网络的统一。它提供电子系统网络通信和系统服务。服务器、存储设备等基础硬件设施由网络传输介质和网络设备连接起来，形成了整个网络骨架，即网络层；硬件设施配以相应的系统软件如操作系统，网管软件等构成了网络系统层，此层向信息资源管理层提供数据存储和管理所必须的基础设施，是保障中央以及地方各级政府业务系统互联互通的计算机网络通信平台。对政府内部，政务网络平台为实现同层次和上下级政府间资源共享、信息应用、信息交换提供统一的安全、保密网络平台；对政府外部，该平台将沟通政府和公众之间的联系，是政府向社会发布信息，提供信息服务的统一平台。

电子政务网络平台的主要功能是为电子政务系统通信和系统基础设施提供服务，它是保障各级政府业务系统互联互通的计算机网络通信平台。统一、安全的网络基础平台建设是电子政务的基础工程，也是电子政务系统的关键支撑体系，它围绕着一站式服务框架将电子政务的各个子系统和零部件连接成一个有机的整体。电子政务网络由政务内网和政务外网构成，两网之间物理隔离，政务外网与互联网之间逻辑隔离。政务内网主要是副省级以上政务部门的办公网，与副省级以下政务部门的办公网物理隔离。政务外网是政府的业务专网，主要运行政务部门面向社会的专业性服务业务和不需要在内网上运行的业务。统一政务网络平台是我国电子政务建设最重要和迫切的任务之一，其质量和建设的效率，关系到电子政务建设的全局。为此，需要考虑以下基本要求：一是在功能和性能上，要前瞻性地满足各项业务的需要，具有可扩展性；二是要准确界定内外网平台的边界和运行的主要业务；三是网络平台方案要认真研究和解决部门网络与地方网络的关系。

2. 电子政务的信息资源管理层

信息资源管理层也叫数据资源层，它负责管理存放在政府信息资源中心以及网络系统中的各类数据资源，向应用服务支撑层提供数据集合、访问、转换、提取、过滤与综合服务。通常包括数据库及其数据库管理系统。

3. 电子政务的应用框架层

应用框架层，又可称为电子政务服务支撑平台，为具体的领域提供基础的底层公共平台框架。电子政务应用服务平台是指在电子政务网络平台基础上建立的政务综合应用服务平台。该平台主要功能是实现资源共享、信息应用、信息交换、应用服务等功能，为各级政府、公务员、公民和企业提供个性化服务。应用框架层（电子政务服务支撑平台）包括工作流引擎和电子政务中间件平台。中间件支持跨平台的分布式异构数据访问，从而向应用业务层提供统一的数据服务。工作流系统通过工作流引擎驱动数据在应用业务层的各应用之间的流转。以便根据分工，合理、高效和完整地分配信息。

4. 电子政务的应用系统层

电子政务的应用系统层即政务应用平台。电子政务的业务应用系统是电子政务建设的重点，电子政务的应用建设是整个系统建设的关键。电子政务的应用系统层主要包括 G2G、G2B、G2C、G2E 等模式下的政务应用系统以及协同工作与决策支持系统。

(1) 办公自动化系统

主要是指利用现代化的办公设备、计算机技术、通信技术和互联网技术来代替办公人员的手工作业，从而大幅度地提高办公效率和办公质量。办公自动化系统是进入现代化行政管理、构建电子政务办公系统的基础架构。

(2) 业务系统

办公业务资源系统和宏观经济管理系统是我国电子政务结构的顶层，将对决策和稳定经济环境起到核心作用；金税、金关、金财、金融监管、金审等5个业务系统的建设是围绕政府收支的主线设计的，只有大力加强这些系统，才有可能保证增加政府收入，提高公共支出的效率和确保合理性，提高政府监管能力；金盾、社会保障、金农、金水和金质等5个业务系统，是电子政务的基础层，这些系统将对保障良好的社会秩序和增强国民经济和社会发展的稳定性打下基础。随着电子政务的推进，各个系统之间的协同工作势在必行。

(3) 协同工作和决策支持系统

协同工作是指在计算机和网络技术支持的环境下，一个群体协同完成一项共同的任务。决策支持系统就是从数据库中找出必要的数据，并利用数字模型的功能，为用户生成所需信息的系统。

5. 公众访问层

公众访问层就是政府为了能够让外界了解政府向社会提供的信息，让政府更加的开明。当然，主要的目的还是实现政务公开和外界的互动联系，了解外界对政府工作的要求和建议。同时接受外界的监督，通过公众网获取需要受理的业务信息，转入政府专网和内网进行业务处理，最后将处理的结果通过外网发布社会公众。

政府门户网站是指在各政府部门的信息化建设基础之上，建立起跨部门的、综合的业务应用系统，居民、企业与政府工作人员都能通过政府门户网站快速、便捷地接入所有相关政府部门的业务应用、组织内容与信息，并获得个性化的服务。这里要强调的是，所有的政府门户网站都是政府网站，但是并不是所有的政府网站都是门户网站。政府门户网站一般具有如下功能：

（1）发布政府的各种政务信息

政府门户能够支持各种格式的文本和多媒体内容，提供包括存储、分类、浏览、增、删、改等常见的内容管理功能，支持包括全文检索在内的多种咨询方法，具备良好的开放性。主要处理政府部门分布式数据或信息资源的发现、过滤、索引，建立信息仓库并进行发布。

（2）提供公众与政府部门交流的平台

政府部门可以通过政府门户收集公众的意见和建议。政府门户提供留言板、公告栏、在线帮助、访问统计等，建立电子社区的管理工具，为公众提供与政府部门交流的平台。

（3）提供公众访问网上政务应用系统的应用接口

通过政府门户，用户可以以统一、随时随地的方式访问政府内部各个部门分散存储的信息库和文件，并能够执行从简单的桌面工具（电子邮件、日程安排、合同管理等）到复杂的政府业务管理的多种应用程序，进行协同工作。从政府门户网站的发展趋势来看，随着信息技术的进一步发展和电子政务的深入应用，政府门户网站将在功能和结构上有很大的演进，门户的分类逐渐模糊，各个门户网站之间逐渐融合，最终实现"以服务对象为中心"的目标，用户能够非常方便地（多种途径、多种渠道和随时随地）获取信息和服务。政府门户网站的发展最终依赖于内部业务流程的重组，理想的电子政务所创建的是一个跨政府部门的无缝的信息流，能够集成政府部门现有的业务应用、组织内容和信息资源，为居民、企业和其他部门行政人员提供全面且个性化的服务。正确处理政府门户网站、统一网络平台、业务系统以及政务信息资源数据库四者的关系，加快建设中央政务统一门户网站，是解决"纵强横弱"的又一个关键措施。后台整合是政府门户网站区别于其他网站的关键所在。因此，应当通过建立政府门户网站，实现一站式服务，促进电子政务体系的整体协调发展。这一过程完成后，各级政府的信息资源得到整合，从而使政府门户网站逐步成为政府信息服务的枢纽、接受社会监督的窗口以及推进政务流程优化的重要动力。为保证国家整体电子政务健康、协调发展，需要强化国家、省、地、市级电子政务的顶层设计。做好顶层设计要结合国家、省、地、市信息化建设的总体规划，从顶层设计出发，构建区域和城市信息化综合体系。

6. 电子政务标准和规范体系

电子政务标准和规范体系分为总体标准、网络基础设施标准、应用支撑标准、应用标准、信息安全标准和管理标准。

7. 电子政务的安全体系

电子政务的安全体系包括安全法则和标准下的安全策略、安全管理、安全技术产品、安全基础设施、安全服务等信息安全保证措施，以保障整个电子政务系统安全、可靠地不间断运转。

电子政务网络平台和电子政务应用服务平台之间，需要使用适于电子政务的中间件在不同的平台或应有之间共享资源。通过中间件平台标准的程序接口和协议，电子政务应用系统可以实现不同硬件和操作系统平台的数据共享和互操作应用。

3.2.1.2 电子政务系统的网络体系结构

电子政务的系统结构和一般的网络体系结构既有相同之处，又有区别。如何保证这种基于网络的、符合 Internet 技术标准的、面向政府机关内部和其他政府机构、企业以及社会公众提供信息服务和信息处理的系统安全、正常运转，是电子政务建设的关键问题之一。

电子政务是一个综合性信息系统，电子政务网络由政务内网和政务外网构成，两网之间物理隔离，政务外网与互联网逻辑隔离。政务内网为一个完整的内部网（Intranet），就像每台 PC 都有 DOS 操作系统一样，整个内部网也应该有一个基础"操作系统"，即网络应用平台。它是内部网用户进入的入口，并对用户身份进行认证，它为用户提供基本的网络服务功能，同时它为用户提供各种专业网络服务的通道功能：用户登录认证；用户口令密码修改；电子新闻；电子公告；电子论坛。政务内网主要是连接副省级以上政务部门的办公网，与副省级以下政务部门的办公网实现物理隔离。政务外网是政府的对外业务网，主要运行政务部门面向社会的专业性服务和不需在内网上运行的业务。电子政务网络体系结构如图 3-2 所示。政府信息中心设在政务内网，对外采集处理政务外网传输来的数据信息，对内处理专用网络系统传输来的部分数据信息，这一部分要与政务外网进行物理隔离。政务专用网一般采用光纤直接连接，首先从物理上与外网隔离，再采用其它安全技术防止线路监听等网络破坏。面向公众的政务外网主要处理公众事务的申请、审批、公布政府信息等。政府内部决策的制定、内部事务的运行处理都在政府专用网上进行。电子政务网络是在一般的网络基础上建立起来的，所以其网络体系与一般的网络有许多共同点，但电子政务网络也有其自身的特点。电子政务网络代表着政府形象，设计事务处理系统时要慎重，任何数据信息的公布与否都对政府对公众有一定的影响，所以网络的安全性要比一般网络要求更高，信息发布的认证和不可否认性也是必须要求的。政务内网和政务外网的划分要有科学依据，网络涉及处理的数据信息的知识层面也比一般的网络要多，这些都是电子政务网络与一般网络的区别。分析清楚了这两种网络的异同点，才能在研究电子政务的安全需求时有的放矢。

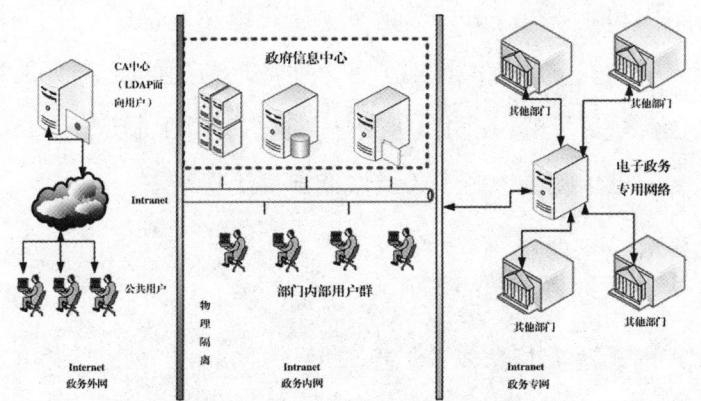

图 3-2　电子政务网络体系结构

3.2.1.3 电子政务系统的业务流程分析

电子政务业务体系的内容与传统政务业务体系有着源与流的关系。根据传统政务的分类模式和电子政务的自身特点，电子政务业务体系可以从电子政务性质、历史发展阶段、电子政务行为主体三个角度进行分类。下面按行为主体分类来阐述电子政务业务体系建设的内容。

在现代社会中，政府、企事业单位、社会公民一直是与政府紧密相关的三个行为主体，政府的业务活动也主要围绕着这三个行为主体展开，政府的业务主要涉及政府对政府、政府对企事业、政府对社会公民、企事业对政府、社会公民对政府五个相互关联的领域。电子政务与传统政务一样，其业务也是围绕这三个行为主体展开的。因此，根据行为主体分类，电子政务可分为以下三大类：政府与政府的电子政务（政府部门的上、下级间的电子政务；政府的同级部门间的电子政务；政府机构与上级相关部门的电子政务）；政府与企事业组织的电子政务；政府与社会公民的电子政务。这种系统一方面要和同级的行政机构发生联系；另一方面要与社会公民、企事业单位建立联系，这两种联系的方式应该有针对性的区别。和同级的行政机构发生的联系同属于政府事务关系，要相互协调地处理事务，要考虑到与同级行政机构的协作。和社会及企事业单位间的联系是政府与社会大众的联系，要处处体现为社会群众服务的原则，建立联系要友好、完善，容易被群众接受。把电子政务的体系结构和业务流程分析清楚了，就可以在此基础上分析存在于电子政务各个流程中的安全威胁，找到了各个业务环节中的安全威胁，电子政务的安全需求也就一目了然，在明白了安全需求的基础上制定相应的安全措施，就为设计安全的电子政务做好了关键性的前提工作。

3.2.2 电子政务体系结构

3.2.2.1 电子政务信息体系

电子政务信息体系是信息服务以及信息管理的宏观结构，它包括了对信息资源内涵的界定，以及为了管理和使用相应信息资源所需要的配套数据和信息。为了管理和使用好电子政务信息，必须建立相应的编码并辅以一些参考资料。电子政务信息体系是各级管理部门对电子政务信息的综合，对电子政务中信息内容如何组织起着至关重要的作用。电子政务信息体系为信息组织建立了坚实的基础，它并不关心信息内容存储位置（文本文件、多媒体、数据库）。

电子政务信息体系研究是对各级各类的电子政务信息用户的需求进行调研，在此基础上分析他们对电子政务信息的使用方式、信息类型、查询响应时间要求、请求过程、检索要求等，进而归纳出各种用户对电子政务信息的需求视图以及共享模式；分析电子政务信息的分类与分类方法，研究电子政务信息的分类标准和表示规范，利用分类进行信息描述，建立电子政务的信息体系；分析电子政务中信息的特征属性、数据量、存储形式和格式以及表现形式和格式等，并利用建模工具进行规范的描述，为系统设计提供依据。

1. 安全与标准

办公自动化系统、电子采购系统、公众服务系统都要求有一整套完善、强大的安全性控制体系，包括防止非法用户侵入、权限控制、存储和传输加密以及电子签名和安全认证等手段。建设安全、可靠的网络基础设施同样也会给民众接纳电子政府提供的信息和服务带来信心。另外，由于政务活动不同于商务活动，它关系到政府部门乃至整个国家的利益安全。因此，电子政务的网络必须区分内网和外网，政府内部信息交换必须运行在内部的高速网上，属于政务公开和网上交互式办公的内容，运行在互联网上，内网和外网间加以物理隔离。网络信息系统的安全稳定性自始至终都是十分重要的，是否建立起强健的网络信息安全防范系统，在某种程度上决定着政府部门信息化建设的成败。政府工作流程的自动化要求信息和文档的标准化。政府部门之间的协同工作要求能够在异构平台和不同的网络中实现数据交换与处理流程的自动化，这也要求有信息和文档的标准化做基础。标准化不仅是要求信息结构的标准化，而且还要求信息展现技术的标准化，比如可扩展标记语言（XML）和电子数据交换（EDI）技术的应用。这样做不但能畅通信息的流动，而且能降低信息的使用成本。政策法规和安全与标准这两大电子政府一般性体系框架支柱的完善性不但会影响电子政务本身的发展,也会影响民众对于电子政务的认同程度。

2. 信息基础设施层

电子政府的建立以信息技术作为基础。从政府信息发布、政府网上服务到政府部门间及政府部门内的信息共享和网络办公,都需要不断发展的信息技术作为保障。作为电子政府一般性体系框架结构基础的信息基础设施层主要包括:建设具有大容量、高速传输能力且先进、安全、稳定可靠并能保证服务质量的宽带通信网络;充分利用各种计算机技术实现高效、快捷、完善的信息管理和信息服务功能。这些技术主要有网络技术、多媒体技术、互联网技术、安全控制技术、数据库技术、数据仓库以及数据挖掘和联机分析处理技术、协同工作技术、标准化和信息跨平台交换技术、系统集成技术、电子签名技术和第三方认证技术以及完善的电子支付手段等。

3. 信息管理支持层

政府部门通过利用先进的网络信息技术,建设能改善政府管理水平和提升服务功能的信息管理支持体系,实现政府办公自动化、管理信息化、决策科学化。信息管理支持层主要包括办公室自动化管理系统、协同工作系统、决策支持系统、信息资源库等,该层实际上属于内部网范围。政府办公自动化管理系统主要包括:电子邮递、电子公文、报表汇总统计分析等。实现日常业务工作流程,如公文审批、常用申请、会议管理、档案管理、信息采集审批与查询以及各部门的日常业务等的办公自动化;并通过应用结合了"推"、"拉"技术的群件技术,使政府工作人员之间实现网上信息交流和进行网上协同工作。使得政府各部门之间的协作更加紧密,减少资源的浪费,从而大幅度提高政府部门的办公效率。政府部门内部和其它政府部门之间进行连网,并通过协同工作系统,在各政府部门间实现公文自动交换,将办公自动化的范围进一步扩大到跨行业、跨部委。政府部门的日常业务办公实现自动化处理后,政府部门的工作重心应放在国情分析和政策研究上。这就需要运用信息技术对系统所收集的大量信息资源进行综合处理,通过建立正确的决策体系和决策支持模型，为各级政府的决策提供科学的依据。通过把电子政务平台和决策支持系统有机地结合起来，可以大大提高决策的科学性、时效性和适应性。构成新一代决策支持系统的基础是数据仓库、联机分析处理和数据挖掘技术。通过信息采集汇总和信息资源管理，完善办公信息基础资源库的建设，结合各部门的信息资源，实现信息资源共享和数据资源的动态管理。对信息资源库的利用和建设分为两个部分，一部分是政府系统内部数据资源的集成、开发与对政府系统内的增值服务，包括各种综合分析与对政府办公的决策支持服务；另一部分是面向社会的数据资源集成、开发与增值服务。另外，需特别指出的是，电子政府的建设和实施过程，也是政府对传统业务模式、业务流程和办事方式的重组过程。甚至，由于政府业务办公的电子化和网络化，必然会大幅精简业务办公人员，同时强化政府的科学决策分析能力和强度，这必然会导致对政府部门的重构要求。

4. 信息应用服务层

政府部门与社会各界利用网络信息平台充分进行信息共享与服务、加强群众监督、提高办事效率及促进政务公开。这一目标主要是通过建立在信息管理支持层基础上的信息应用服务层来实现的，主要是通过在互联网上建立外部公用网站来体现的，该层属于电子政府的外网范围。信息应用服务层主要内容包括：网上信息发布和信息采集、电子采购及招标、电子福利支付、网上服务办公等。政府通过网上信息发布能使民众和企业可以了解政府、了解政府所处理的业务、了解政府的方针；通过网上信息采集系统能使政府迅速获得普遍性的民众意见和呼声，接受群众监督和投诉，促使政府部门更好地提高工作效率，制定出更能反映民众普遍意愿的政策和方针。政府通过电子采购及招标系统能大幅度减少行政开支，并能有效地降低腐败行为，同时为企业提供更为平等的竞争环境，促进电子商务的健康发展，从而取得更大的社会效益和经济效益。政府通过电子福利管理系统、电子支付系统，并与金融机构联网，实现社会福利管理的网络化、电子化，使民众能更方便、快捷地享受到政府的社会保障服务。政府通过网上服务办公系统能有效地提高政府办公效率，加大办公透明度，提高公务人员的服务水平，监督公务人员的服务质量，有助于改善并树立良好的政府形象。民众可通过政府站点实现足不出户就能完成与政府部门相关的办事程序。网上服务办公系统主要有电子税务、电子工商、电子报关、电子身份认证等服务系统。

3.2.2.2 电子政务技术体系

技术体系规范了整个系统建设的技术原则（多层结构）、应用集成体系（整合方法）和安全保障体系。

多层结构：采用基于组件的三层应用体系结构，即从系统结构上分为客户机、应用服务器、数据服务器三个相互分离的层次，业务逻辑集中在构架于中间件之上的应用服务器层，遵循 XML、J2EE 组件标准，采用分布式对象技术。这种三层应用体系结构已经成为电子政务系统的业界标准，也是系统成功实施和运行的重要保障。

应用集成体系（整合方法）：电子政务系统是多层次、分步实施复杂的大系统，系统最终需要通过综合集成实现系统功能的整合。系统的集成体系将具体采用分布式对象技术方式进行。重要业务的对象化是保证系统继承性、可维护性和扩展性的重要设计保证。组件化是业务流程与业务处理面向对象设计的现代形式。现代的组件应当具备分布式特性，采集、分拣、统计分析、审计等重要业务应尽可能地对象和组件化，并可能支持 XML、J2EE 等分布式对象调用协议，并应当支持负载平衡和容错。对象的管理应当具备负载平衡和自动故障切换功能以保证系统的抗压能力和性能。

安全保障体系：电子政务系统的安全技术体系主要由链路加密、网络防火墙、IP 信道加密、端到端加密、数字证书应用管理系统、身份认证、访问控制应用支撑平台、WEB 监控与保护、安全策略管理、分析监控系统、日志分析审计、智能预警系统等构成。

3.2.2.3 电子政务应用体系

电子政务应用系统由政府内部办公系统、政府间协同系统、政府与企业间协同系统、公共服务系统四大系统组成，包含的子系统有信息发布子系统、公文流转子系统、档案管理子系统、会议管理子系统、公文交换子系统、报表统计子系统、发文管理子系统、收文管理子系统、机要管理子系统、资产管理子系统、人事管理子系统、决策支持子系统、政府采购子系统、政策法规子系统、公共信息发布子系统、公共服务子系统、企业服务子系统、企业税务核查子系统、劳动保障子系统、农贸管理子系统、资源管理子系统、文化管理子系统、地籍管理子系统、系统管理子系统等，并根据具体的实施情况由组件来灵活定义所需要的子系统。子系统面向不同的用户对象提供服务，与服务对象的关联如图3-3所示：

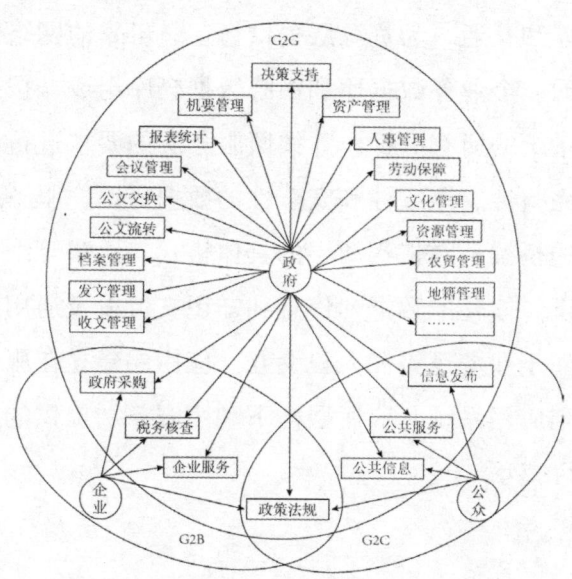

图3-3 应用子系统与服务对象的关联图

应用体系对各应用系统进行规范，分为四个应用层次：公共服务系统、顶层业务系统、支持层业务系统、基础层业务系统。

公共服务系统：公共信息查询系统、电子采购及招标系统、电子权证办理系统、政务公开系统、电子商务系统、电子教育系统等。

顶层业务系统：办公业务资源系统和宏观经济管理系统是电子政务结构的顶层，将对决策和稳定经济环境起到核心作用。

支持层业务系统：金税、金关、金财、金融监管、金审等5个业务系统是电子政务结构的支持层。

基础层业务系统：金盾、社会保障、金农、金水和金质等5个业务系统是电子政务结构的基础层。

电子政务系统由硬件层、网络层、资源层、服务层和应用层五层结构组成。安全保障体系作为一个完整的体系贯穿五层，为各层提供相应的安全保障。

硬件层主要包括服务器和客户端的物理设备组成，向上层（网络层）提供可靠的硬件能力保证。网络层建立在硬件层之上，负责实现系统所有节点的接入、互连和互通，为资源层提供稳定、可靠的网络服务。资源层由分布在网络上的多个业务数据库和中心数据仓库组成，按照数据标准和业务分工，存储系统的所有数据，并按照服务层的要求进行组织，为服务层提供具备良好完整性、一致性和安全性的数据资源。服务层是位于应用层和资源层之间的桥梁，它将资源层的具体格式、语法等细节向应用层透明，为应用层提供一体化的数据、信息和知识支持以及通用的服务接口，使应用层可以专注于业务逻辑和人机交互。应用层建立在服务层的基础之上，集成了一系列应用系统，应用层向下利用服务层提供的服务接口，向上直接与用户进行交互。

3.3 电子政务设计的主要内容

整个政务信息系统包括了网络硬件平台、信息基础设施、电子政务应用系统、政务数据信息、信息安全体系，是一个完备而且庞大的综合信息系统，所以电子政务设计所涉及的范围也非常广。把设计内容按照设计对象的特点进行简单划分，可以分为四个方面，分别是：基础设施的设计、应用系统的设计、信息资源系统的设计和安全体系的设计。

3.3.1 基础设施的设计

现阶段，我国很多地方政府在做信息化建设规划时都将"三网一库"作为首要任务。这种做法是有根据的，"三网一库"实际上就是电子政务信息系统的基础设施，"三网一库"的设计就是基础设施设计的主要内容。所谓"三网"是指：政府机关内部局域网、政府信息专网和政府外网；"一库"是指政府信息资源数据库。

政府机关内部局域网是政府机关自动化办公的平台，内部局域网通过专用网络进行互联就构成了政府信息专网，可以实现政府部门之间信息的共享和工作的协同，政府外网是政府对外提供信息、服务的平台，外网直接和 Internet 相连。

政府内网、专网与政府外网没有直接相连，但是外网平台上提供的服务和信息都来自于政府的行政过程或与之密切相关。为了保证三个网络之间的信息传递和信息交换，必须有一个统一的政府信息数据库，于是"一库"的重要性就体现出来了。"一库"既是政府信息资源的记录和存储中心，又是"三网"的信息交换中心，在三网之间实现信息共享和信息交流。

基础设施的设计除了前文所提到的电子政务设计原则外，还应考虑有一定的超前性。不能将基础设施的负荷能力停留在眼前规模的应用上，随着电子政务建设的不断加速前进，社会公众对政府电子服务的接受程度也会逐步提高，各种服务系统的利用率和用户量将会成级数增加，保持一定的超前性可以有效避免重复投资。

3.3.2 应用系统的设计

电子政务应用系统种类较多，既有用于政府内部工作的，也有用于政府间协同办公的，还有对社会公众提供服务的。不同类型的应用系统还不能孤立起来分析，应在一个统一的应用支撑平台上工作，因此，电子政务应用系统的设计至少应包括应用支撑平台的设计、办公平台的设计、应用组件的设计以及政府门户网站的设计。

电子政务的应用系统以 Web 应用系统为主，设计工作的具体内容取决于所设计的系统自身的特点，就设计方法而言，电子政务应用系统与普通 Web 应用系统没有本质区别。系统架构应以 B/S 模式、多层体系结构为主。在实现功能的同时需要重点考虑扩展性，为跟其他应用系统可能的交互准备相应的接口。

由于公众的计算机水平的差异往往非常大，用户界面（UI）的设计应该是电子政务应用系统设计的重点，良好的用户体验能有效提高公众对政府在线服务的接受度，也有利于政府信息化的发展。

3.3.3 信息资源系统设计

信息资源系统的设计是电子政务设计中一个非常重要的内容，也是一个非常复杂、难度非常大的内容。信息资源系统的设计所要考虑的问题很多，政府的数据信息数量巨大、内容复杂、来源各异，是经济社会运行过程中最庞大也是最重要的信息源。仅对这些数据进行良好的组织就是一项很庞大的工作，同时还得考虑既要充分利用这些信息，让其发挥应有的经济和社会效益，又要保证数据的完整性、一致性和安全性。

信息资源系统设计的内容包括信息的采集、组织管理、数据安全设计等方面。

信息采集的设计主要考虑这样几个问题：（1）信息采集渠道。如何采集信息，信息采集点怎样设置；（2）采集过程中的信息审核，不应该收集的信息要提前过滤；（3）信息的采全率，该采集的信息都要采集到。

信息资源的组织管理主要考虑如何将采集到的各种信息资源由混杂、无序变成有序、可利用，即信息的有序化。这里的有序化主要指数据信息的二次描述，对信息进行判别、分类排序、标引著录等。

数据安全设计考虑的是如何维护数据的完整性、一致性和安全性，需要结合整个电子政务系统的安全体系来设计。

3.3.4 安全体系设计

安全是任何一个信息系统都必须要重点考虑的问题。对电子政务系统而言，安全性方面的要求往往比一般的商业系统更高，安全体系的设计也就成了电子政务设计中一个非常重要甚至是关键的问题。

电子政务的安全必须要全盘考虑，从基础网络设施、到数据信息、到整体架构、再到具体的应用系统；从安全等级的设置、到关键部位的保护、到网络安全防御、再到信任体系，每一个环节都要有合理、严格的安全控制，而且这些安全措施相互呼应，构成一个完善的体系。

3.4 电子政务设计及实现流程

3.4.1 准备工作

充分的准备工作对后续工作的开展是非常重要的。在开始电子政务设计之前，做好充足的准备可以为设计工作的顺利进行做好铺垫，对完成良好的设计有很大的帮助，甚至能在一定程度上决定设计的成败。

准备工作主要包括人员、资金、场地、协调工作等。其中重点又在于人员和协调工作，就资金和场地的准备而言，电子政务设计相对于其他的系统设计没有什么特殊性。

电子政务系统与普通商业或其他用途的系统最大的不同之处在于其政府因素。所以，在组织设计团队时不能仅考虑团队成员的技术因素，团队成员的知识结构要包含管理、政务等方面。因此电子政务系统设计师应该是既有雄厚的系统分析和设计知识，又有较强的管理能力，并对政务模型和政府的行政管理特点有较深入的了解。如果没有符合这种要求的人才，就应该用组合的方式来弥补，从纯技术的角度来分析和设计电子政务系统是绝对不可取的。

从所设计的系统本身出发,软件系统和软硬结合的集成系统对团队构成的要求也是不同的,如果系统建设涉及网络硬件设施,则设计团队除了软件设计人员之外还应该配备有网络工程师或设计师。另外,鉴于电子政务在安全方面的较高要求,还要有网络信息安全的专业工程师参与或提供咨询。

所以,设计团队应该是:系统分析师+信息安全专业人员+行政管理专家+网络工程师(如果涉及网络硬件设施的建设)。

以上的团队组织是从技术因素的角度出发,但是设计团队仅由技术因素是不够的,还必须考虑与各职能部门的协调。在这些年电子政务建设过程中,大家基本上都形成了一个共识:电子政务是典型的一把手工程。主要领导的重视程度往往决定了电子政务建设的成效。设计阶段同样如此,大量的工作需要进行协调,没有主要领导的重视是无法进行的。所以工作团队应由主要协调部门的领导如办公厅(室)或政府主要分管领导牵头担任团队领导,负责需求调研过程中的协调工作。

3.4.2 可行性研究

这个阶段的任务不是具体解决问题,而是研究问题的范围,探索这个问题是否值得去解决,是否有可行的解决办法。

3.4.2.1 可行性研究的任务

从技术可行性、经济可行性和操作可行性三个方面论证电子政务系统建设的必要性和可行性。

3.4.2.2 可行性研究报告结构

(1)概述:包括目的、背景、术语定义等。

(2)可行性研究的背景:包括软件的基本要求、目标、条件、假定和限制、进行可行性研究的方法、评价尺度等。

(3)对现有系统的分析:包括处理流程和数据流程、工作负荷、费用开支、人员、设备、局限性等。

(4)所建议的系统:包括对所建议系统的说明、处理流程和数据流程、改进之处、对设备的影响、对用户单位机构的影响、对系统运行过程的影响、对开发的影响、对地点和设施的影响、对经费开支的影响、技术条件方面的可能性等。

（5）可选择的其他系统方案。

（6）投资及效益分析：包括支出、收益、收益/投资比、投资回收周期、敏感性分析。

（7）社会因素方面的可能性：包括法律方面的可行性和使用方面的可行性。

（8）结论。

3.4.3 需求分析

这个阶段的任务仍然不是具体地解决问题，而是准确地确定"为了解决这个问题，目标系统必须做什么"，主要是确定目标系统必须具备哪些功能。

3.4.3.1 需求的获取

需求的获取和分析没有一个单一的公式化的方法，但是需求分析工作还是有一定的规律可循的。从需求的层次上，一般可以分为三个层次：业务需求、用户需求以及功能需求和非功能需求。

业务需求是指发起项目建设的组织和机构的高层次目标。描述了为什么要进行一个项目的建设，即希望达到什么目标，相当于对项目建设效益的期望值。业务需求一般来自于项目的规划者或者机构的管理者、领导等。业务需求是需求的第一个层次。

用户需求描述的是用户目标，用户要求系统必须完成什么任务，即用户使用系统能做什么。如：网上预约办理某项工作就是一个用户需求。用户需求是需求的第二个层次。

功能需求是指规定项目建设必须实现的具体功能，用户用这些功能完成一个个的具体任务，进而满足业务需求。如：系统应通过站内消息提示用户他的预约受理情况。而非功能需求是指项目建设的质量属性、性能属性、用户体验属性等与实际功能应用没有关系的需求。非功能需求与功能需求都属于需求的第三个层次。

需求的分析和开发应该按照这三个层次顺序进行。首先要了解项目建设的业务需求，对项目的前景和范围有一个整体把握。项目建设必须要由一个明确定义的方向，并让参与项目的每个人都充分理解这个方向。用户需求与功能需求都必须符合业务需求设定的前景和目标，无助于达到业务目标的需求不应包含在最后的需求说明文档中。在获得业务需求后，要以项目建设各方都充分理解其意义的文字明确记录下来，并确认归档，作为后续需求开发的指导性文档。

用户需求的获取是需求分析工作中一个非常关键的环节，能否让技术开发人员准确的了解用户的需求将影响项目开发工作最后的成败。获得用户的需求需要做这样一些工作：确定项目完成后的不同用户类型；确定用户需求的来源；挑选每一类用户的代表并与之一起工作；商定谁是项目需求的决策者。技术人员开发的项目与用户所期望的产品之间常常存在较大差距，即所谓的期望鸿沟。用户参与是避免期望鸿沟的有效手段。具体的用户需求调查方法有调查问卷、需求开发座谈、观察用户的工作、用户工作情景分析、用例、现有系统的问题报告等等。

功能需求的获取是一件非常细致的工作，功能点的确认更加离不开用户的参与。原型法是应用系统功能需求获取的一个非常重要的手段。根据用户需求或者先期的功能需求调查，开发一个没有实现真正功能的系统原型，在原型的基础上与用户进一步讨论功能点的问题可以非常直观，用户也容易理解。

3.4.3.2 需求提炼

使用某种分析方法（结构分析方法或面向对象方法），结合现代软件技术背景，分析系统的数据要求，提炼出目标软件系统的用户需求。逐步细化所有的软件功能，找出系统各元素间的联系，接口特性和设计上的限制，分析他们是否满足需求，剔除不合理部分，增加需要部分。最后，综合成系统的解决方案，给出要开发的系统的详细逻辑模型（做什么的模型）。

3.4.3.3 需求描述

用分析方法对应的分析工具（图形、表格和规范化描述语言）描述软件的逻辑模型（需求建模）详情，以软件规格说明书形式，即编制文档。描述需求的文档称为软件需求规格说明书。

需求开发的最终成果就是需求文档。用户和技术人员就项目建设的目标、内容、具体功能达成一致的理解后应该以双方一致并充分理解的方式明确的记录下来，作为项目设计和开发的依据。需求文档的具体组织方式没有规定的做法，有将所有需求分几个部分记录在同一份文档中的，也有将业务需求作为项目前景和范围单独成立一份文档，而用户需求和功能需求、非功能需求作为一份文档来记录的。虽然需求文档的具体组织方式不一样，但是在编写需求文档时有一些原则是必须要重视和遵守的。

（1）所有术语都应进行约定。比较规范的编写方式是，在文档的前面列一份术语表，对文档中所出现的术语做统一的解释，文中出现的术语都与术语表保持一致。

（2）所有句子语法都应正确、明确，句意确定，没有歧义。前文一直强调需求的描述要以各方都一致、充分理解的方式明确记录。各方对文档中的每一个语句都应充分理解，且理解的意思要一致。

（3）避免出现意义模糊、宽泛的词句。如"用户可以通过……"应明确为"办理**业务的居民可以通过……"。

（4）重要信息要特别强调。如用图形、方框、特殊字体等形式对重要信息进行突出显示。

（5）使用列表、图形、数字等形式表示信息。大段的文字会增加用户阅读文档的难度。但是要注意，使用的列表、图形、数字等意义要明确、清晰。

3.4.3.4 需求评审

对功能的正确性，完整性和清晰性，以及其他需求给予评价。评审通过才可进行下一阶段的工作，否则重新进行需求分析。

3.4.4 总体设计

这个阶段必须回答的关键问题是:"概括地说,应该怎样实现目标系统?"总体设计又称为概要设计。

首先应该考虑几种可能的解决方案。例如,目标系统的一些主要功能是用计算机自动完成还是用人工完成;如果使用计算机,那么是使用批处理方式还是人机交互方式;信息存储使用传统的文件系统还是数据库……通常至少应该考虑下述几类可能的方案:

低成本的解决方案。系统只能完成最必要的工作,不能多做一点额外的工作。

中等成本的解决方案。这样的系统不仅能够很好地完成预定的任务,使用起来很方便,而且可能还具有用户没有具体指定的某些功能和特点。虽然用户没有提出这些具体要求,但是系统分析员根据自己的知识和经验断定,这些附加的能力在实践中将证明是很有价值的。

系统分析员应该使用系统流程图或其他工具描述每种可能的系统,估计每种方案的成本和效益,还应该在充分权衡各种方案利弊的基础上,推荐一个较好的系统(最佳方案),并且制定实现所推荐的系统的详细计划。如果用户接受分析员推荐的系统,则可以着手完成本阶段的另一项主要工作。

上面的工作确定了解决问题的策略以及目标系统需要哪些程序,但是,怎样设计这些程序呢?结构设计的一条基本原理就是程序应该模块化,也就是一个大程序应该由许多规模适中的模块按合理的层次结构组织而成。总体设计阶段的第二项主要任务就是设计软件的结构,也就是确定程序由哪些模块组成以及模块间的关系。通常用层次图或结构图描绘软件的结构。

3.4.5 详细设计

总体设计阶段以比较抽象概括的方式提出了解决问题的办法。详细设计阶段的任务就是把解法具体化,也就是回答下面这个关键问题:"应该怎样具体地实现这个系统呢?"

这个阶段的任务还不是编写程序，而是设计出程序的详细规格说明。这种规格说明的作用很类似于其他工程领域中工程师经常使用的工程蓝图，它们应该包含必要的细节，程序员可以根据它们写出实际的程序代码。

通常用 HIPO 图（层次图加输入／处理／输出图）或 PDL 语言（过程设计语言）描述详细设计的结果。

3.4.6 编码和单元测试

这个阶段的关键任务是写出正确的容易理解、容易维护的程序模块。

程序员应该根据目标系统的性质和实际环境，选取一种适当的高级程序设计语言（必要时用汇编语言），把详细设计的结果翻译成用选定的语言书写的程序，并且仔细测试编写出的每一个模块。

3.4.7 综合测试

这个阶段的关键任务是通过各种类型的测试（及相应的调试）使软件达到预定的要求。

最基本的测试是集成测试和验收测试。所谓集成测试是根据设计的软件结构，把经过单元测试检验的模块按某种选定的策略装配起来，在装配过程中对程序进行必要的测试。所谓验收测试则是按照规格说明书的规定（通常在需求分析阶段确定），由用户（或在用户积极参加下）对目标系统进行验收。

必要时还可以再通过现场测试或平行运行等方法对目标系统进一步测试检验。

为了使用户能够积极参加验收测试，并且在系统投入生产性运行以后能够正确有效地使用这个系统，通常需要以正式的或非正式的方式对用户进行培训。

通过对软件测试结果的分析可以预测软件的可靠性；反之，根据对软件可靠性的要求也可以决定测试和调试过程什么时候可以结束。

应该用正式的文档资料把测试计划、详细测试方案以及实际测试结果保存下来，作为软件配置的一个组成成分。

3.4.8 软件维护

软件开发工作的结果就是交付一个满足用户需求的软件产品。软件产品一旦投入应用，产品的缺陷就会逐渐地暴露出来，运行的环境会逐渐发生变化，新的需求也会不断地浮出水面。软件维护就是要针对这些问题而对软件产品进行相应的修改或演化，从而真正地修改错误，改善性能或其他特征。

维护阶段的关键任务是，通过各种必要的维护活动使系统持久地满足用户的需要。

通常有四类维护活动：改正性维护，也就是诊断和改正在使用过程中发现的软件错误；适应性维护，即修改软件以适应环境的变化；完善性维护，即根据用户的要求改进或扩充软件使它更完善；预防性维护，即修改软件为将来的维护活动预先做准备。

虽然没有把维护阶段进一步划分成更小的阶段，但是实际上每一项维护活动都应该经过提出维护要求（或报告问题），分析维护要求，提出维护方案，审批维护方案，确定维护计划，修改软件设计，修改程序，测试程序，复查验收等一系列步骤。因此，实质上是经历了一次压缩和简化了的软件定义和开发的全过程。

第 4 章
电子政务基础网络平台设计

经过十余年的不懈努力，我国电子政务建设取得辉煌的成绩，为经济社会信息化奠定了扎实的基础。下一步我国电子政务基础网络平台建设的基本任务是：基于国家电子政务传输骨干网，建好内网，扩展外网，整合优化已有业务专网，构建完整统一的国家电子政务网络。加快推进专网业务向国家电子政务网络迁移，确需保留的部门专网根据业务需要实现与国家电子政务网络互联互通。[1]

4.1 电子政务基础网络体系结构

4.1.1 电子政务的网络平台

电子政务体系结构以统一规范的入口和出口建设的网上政府，以完备的安全认证体系作保证，在信息资源共享的基础上实现：多部门网上协同办公、

---

[1] 国家发展与改革委员会：《"十二五"国家政务信息化工程建设规划》。

数据交互；支持政府的宏观决策和运行控制，提供科学决策和知识管理；推动国家社会经济文化的全面发展。传统上，政府电子政务网络结构建设的任务可概括为：两个平台、一个门户、四大数据库、十二个业务系统（见图4-1）。两个平台指内网平台和外网平台。内网平台是副省级以上政府的办公业务网络，将主要为领导决策和指挥提供信息支持和技术服务，并承担公文、应急、值班、邮件、会议等办公业务，是业务专网。外网平台承担政府部门之间的非涉密的信息交换和业务互动，以及政府部门面向企业和公众的社会管理和公共服务业务，将逐步成为各部门开展业务的网络平台。一个门户指中央门户网站，用以办理公共业务，整合各级政府的信息资源，逐步成为政府信息服务的枢纽、接受社会监督的窗口以及推进政务业务流程优化的重要动力。四个数据库指人口、法人单位、自然资源及空间地理、宏观经济数据库。数据库是数字化和可在线服务的信息资源，是信息化条件下信息资源的主要存在形式。四个基础性、战略性、公益性数据库的建设，对我国数据产业发展、推动信息化和政府管理产生重要影响，成为市场体系建设、产业发展、商业交易、政府管理和整个国民经济和社会信息化的基础结构。十二个业务系统分别是：核心政务、宏观经济管理、金税、金财、金关、金融监管、金审、金盾、金保、金农、金质、金水系统。

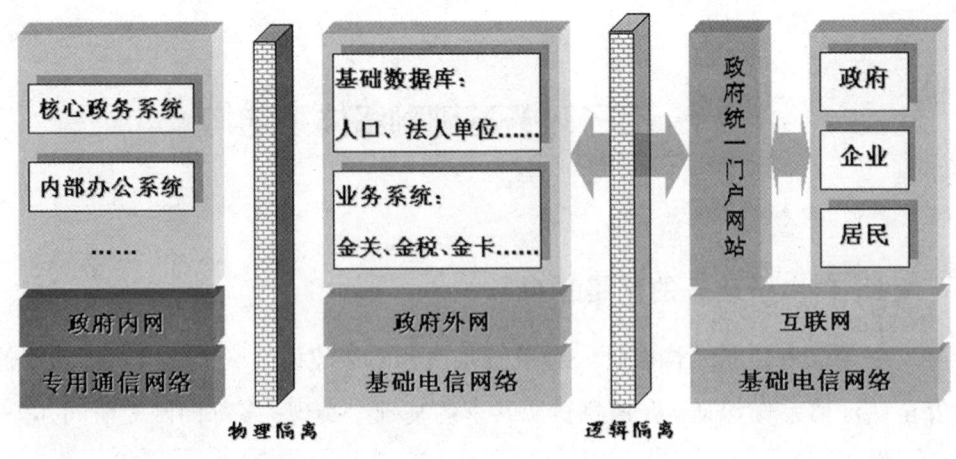

图4-1 电子政务的网络结构

4.1.2 电子政务网络平台总体设计的目标和原则

4.1.2.1 电子政务网络平台总体设计的目标

遵循国家电子政务网的技术规范，依托公共通信设施的基础资源，采用先进的网络技术，以网络互联与信息交换基础平台为骨干，以电子政务应用为主导，以资源整合为核心，以安全保障为支撑，构建标准统一、功能完善、安全可靠，具有特色的电子政务网络平台，承担政府部门之间的非涉密的信息交换和业务互动，在网络环境下逐步实现同层次和上下级政府机构之间各主要业务系统的信息交换和信息共享；开展政府部门面向企业和公民的监管和服务业务，支持政府公用功能性系统和事务性系统的开发和应用，为规范政府管理与服务创造必要条件，努力提升政府监管能力、工作效率和公共服务水平。

形成一个上连上级政府，下接直接管辖政府，横向连通各同级政务部门的信息高速通道和交换枢纽。外网与政务内网之间物理隔离，与互联网采用逻辑隔离。建成后的政务外网为政府各部门横向互联互通，纵向业务系统运行提供安全、快捷、方便、经济、稳定的统一网络通道。

4.1.2.2 电子政务网络平台总体设计的原则

结合电子政务的实际应用和发展要求，在进行电子政务网络平台设计时，主要应遵循以下原则：

1. 高性能

网络要求具有数据、语音、图像等支持多媒体实时通信能力。主干网应提供高可靠的服务质量和充足的带宽。采用先进、成熟的通讯技术以适应大量数据传输以及多媒体信息的传输。整个系统在3~5年内保持领先的水平，并具有长足的发展能力，以适应未来网络技术的发展。如：具有三层及以上线速交换能力；支持灵活的跨网络交换机（主干、部门）的基于IP、端口、MAC地址的虚拟局域网（VLAN）划分功能。

2. 高可靠性

网络系统是日常业务和各种应用系统的基础设施，应保证工作日和重点时期不间断运行。整个网络应有足够的冗余，设备在发生故障时能以热插拔的方式在最短时间内加以修复。可靠性还应充分考虑网络系统的性价比，使整个网络具有一定的容错能力，减少单点故障。具有足够的可靠性冗余和容错能力。

3. 可扩充性

所有网络设备不但满足当前需要，并在扩充模块后满足可预见将来需求。网络设计要考虑本期网络系统应用和今后网络的发展，便于向更新技术的升级与衔接。要留有扩充余量，包括端口数量和带宽的升级能力。

4. 易管理性

网络设备应易于管理，易于维护，操作简单，易学，易用，便于进行网络配置，发现故障。网络拓扑结构的设计应利于故障的分析与排除。

5. 标准化

所有网络设备都应符合国家或有关国际标准以保证不同厂家网络设备之间的互操作性和网络系统的开放性。

6. 支持多媒体

支持文本、语音、图形、图像及音频、视频等多种媒体信息的传输、查询服务，具有多种基于优先级队列的服务质量（QoS）保证，多媒体应用对服务质量有很高的要求，如带宽，延迟，延迟的变化等，需要网络对服务质量有很好的支持。

7. 安全性

政府机构的信息安全是电子政务建设的基本前提，网络系统的数据和文件多数要求具有高度的安全性。因此，网络系统本身要有较高的安全性，对使用的信息进行严格的权限管理，在技术上提供先进的、可靠的、全面的安全方案和应急措施，确保系统万无一失。同时符合国家关于网络安全的标准和管理条例。

8. 实用性

系统建设首先要从系统的实用性角度出发，未来政府内部的信息传输都将依赖于计算机网络系统,所以系统设计必须具有很强的实用性,满足不同用户信息服务的实际需要,具有很高的性能价格比,能为多种应用系统提供强有力的支持平台。

4.1.3 电子政务网络平台总体设计要点

电子政务系统的组网方式应采用宽带综合业务网络。目前组建宽带综合业务网络的方案有许多种,通过仔细研究 IP over ATM、IP over SDH、IP over WDM 和千兆以太网等四种主流的骨干网技术,并对上述四种技术的特点及发展前景进行综合比较,结合中国电子政务对业务多样性的要求(如机密数据传输、IP 电话、视频会议等),建议采用波分复用 DWDM 技术与千兆以太网技术结合的方式来建设中国电子政务应用示范工程数据传输交换网络基础平台,并采用虚拟专用网技术在基本网络传输平台的基础上建设政务内联网的互联网络,即政务专网。

典型的电子政务网络系统主要包括统一的电子政务综合业务平台、互联网、内联网与政务专网四个部分。其中电子政务综合业务平台是电子政务网的枢纽,它通过公众接入平台与互联网相连,通过政务专网接入平台将各内联网连接起来构成政务专网。

电子政务综合业务平台的交换平台:主要由具有第三层交换能力的交换机构成,交换机之间以全双工的冗余链路互联,形成单点无破损的结构,同时负责将内部的 Web 服务系统、业务应用系统、数据库系统、目录服务系统、公务服务系统、数据服务系统、安全保密管理系统、系统运行维护系统、可信时间服务戳系统、RA 中心和 AA 中心联结成一个有机的整体。

互联网接入平台:主要由路由器、交换机、PKI 网关、RADIUS 服务器等组成。在接入平台中可根据政务网的具体业务需求细化为安全与非安全的二类接入,包括 Internet 和 VPN 接入,Internet 接入负责普通用户信息访问对外的 Web 业务应用;VPN 接入负责移动办公与有特定安全需求的用户的安全接入。以 Internet 接入的用户访问的信息涉及敏感信息时主要由应用层安全处理设备提供安全保障，以VPN接入的用户一般情况下由客户端PKI网关与服务器端的PKI网关设备建立安全隧道来提高安全性，对具有更高安全要求的应用可以在应用层再进行一次安全处理来加强安全强度。

政务专网接入平台：它主要由路由器、交换机、PKI网关等组成，负责各电子政务内联网的互联互通，政务专网接入平台除了提供一个统一的接入平台，其主要的意图是将接入集中化，并对系统接入接口提供接入级的安全控制，从而简化统一电子政务综合业务平台以及相关的办公业务网的内部网络结构设计和安全设计。需要特别指出的是，在统一电子政务综合业务平台和内部的办公业务网都需要信任和授权服务来支撑其具体的业务系统运行。

整个电子政务网络基础设施平台的建设内容主要包括以下三个方面：一是统一电子政务综合业务平台的建设。对统一电子政务综合业务平台自身网络系统的建设，以及统一电子政务综合业务平台与外部的互联网电信公网，内部的政务专网之间的互联接口建设。二是政务专网的建设。对政务内联网（办公业务网）之间互联的政务专网的建设。三是政务内联网的建设。对作为电子政务系统的基本单元的政务内联网进行建设。

4.2　政务内网规划设计概要

电子政务内网主要是指政府内部办公、包括向机关工作人员提供服务及政府机关之间的互联互通。电子政务内网是电子政务的核心和基础之一，电子政务内网主要为领导决策和指挥提供信息支持和技术服务，并承担公文、应急、值班、邮件、会议等办公业务。政府行业信息化建设从最初的办公自动化开始，逐步实现政府各职能部门以及各行政单位之间的电子化、网络化和集中化，通过不断的发展，确定了建设电子政务的政府信息化工程，通过信息化的手段提升政府部门的办公效率，实现各部门和协作单位的信息互通。

4.2.1 政务内网建设的需求分析

据相关统计资料显示，在信息安全事故中，发生在内部网的占80%、内部人员的违法犯罪造成的危害最大，所以做好内部网的安全建设和管理，是保证信息安全的根本措施，必须引起政府主管部门的高度重视。《国家信息化领导小组关于我国电子政务建设的指导意见》要求，电子政务网络由政务内网和政务外网组成，两网之间物理隔离，政务外网与互联网之间逻辑隔离，主要运行政务部门面向社会的专业性服务业务和不需要在内网上运行的业务。政府内网要求与其它网络完全物理上断开，政府内网与政务外网在承载业务上都要求具有支持数据业务，语音业务和视频业务的能力，政务内网有自己的政府局域网、城域网和广域网，党委、政府、人大、政协、纪委五套班子统一建网，避免重复建设，通过多种手段保证信息安全。

基于政务内网各部门的数据交换和系统安全要求，政务内网网络总体设计时采用业务与网络分层构建、逐层保护的思路，在逻辑层次及业务上，政务内网的构建应综合考虑内部业务协同应用、决策支持系统、网络支撑平台等三个层次要求。网络支持平台包括了网络通信、信息安全、工作流等内网基础设施，由政务内网管理中心统一规划、构建及管理，支撑层利用宽带IP技术，保证网络的互联互通性，提供具有一定QoS的带宽保证，并提供各部门、系统网络间的一定隔离，保证互访的安全控制；信息安全基础设施要求通过认证、加密、授权、访问控制等技术对政务内网上的用户访问及数据实施安全保障的监控系统。它与网络支撑平台相对独立，由网络管理中心与各部门单位共同规划，分布构建；网络支撑平台是在安全互联的基础上实施政务内网的各种应用，由网络管理中心与各系统单位统一规划，分别实施（图4-2）。

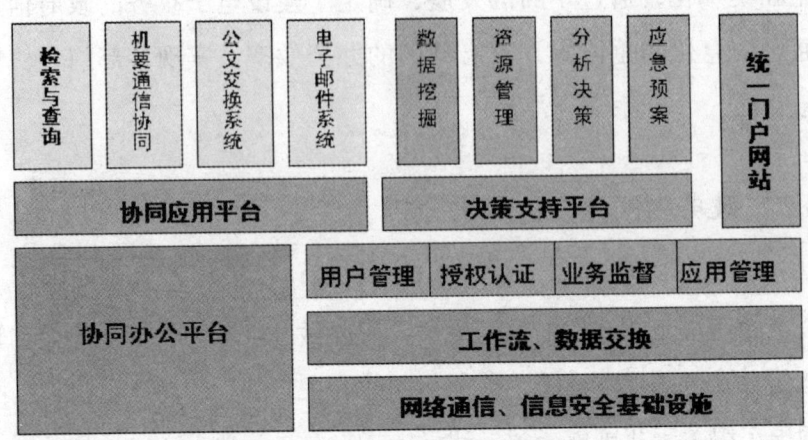

图 4-2 政务内网功能性结构

政府信息化的内部建设是对外服务的基础和支撑，从电子政务内部建设发展的阶段看，一般要经历公文"电子化—办公自动化—网上协同办公"三个阶段。从目前研究对象城市的电子政务发展状况来看，电子政务内部建设已基本实现前两个阶段，正逐步向网上协同办公阶段迈进；具体体现在三个方面的转变：在网络建设上，实现从市政府、各委办局和区县各自独立的内部局域网向市政府、各委办局和区县构成广域网的转变；在应用功能上，实现从单纯的公文业务处理向政府系统的办公信息综合处理和规范化管理以及提高政府部门办事效率和服务水平的转变；在管理体制上，实现从政府部门对信息化分散的、粗放的运行维护向政府部门对信息系统集约化管理的转变。

4.2.2 政务内网建设的原则

由于政府自身管理和业务信息交换的特殊地位和用途，因此，与面向公共服务的电子政务外网建设不同，电子政务内网的建设的原则有特别的要求，更加强调以下原则：

4.2.2.1 安全可控

各政府部门均有保密信息。网络具有高度的安全性，严格保证各部门的安全隔离，同时具有对内部安全的保护措施。尤其网络设计、网络管理、链路设备防辐射指标应达到相关的安全要求。

4.2.2.2 负载均衡

网络要有足够的链路带宽、数据处理能力和相关机制来保证数据、视频、话音的有效承载，并能提高政务内部网络的运行效率。

4.2.2.3 服务质量

全程的 QoS 保障，对话音、视频等重要业务进行有效的服务质量保护。为网络管理，设备管理和用户管理提供强大的基于 GUI 的管理平台，简化操作，实现实时监控网络和迅速故障解决。

4.2.2.4 稳定可靠

对全网设备进行统一有效的管理，保证网络投入运行后的稳定运行。网络建设采用开放、成熟的技术标准，以便设备具有更好的兼容性，保证能够在建成后的网络基础上，在不影响当前应用的前提下进行顺利扩展或者平滑升级。

4.2.2.5 可拓展性

保证网络对于将来发展的需要，同时满足现有网络设备升级或应用升级的可能。保证网络具备一定的冗余性，包括：网络交换能力、设备冗余能力、IP 增值服务等。

4.3 政务内网规划设计要点

作为电子政务建设的重要组成部分，电子政务内网建设的内容主要体现在两个方面：其一，建成连接上下级政府及各级行政机关内部的"办公业务网"；其二，以"公共业务网"为依托实现协同办公，并建成覆盖面广、内容准确、更新及时和实用有效的"政务信息资源库"，从而在提高政府办事效率，提升执政管理水平，增强决策支持等方面取得重要进展。

4.3.1 政务内网建设的性能指标要求

保证网络的高效、安全、可扩展性、良好的兼容性。保证数据包的准确转发、保证数据传输的安全不被窃听或篡改，保证关键业务数据与实时网络流量的高优先级转发。

4.3.1.1 安全性设计

全网硬件支持 MPLS VPN，保证用户数据的可靠传输，不被窃听与篡改。同时，在所有路由器上部署 ACL 或基于硬件的防病毒模块，保证病毒通过网络传输的可能性降到最低。同时配备入侵检测功能的硬件模块，保证网络的安全。同时网络支持 SSL VPN。保证远程办公或出差人员对于政务内网的访问。

4.3.1.2 稳定性设计

全网需要运行 MPLS，降低路由器的开销，同时由于 MPLS 对于网络安全以及服务质量的支持，可以进一步保证网络的稳定性。运行 BGP，保证网络合理转发。降低由于路由抖动等问题带来的网络不稳定的影响。

4.3.1.3 服务质量

在全网运行 MPLS 的基础上，实施 MPLS 流量工程，保证服务质量，以支持各种网络应用。同时可以方便地提供不同的服务类别，以确保关键业务与实时流量的准确转发。

4.3.1.4 组播

保证用户在线学习，保证视频会议的可实施。全网基于硬件的支持 PIM。全网部署 PIM-SM 协议。保证用户对于组播拥有良好的体验和感受。

4.3.1.5 可拓展性

在关键区域预留接口，保证 IP 地址在规划时留有必要的冗余。同时，确保设备的先进性，尽量选取性价比高的设备，确保网络的先进性。在网络编制方面确保网路编制的可扩展性，预留网络地址空间。同时采用私有 AS 号码，确保 BGP 网络的稳定性与扩展性。

4.3.2 内网建设的主要内容

4.3.2.1 公文交换系统

通过实施涉密公文电子交换系统建设，改变传统的手工传输工作方式，实现党政部门涉密公文、信息、会议、督查等主要办公业务的数字化和网络化，公文和信息传输无纸化。要求系统支持基于 B/S 结构的 WEB 界面方式，具备跨平台性。可定制标准化涉密公文模板，支持内部公文运转和查询功能，提供身份识别功能、压缩传输功能、解压接受功能、收发文管理功能和催办回复功能。

4.3.2.2 协同办公平台

政府内网各业务系统之间方便、灵活地实现信息共享和业务流转是电子政务有效实施的重要环节之一。通过规范化的数据交换、工作流、消息等机制；统一的用户管理、授权认证；以图文并茂的形式实现对政府内部公文、计划、人力资源、各种日常活动等方面的综合管理功能，为政务工作信息上传下达、加强业务沟通和科学决策提供了一个有效通道。

4.3.2.3 机要信息应用系统

政务内网建立的机要信息应用平台，实现各部门的机要室业务终端通过内网平台与其进行加密信息交换，形成机要统一的纵向保密网；同时，通过本级政务内网平台、上下级政务内网平台与上级机要部门通过信息应用平台进行加密信息交换，形成链接各级机要系统的统一的高可靠性通信网络。

4.3.2.4 政务内网广域网组网

政务内网广域网主要实现从中心节点到分支汇聚节点的广域网连接，及其终端节点网络的广域网连接。根据目前广域网采用的主干技术及运营商的线路等资源情况，可以采取的设计方案有 4 种：（1）采用 ATM 线路方式；（2）

采用非信道化 SDH155M（POS）点到点连接；（3）采用信道化 SDH 对接；（4）采用运营商综合业务网提供的 IP over SDH 线路端口互联，并都要考虑采用 ZMEI 线路备份组网。

4.3.2.5 政务内网信息资源数据库建设

信息资源数据库作为建设的核心，主要负责共享政府办公业务信息资源，使政府行政管理、应急指挥和快速反应的能力进一步提高，从而有助于高效率、高质量的宏观管理和科学决策。在规划和设计政务内网信息资源整合时主要考虑：一是建立政府信息资源管理体制；对政务信息采集、交换、整合、存储进行统一管理；二是完善网络建设的实施标准和信息库建设规范；三是集中建成一批对主要业务工作和重大决策提供支持的数据库群，以保证政府信息在政府机构内部实现畅通流转、充分共享。

4.3.2.6 内部电子邮件系统

政务内网的电子邮件系统是内部的邮件系统，与外界物理隔离，不仅支持标准邮件协议，支持标准的 LDAP 目录服务、多域名、邮件列表管理、邮件过滤、抵制垃圾邮件和防杀病毒邮件、WebMail 等功能，同时必须提供数字证书、数字加密、数字签名等功能以保证电子公文传输的实时性与准确性，有效地保护敏感文档，防止他人冒充、偷看、窃取和篡改。

4.3.3 内网网络平台设计参考

对于电子政务内网，政务专网、专线、VPN 是构建电子政务网络的基础设施。安全政务网络平台是依托专网、专线、VPN 设备将各接入单位安全互联起来的电子政务内网；安全支撑平台为电子政务内网信息系统提供安全互联、接入控制、统一身份认证、授权管理、恶意代码防范、入侵检测、安全审计、桌面安全防护等安全支撑；电子政务专网应用既是安全保障平台的保护对象，又是电子政务内网实施电子政务的主体，它主要提供内部共享信息、内部受控信息等，这两类信息运行于电子政务办公平台和电子政务信息共享平台之上；电子政务管理制度体系是电子政务长期有效运行的保证（如图 4-3）。

第 4 章 电子政务基础网络平台设计

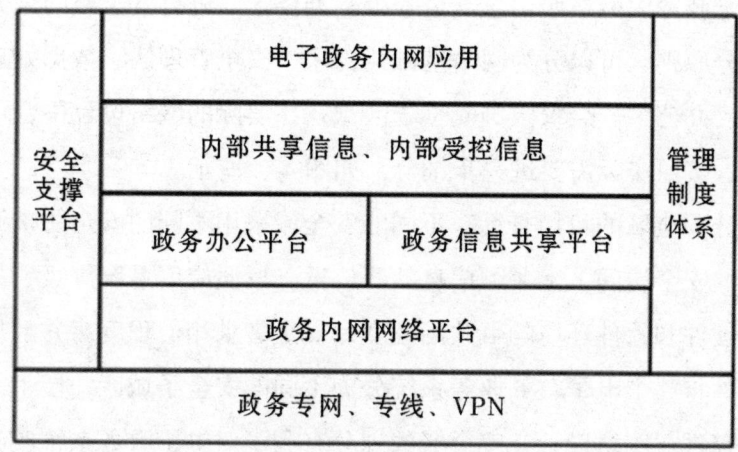

图 4-3 电子政务内网系统构成

其中，政务内网网络平台——电子政务内网建设依托电子政务专网、专线、VPN 构造的电子政务内网网络；电子政务内网应用——在安全支撑平台的作用下，基于安全电子政务内网网络平台，可以打造安全电子政务办公平台、安全政务信息共享平台。安全支撑平台——安全支撑平台由安全系统组成，是电子政务内网信息系统运行的安全保障。

4.3.3.1 电子政务内网系统结构参考

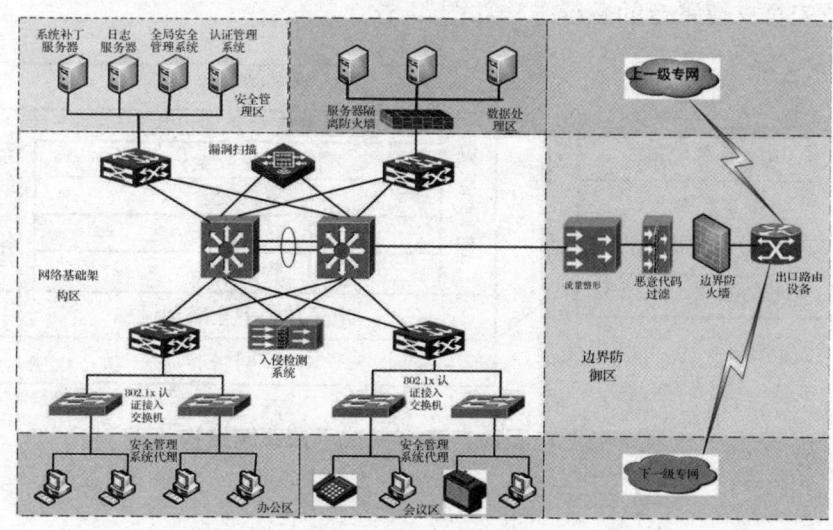

图 4-4 三级政务内网拓扑图

电子政务内网按照信息安全等级标准要求，进行安全域的划分。根据不同的划分原则，可以分为网络基础架构区、安全管理区、数据处理区、边界防御区、办公区、会议区等安全子区域，在实际的网络设计中，可以根据相关标准，按照实际需要进一步细分，如图4-4所示。

划分安全域的目标是针对不同的安全域采用不同的安全防护策略，既保证信息的安全访问，又兼顾信息的开放性。按照应用系统等级、数据流相似程度、硬件和软件环境的可共用程度、安全需求相似程度，并且从方便实施的角度，将整个电子政务业务系统分为不同的安全子域区，便于由小到大、由简到繁进行网络设计。安全域的划分有利于对电子政务系统实施分区安全防护，即分域防控。

4.3.3.2 政务内网安全支撑平台的系统结构

电子政务安全支撑平台是电子政务系统运行的安全保障，由网络设备、安全设备、安全技术构成。电子政务安全支撑平台依托电子政务配套的安全设备，通过分级安全服务和分域安全管理，实现等级保护中要求的物理安全、网络安全、主机安全、应用安全、数据安全及备份恢复，从而保证整个电子政务信息系统安全，最终形成安全开放统一、分级分域防护的安全体系。电子政务安全支撑平台的系统结构如图4-5：

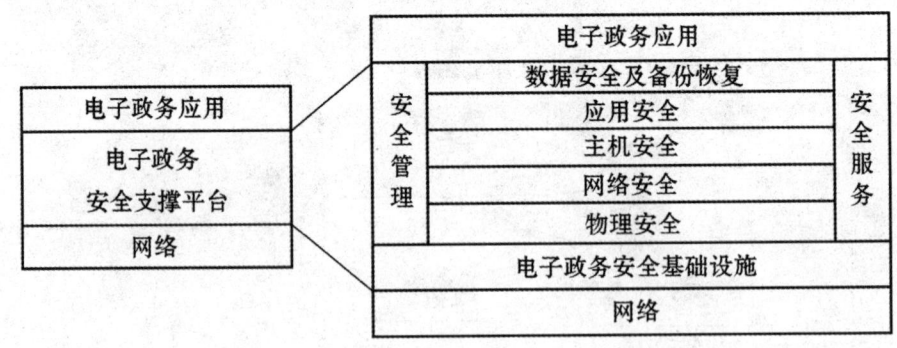

图4-5 电子政务安全支撑平台系统结构

4.3.3.3 政务内网安全支撑平台的系统配置

1. 核心交换机双归属

两台核心交换机通过 VRRP 协议连接，互为冗余，保证主要网络设备的业务处理能力具备冗余空间，满足业务高峰期需要。

2. 认证及地址管理系统—DCBI

DCBI 可以完成基于主机的统一身份认证和全局地址管理功能。

（1）基于主机的统一身份认证。终端系统通过安装 802.1x 认证客户端，在连接到内网之前，首先需要通过 DCBI 的身份认证，方能打开交换机端口，使用网络资源。

（2）全局地址管理。根据政务网地址规模灵活划分地址池、固定用户地址下发与永久绑定、漫游用户地址下发与临时绑定、自动回收、接入交换机端口安全策略自动绑定、客户端地址获取方式无关性。

3. 全局安全管理系统—DCSM

DCSM 是政务内网所有端系统的管理与控制中心，兼具用户管理、安全认证、安全状态评估、安全联动控制以及安全事件审计等功能。

（1）安全认证。安全认证系统定义了对用户终端进行准入控制的一系列策略，包括用户终端安全状态认证、补丁检查项配置、安全策略配置、终端修复配置以及对终端用户的隔离方式配置等。

（2）用户管理。不同的用户、不同类型的接入终端可能要求不同级别的安全检查和控制。安全策略服务器可以为不同用户提供基于身份的个性化安全配置和网络服务等级，方便管理员对网络用户制定差异化的安全策略。

（3）安全联动控制。安全策略服务器负责评估安全客户端上报的安全状态，控制安全联动设备对用户的隔离与开放，下发用户终端的修复方式与安全策略。通过安全策略服务器的控制，安全客户端、安全联动设备与防病毒服务器才可以协同工作，配合完成端到端的安全准入控制。

（4）日志审计。安全策略服务器收集由安全客户端上报的安全事件，并形成安全日志，可以为管理员追踪和监控整个网络的安全状态提供依据。

其中：安全管理系统代理，可以对用户终端进行身份认证、安全状态评估以及安全策略实施的主体，其主要功能包括：

1）提供 802.1x、portal 等多种认证方式，可以与交换机、路由器配合实现接入层、汇聚层以及 VPN 的端点准入控制。

2）主机桌面安全防护，检查用户终端的安全状态，包括操作系统版本、系统补丁等信息；同时提供与防病毒客户端联动的接口，实现与第三方防病毒客户端的联动，检查用户终端的防病毒软件版本、病毒库版本以及病毒查杀信息。这些信息将被传递到认证服务器，执行端点准入的判断与控制。

3）安全策略实施，接收认证服务器下发的安全策略并强制用户终端执行，包括设置安全策略（是否监控邮件、注册表）、系统修复通知与实施（自动或手工升级补丁和病毒库）等功能。不按要求实施安全策略的用户终端将被限制在隔离区。

4）实时监控系统安全状态，包括是否更改安全设置、是否发现新病毒等，并将安全事件定时上报到安全策略服务器，用于事后进行安全审计。

5）实时监控终端用户的行为，实现用户上网行为可审计。

4. 边界防火墙— DCFW

能够对网络区域进行分割，对不同区域之间的流量进行控制，通过对数据包的源地址、目的地址、源端口、目的端口、网络协议等参数进行检查，把可能的安全风险控制在相对独立的区域内，避免安全风险的大规模扩散。对于广域网接入用户，能够对他们的网络应用行为进行管理，包括进行身份认证、对访问资源的限制、对网络访问行为进行控制等。

5. 统一威胁管理— UTM

UTM 集合了防火墙、防病毒网关、IPS/IDS 入侵防御、防垃圾邮件网关、VPN（IPSec、PPTP、L2TP）网关、流量整形网关、Anti-DoS 网关、用户身份认证网关、审计网关、BT 控制网关 +IM 控制网关 + 应用提升网关（网游 VOIP 流媒体支持），十二大功能为一体。采用专门设计的硬件平台和专用的安全操作系统，采用硬件独立总线架构并采用病毒检测专用模块，在提升产品功能的同时保证了产品在各种环境下的高性能。完成等保标准中要求的防病毒、恶意代码过滤等边界防护功能。

6. 入侵检测系统 — DCNIDS

入侵检测系统能够及时识别并阻止外部入侵者或内部用户对网络系统的非授权使用、误用和滥用，对网络入侵事件实施主动防御。通过在电子政务网络平台上部署入侵检测系统，可提供对常见入侵事件、黑客程序、网络病毒的在线实时检测和告警功能，能够防止恶意入侵事件的发生。

7. 漏洞扫描系统

漏洞扫描系统提供网络系统进行风险预测、风险量化、风险趋势分析等风险管理的有效工具，使用户了解网络的安全配置和运行的应用服务，及时发现安全漏洞，并客观评估网络风险等级。漏洞扫描系统能够发现所维护的服务器的各种端口的分配、提供的服务、服务软件版本和系统存在的安全漏洞，并为用户提供网络系统弱点 / 漏洞 / 隐患情况报告和解决方案，帮助用户实现网络系统统一的安全策略，确保网络系统安全有效地运行。

8. 流量整形设备 — DCFS

负责控制各种应用的带宽，保证关键应用，抑制不希望有的应用；可针对不同的源 IP（组）和时间段，在所分配的带宽管道内，对其应用实现不同的流量带宽限制、或者是禁止使用。提供统计、监控和分析功能，了解网络上各种应用所占的带宽比例，为网络的用途和规划提供科学依据。

4.4 政务外网规划设计概要

电子政务是一个长期的建设任务和复杂的系统工程。从电子政务的对象和职能来看，可分为内部系统和外部系统两个部分。内部系统主要是各级政府之间、政府的各部门之间以及各公务员之间的互动，承担政府的决策和管理职能；外部系统主是政府与企业、政府与市民之间的互动，承担政府对外服务和监管职能。凡属于社会管理、公共服务范畴及不需在政务内网上部署的业务系统，原则上都依托政务外网运行和应用。

4.4.1 外网平台设计概述

国家电子政务外网（以下简称政务外网）是中办发〔2002〕17号文件明确规定要建设的政务网络平台。政务外网与政务内网物理隔离，与互联网逻辑隔离，主要用于运行政务部门不需要在内网上运行的业务和政务部门面向社会的专业性服务，为政务部门的业务系统提供网络、信息、安全等支撑服务，为社会公众提供政务信息服务（图4-6）。2009年国家发改委和财政部联合印发了《关于加快推进国家电子政务外网建设工作的通知》（发改高技〔2009〕988号），进一步明确了国家政务外网的建设目标和任务，并就推动政务外网的工程建设、业务应用、安全保障和运维服务等提出了相关要求。

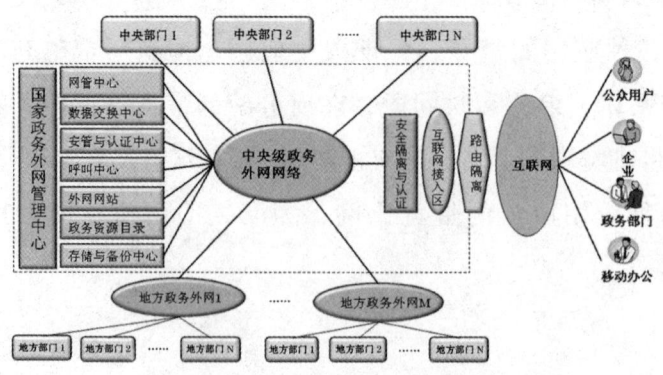

图4-6 国家电子政务外网总体框架

国家政务外网由中央政务外网和地方政务外网组成，主要服务于各级党委、人大、政府、政协、法院和检察院等部门，为各部门的业务应用提供网络承载服务，支持业务网络的互联互通，支持跨地区、跨部门的业务应用、信息共享和业务协同，满足各级政务部门社会管理、公共服务等方面的需要。目前国家电子政务外网建设工作取得了阶段性成果。中央级基础网络平台已经基本建成，实现通过专线横向联接国务院各部委局署，纵向联接各省、自治区、直辖市、新疆生产建设兵团。同时，逐步实现全国县以上基本行政区级全部覆盖。

政务外网的建设分期、分阶段进行。一期工程主要依托统一的国家公用通信传输网络，连接部分部（委、局、署）和省（自治区、直辖市）级节点，初步建成安全可靠、具备承载运行有关部门业务系统能力的国家政务外网，构建"统一的网络平台、统一的应用支撑平台、统一的安全保障体系和统一的服务体系"。政务外网规划与设计的总体要求如下：

制订政务外网总体规划，开展相关技术标准和管理规范的编制工作；依托统一的国家电子政务传输网络，构建政务外网网络平台，并实现国务院各部门和31个省（自治区、直辖市）级人民政府及新疆生产建设兵团与政务外网的连接；建设政务外网网管中心和政务外网网站，初步形成政务外网服务体系，保障政务外网正常运行；初步构建政务外网信息资源目录体系与交换体系，建设政务外网中央数据交换中心原型，满足第一阶段部分部委信息资源分类与交换等服务；建设政务外网网络安全防护体系，实现与互联网可控的逻辑隔离；建设政务外网顶层认证中心、运营认证中心、密钥管理中心，以及两个部委证书审核注册中心，为承载的业务系统提供信任服务。

4.4.2 外网设计的原则

结合政府部门的实际应用和发展要求，在进行政务外网网络系统设计时，主要应遵循以下原则：

4.4.2.1 高性能

网络要求具有数据、图像、语音等多媒体实时通讯能力。主干网应提供可保证的服务质量和充足的带宽。采用最新科技，以适应大量数据传输以及多媒体信息的传输。整个系统在国内 3~5 年内保持领先的水平，并具有长足的发展能力，以适应未来网络技术的发展。如：具有三层及以上线速交换能力；支持灵活的跨网络交换机（主干、部门）的基于 IP、端口、MAC 地址的 VLAN 划分功能。

4.4.2.2 高可靠性

网络系统是日常业务和各种应用系统的基础设施，应保证工作日和重点时期不间断运行。整个网络应有足够的冗余，设备在发生故障时能以热插拔的方式在最短时间内加以修复。可靠性还应充分考虑网络系统的性价比，使整个网络具有一定的容错能力，减少单点故障。

4.4.2.3 标准化

所有网络设备都应符合有关国际标准以保证不同厂家网络设备之间的互操作性和网络系统的开放性。

4.4.2.4 可扩充性

所有网络设备不但满足当前需要，并在扩充模块后满足可预见将来需求。网络设计要考虑本期网络系统应用和今后网络的发展，便于向更新技术的升级与衔接。要留有扩充余量，包括端口数量和带宽的升级能力。

4.4.2.5 易管理性

网络设备应易于管理，易于维护，操作简单，易学，易用，便于进行网络配置，发现故障。

4.4.2.6 高带宽

支持文本、语音、图形、图像及音频、视频等多种媒体信息的传输、查询服务，具有多种基于优先级队列的 QoS 保证，多媒体应用对服务质量有很高的要求，如带宽、延迟、延迟的变化等，需要网络对服务质量（QoS）有很好的支持。

4.4.2.7 安全性

网络系统的数据和文件多数要求具有高度的安全性，因此，网络系统本身要有较高的安全性，对使用的信息进行严格的权限管理，在技术上提供先进的、可靠的、全面的安全方案和应急措施，确保系统万无一失。同时符合国家关于网络的安全标准和管理条例。

4.4.2.8 实用性

系统建设首先要从系统的实用性角度出发，未来政府内部的信息传输都将依赖于计算机网络系统，所以系统设计必须具有很强的实用性，满足不同用户信息服务的实际需要，具有很高的性能价格比，能为多种应用系统提供强有力的支持平台。

4.5 政务外网设计要点

4.5.1 外网整网结构设计

政务外网基础网络平台主要是利用基础传输网络资源，构建互联互通的网络共享环境，实现跨部门、跨地区的政务信息共享和业务协同。主要包括：

4.5.1.1 中央城域网

中央城域网主要用于在京的政务部门与政务外网平台的互联和接入。组建中央城域网，实现与国务院各部门之间的互联互通，支持相关政府部门的网络接入和VPN贯通。

4.5.1.2 广域骨干网

广域骨干网是政务外网的重要组成部分，国家政务外网（一期工程）广域网的设计为双星型结构，由两个线路运营商分别提供，主链路采用中国联通 155M/8M 电路，备用链路采用中国电信 2M 电路。整个电子政务外网的广域骨干网由两层组成：核心层和省级接入层。构建政务外网宽带骨干网，实现中央与 32 个省级单位的互联，并进一步向下延伸，实现中央、省、地、县四级互通。

4.5.1.3 互联网出口

互联网出入口承担着国家电子政务外网用户访问互联网和公众访问电子政务外网通道的功能。提供整个政务外网的互联网出口，既是整个政务外网用户访问互联网的出口，也是公众访问政务外网统一开放服务的通道。实施中通过采用两个电信运营商分别开通互联网出口，实现出口冗余。

4.5.1.4 MPLS VPN

在政务外网平台上需要通过 MPLS VPN 实现各种业务功能和需求，按照 VPN 业务需求总体部署网络方案，进行 MPLS 部署、跨域 MPLS VPN 实现、MPLS VPN 接入和其它需求的访问。

4.5.1.5 部委和地方政府接入网

国务院各部委和各省、自治区、直辖市政府和新疆生产建设兵团根据自身情况，按照统一标准规范，各省城域网、地方政务外网组成省市接入网，通过广域骨干网进行汇接，中央部委接入网通过中央城域网进行汇接。建设国家政务外网地方节点，实现和政务外网广域骨干网对接。

4.5.1.6 政务外网网络管理中心

建设政务外网中央网管中心，提供域名、邮件等网络基础服务，负责网络运行维护和管理等。地方政务外网根据自身的职能的归属情况设置相应的分网络管理中心（节点），负责省级及以下网络的运行维护和管理。网络管理中心是电子政务平台安全运行和管理的核心。其主要职责是：①规划、设计和集成网络平台。②规划、分配和管理域名、IP 地址、VLAN 及 VPN 等。③实施对网络和通信链路的管理，实现 ISO 规定的配置管理、性能管理、计费管理、安全管理和失效管理等功能。④实施对网络用户的安全接入、安全论证、授权管理、密码管理、密钥管理、可信任时间戳管理及网络安全防护,如防火墙、入侵检测、病毒防御、预防篡改等。⑤实施基于应用和资源的运行管理,如各种服务器的运行状况、数据库运行和使用情况、各种应用系统的工作情况、门户网站的运行及点击率等。⑥定时或实时备份数据和关键信息。定时或实时备份电子政务的系统数据和信息,在灾难发生时能临时提供服务,在尽可能短的时间内恢复系统运行。

4.5.2 外网网络平台设计要点

政务外网的基础平台遵循国家统一的技术标准和业务规范体系,建立域名管理系统、目录服务系统、信息安全规范和政务信息交换系统,形成结构合理、功能完善、管理规范、安全可靠、灵活实用的基础支撑体系。政务外网电子政务网络体系建成以后,应该具有以下特性。[1]

4.5.2.1 网络体系建成以后,能提供完全协同的应用环境和信息交互

通过网络将政府机关的内、外资源,包括政府内各职能部门之间以及政府与外部供应商、服务提供商、下级单位、上级领导及其他合作伙伴等整合在一个统一的平台上进行管理,使政府机关变成一个电子化的内、外部协同工作的组织。电子政务网络体系使得政府内、外资源完全整合,信息高度关联,应用无缝集成,流程处理高效化和规范化,制造一个完全相互配合的、统一管理的、协作的政务网络环境,从而达到提升管理智能和政务效率的目的。

4.5.2.2 网络体系应是一个先进和开放式的技术平台

网络体系应具有优越的开放性、可扩展性、可维护性、跨平台性,为电子政务的"一次规划,分步实施"的科学实施原则提供有力支撑。

4.5.2.3 网络要有严密的安全体系和权限设置

网络电子政务平台要具有身份识别、传输加密、日志监控等功能,保证系统的应用和数据存储、传输的安全性。此外,平台要对信息及操作人员设

---

[1] 覃征:《电子政务导论》,高等教育出版社2008年版。

置不同的权限及权限组合，形成多维的、多层次的、全方位的信息查看和操作方式，最大限度地保证信息的安全、可靠。

4.5.2.4 网络体系中的门户网站应能对不同的用户提供个性化服务

通过信息门户网站，系统根据访问群体性质的不同，定义不同的应用，主要体现在功能的差异和信息的提供上。为不同的访问者提供不同的信息门户，使得信息和应用完全符合访问者的性质和个人需求。

4.5.3 外网网络平台设计参考

电子政务外网整体解决方案严格遵照国家电子政务外网三级四层的整体划分，设计从国家到各省、地市、区县的纵向网络（图4-7）。在纵向网的基础上建立各级城域网。使得各部门横向之间和各部门纵向业务互联互通，资源共享，节约投资和资源。省级电子政务外网与互联网逻辑隔离。省级电子政务外网包括广域主干网区、城域网区、厅局接入区、互联网接入区、数据与网管应用数据中心区。

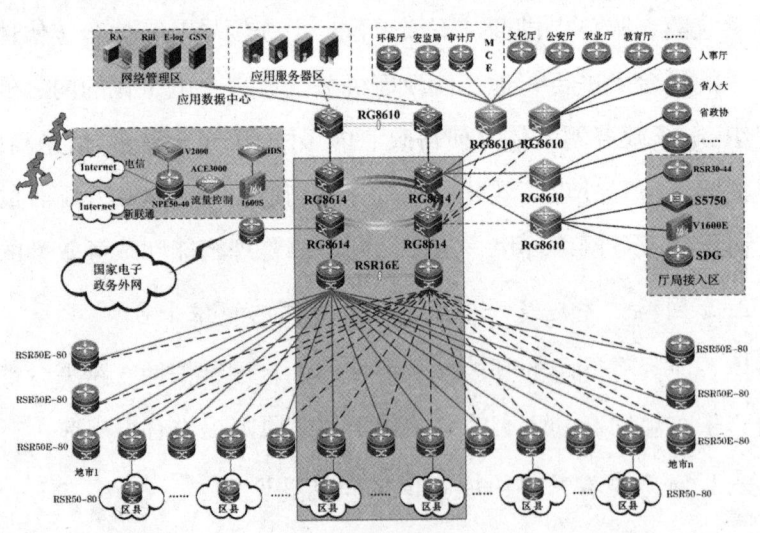

图4-7　政务外网基础网络平台参考方案

4.5.3.1 高性能交换核心构建城域网平台

城域网使用高性能、大容量的核心交换机，构建城域网核心。根据对城域网线路以及业务流量的分析，建议使用具有更高转发性能的高端交换机，构建一个高可靠性的核心环网，应用 RERP 技术（快速以太网环保护协议），保障万兆线速业务情况下小于 50ms 的故障切换时间，保证语音、视频等实时业务不受网络收敛影响。

4.5.3.2 应用安全域解决方案保障整网安全体系

网络的安全是一个整体的概念，包括应用系统层，网络设备层，主机安全等各个环节。应用安全域解决方案根据对等级保护的深刻理解，结合丰富的组网建网经验，形成了高可靠、高安全地电子政务外网应用安全域解决方案。

——在省电子政务外网采用 MPLS/VPN 技术，针对不同业务的资源服务器及相关部门的终端机进行不同 MPLS/VPN 的划分，将相关资源服务器及相关主机与非相关业务及主机进行逻辑隔离，以克服终端接入区数据交叉带来的安全隐患问题。

——在网络设备层，通过在厅局接入区部署带有 SDG 功能的路由器设备，保证主机在同一时间段只能访问某一个区域，如访问互联网区域，则不能访问其他的安全域中的服务器，若访问安全域中的服务器，则不能访问互联网，保证了即使被植入木马的主机，在访问服务器资源时也不会被外界控制，从而降低网络中信息泄漏的概率。

——在主机安全层，针对传统安全域解决方案中对于用户身份及授权存在的漏洞，在数据链路层进行认证，通过认证的账户在入网时就确定了身份，即使在同一个 MPLS/VPN 中，也严格区分了针对不同等级安全域的访问权限。真正做到了依照身份管理，依照应用授权。

——在应用系统层，对于存在安全隐患的电脑，将其隔离到安全修复平台，并进行修复，只有安全隐患消除后，方可使用网络。最新 Windows 补丁，杀毒软件病毒库自动下发到所有主机，保证主机的安全性。提供对 USB 口、光驱、打印口等端口进行控制，杜绝信息泄露和病毒传播。

4.5.3.3 电子政务外网主干网

根据电子政务外网规划，要求各省建设纵向上联国家电子政务外网，下伸到全省所有地市、区县，横向连接省各厅局的电子政务外网。使用两台核心路由器通过不同的运营商线路双下联至地市核心路由器，地市到区县采用双链路或者单链路的方式连接。主干网 2 台电信级路由器通过两条千兆链路捆绑互联，实现核心层全冗余连接，确保稳定可靠地运行。主干网路由设备运行 MPLS VPN 协议进行各部门业务的隔离和数据的快速转发。

4.5.3.4 关键业务系统管理平台

电子政务外网需要承载多部门多业务，由于面向用户众多，因此对网络管理提出新的挑战。根据电子政务外网当前的网络、系统和应用建设情况，以及其基于 IT 设施的核心业务的运行维护要求，可以参考以下的建设思路：一是以组织当前所关注的关键业务运行为核心来搭建管理体系；二是以兼容性好，技术先进的开放综合平台为方案建设的基础；三是采用最新的前端技术，来确保系统拥有最佳的交互性和图形化呈现效果；四是建立一个围绕核心业务的量化评价体系，并提供自动化的评估；五是整个系统要具有良好的可扩展性。

4.6 电子政务网络中心的设计

作为电子政务基础网络平台的中心机房，是所有网络链路的汇聚中心、各种设备和软硬系统的核心管理场所。其运行状况及使用寿命都直接影响整个电子政务系统的日常运转。因此，确保中心机房安全、稳定、标准地运行，是我们在进行电子政务基础网络平台设计时必须重点考虑的内容之一。

通过建设政务外网管理中心，实现建筑、通讯、信息、网络、自动化监控一体化的高度集成的网络管理系统，确保网络运行维护和管理有序。包括四个方面的内容：（1）网络管理：负责各级外网的管理，包括网络信息服务和网络运行服务，分别由网络信息服务中心（NIC）和网络运行管理中心（NOC）承担相关的服务工作。（2）信息交换：提供政务信息资源和国家基础信息资源的注册登记、信息发布、交换和共享服务，为有需求的部门和地方提供数据备份和主机托管服务，制定相应的应急恢复策略和方案。（3）安全管理：组织制定、实施政务外网安全标准，建立健全安全管理制度，提供病毒防护、安全认证、安全评估、安全监控和应急响应等服务。（4）客户服务：通过整合资源，组建队伍和建设呼叫中心、政务外网网站等，方便快捷地响应各部门和各地方业务应用的需求，处理客户投诉，为客户提供优质服务。

4.6.1 中心机房设计

网络管理中心机房装修定位在以人为本的基础上，充分考虑使用、管理和运行维护的亲和性、协调性、环保节能性。综合考虑机柜、在线式UPS、市电输入配电柜、UPS输出配电柜、七氟丙烷无管网消防柜、精密空调、新风机、排烟风机等设备布局和设置。作为一个相对独立的系统，在规划设计时除了满足高标准的机电、暖通、通信、监控需求外，还应注意机房的防鼠害、防水、防结露等问题。

4.6.1.1 机房装修系统

机房室内装饰以简洁、大方、实用为准，装修材料应选用气密性好、难燃材料或非燃材料，不起尘、宜清洁，并使用在温、湿度变化作用下变形小的材料，同时也能防潮、吸音、抗静电等。在层高设计、地面、墙面和顶面设计上参考：主机房层高4000mm，吊顶下到地面3700mm；活动地板设计高度350mm，室内设计层高2800mm，天花吊顶300mm等指标要求。

位置选择：网络管理中心机房在多层建筑或高层建筑物内，应避免放置在地下室或潮湿地点，一般放置于第二、三层较宜。（1）保证楼层水、电充足，自然环境清洁。（2）保证设备的进出口场地畅通，避免设备进出口过小、搬运不便等，应保留或设计足够大型设备出入的出入口。（3）保证设备有扩充余地，在对设备扩充空间位置、电子系统、空调设备计算上也要预留未来若干年内扩充的需求。（4）严禁靠近水源，或墙壁内部有水源管路经过机房顶部及底部，如大楼消防管路应要求修改或封闭，使用独立型消防系统。（5）应远离产生灰尘、油烟、有害气体，以及生产或储存具有腐蚀性、易燃、易爆物品的工厂、仓库、堆场等。（6）远离强振源和强噪声源及避开强电磁场干扰，当无法避开强电磁场干扰或为保障计算机系统通信安全，可采取有效的电磁屏蔽措施。

顶面工程：机房顶面工程采用微孔铝板吊顶，吊顶轻钢龙骨及配件采用国标产品，吊顶面层采用银白色厚 0.8mm 孔铝板（300mm×300mm）；吊顶面上安装固定照明灯具、风口、自动火灾报警器及各类管道走线，各系统互不干扰；吊顶上局部可拆卸，便于维修；吊顶龙骨、吊杆间距及排列适中，龙骨平直，吊点布置合理，顶面接合良好。吊顶与高架地板的图案、分隔模数相协调；机房采用 600mm×L×0.7mm 长条金属铝板吊顶材料。

地面工程：机房的地面安装保温层，敷设 B1 级 20mm 厚橡塑棉保温层，并在此基础上表面铺 0.5mm 铝箔层，起到防尘、保温和允许踩踏的作用。防静电地板安装时，同时要求安装静电泄漏系统。通过静电泄漏干线和机房安全保护地的接地端子封在一起，将静电泄漏掉。采用优质无边复合防静电活动地板规格为 600mm×600mm×32mm，敷设地板高度为 350mm，防静电地板安装过程中，地板与墙面交界处，防静电地板需精确切割下料。切割边需封胶处理后安装。

墙面工程：采用双面铝塑板面层（轻钢龙骨＋铝塑板），防火、可擦拭，耐久性好；机房内墙采用铝塑板饰面，板材以塑料为芯层，两面为铝材的 3 层复合板材，并在产品表面覆以装饰性和保护性的涂层或薄膜（若无特别注明则通称为涂层）作为产品的装饰面，该板材配合 75 系列轻钢龙骨安装、漆面质感优良、防火性能良好，不起尘。内填 50mm 玻璃岩棉保温材料，可有效防止外部隔断发生霉变。门框根据需要及整体效果情况，采用与之相适应的饰面。铝塑板燃烧性能为阻燃型。

4.6.1.2 电气系统

机房的电力供应是非常重要的工程之一。电子信息设备在主机房内部能获得一个更加可靠的运行环境，不间断的电源的供应是必要的条件。考虑到电子政务网络管理中心机房的特殊使用要求，按需发展，随需应变也是设计必须考虑的事项。因此，机房的电气工程应该达到如下目标：（1）电气系统可靠性高。(2)电气工程系统无单点故障。(3)电源供应应该平稳可靠。(4)电力系统应该便于维护。（5）电力系统应在IT设备运行状态下，支持数据中心级的扩展性要求。

4.6.1.3 UPS系统

电子政务网络管理中心机房UPS系统为基础网络平台系统的运转提供不间断供电保障，UPS的基本功能包括稳压、滤波和不可间断。构成网络的数据中心机房的供电可靠性已经成为关键，而机房的可靠供电又是重中之重，首先需要确定系统规模、系统形式、基本的UPS单元容量等。在市电供电时，它起稳压器和滤波器的作用，以消除或削弱市电的干扰，保证设备正常的工作。因此，在规划设计网络管理中心机房的UPS系统时主要考虑：高可靠性，能够向负载提供没有干扰、幅值和频率都在严格允许范围内的交流电力；技术的先进性，具备目前行业先进的技术，并满足将来扩展的需求；良好的管理性，UPS系统具备方便操作和远程管理能力，以减轻技术人员的管理负担；良好的维护性，UPS系统要具备故障自动检测和报警能力，具有对电池的良好维护性。

4.6.1.4 防雷接地系统

中心机房应设置以下几种接地：计算机系统的直流工作地、安全保护地、交流工作地、防雷接地、机房静电防护系统（静电散流网）。根据《电子信息系统机房设计规范》规定，机房内的导体必须与大地作可靠的连接，不得有对地绝缘的孤立导体；信号系统和电源系统、高压系统和低压系统不应使用共地回路。电子计算机系统的接地应采用单点接地。灵敏电路的接地应各自隔离或屏蔽，以防止回流和静电感应而产生干扰。机房接地采用综合接地方案，综合电阻应小于 1 欧姆。

4.6.1.5 空调系统

机房精密空调系统的任务是为保证机房设备能够连续、稳定、可靠地运行，需要排出机房内设备及其它热源所散发的热量，维持机房内恒温恒湿状态，并控制机房的空气含尘量。为此要求机房精密空调系统具有送风、回风、加热、加湿、冷却、减湿和空气净化的能力。根据国家标准规定，机房内温度、湿度按开机时和停机时分别可定为 A、B、C 三级，省级电子政务网络管理中心机房按照 A 级标准进行设计和施工。空调系统的主要功能要满足环境温度、湿度、洁净度与通风量即机房四大要求：（1）加热或降温，能够调节空气的温度。（2）加湿或降湿，能够调节空气的湿度。（3）能够使空气具有一定的流动速度。（4）能够使空气具有一定的洁净程度。

4.6.1.6 消防系统

一旦机房发生火情，电子信息设备（小型机、服务器、网络设备）不能采用传统灭火方式，如喷淋等方式处理，而只能采用气体灭火技术，灭火后无残留物于设备上。消防系统的总体设计要求是：（1）主机房采用有管网七氟丙烷自动灭火系统。（2）机房采用独立的普通烟、温感探测报警系统。（3）机房报警系统可通过控制屏的干接点，与大楼消防报警系统联动。（4）配电间配灭火器。

4.6.1.7 机房环境监控系统

针对机房的动力及环境进行集中监控，以实现机房无人值班、实时报警的目的。机房监控系统的总体设计要求是：根据具体监控点机房设备的多少和监控要求，为机房监控点安装机房动力环境监控、配套电源等设备。各监控点的信息通过模块进行分散采样，并传回监控中心进行处理，同时将报警信息通过短信（SMS）或语音（电话报警机）及闪光喇叭等告警设备，通知管理及维护人员，以此建成一个具有自动报警功能的高性能、安全可靠的网络监控系统。

4.6.2 网络路由规划

4.6.2.1 路由规划基本原则

（1）最短距离：尽量使得 IGP 最短路径是传输最短距离，因为在骨干网中，端到端时延主要来自于传输时延。进一步，备份路径应尽量通过次短的传输距离，以减少主备切换带来的时延抖动。

（2）快速收敛：快速发现故障并作出响应，使得系统从故障中尽快恢复，避免路由黑洞和路由循环。

（3）路由可控、可预测：采用清晰、明确、简单的路由策略，摈弃过于复杂和精细的设计，避免给运营部署带来困难。

（4）提高稳定性：正确判断网络故障，避免频繁的路由计算和刷新。

（5）负载分担，提高网络资源利用率和系统可靠性。

（6）路由协议的规划从内部网关协议（IGP）、外部网关协议（EGP）两个方面来进行设计。

（7）对网络中使用的路由协议进行规划，说明在整个网络中所要使用的路由协议，以及各个路由协议如何使用。

4.6.2.2 静态路由

对静态路由进行规划，说明在网络中的什么地方要使用静态路由，配置哪些静态路由。

4.6.2.3 OSPF 协议规划

对 OSPF 路由协议进行规划，其中包括在什么设备上运行 OSPF 路由协议，一共使用了哪几个区域，各个链路的 COST 值定为多少，要向 OSPF 协议中引入哪些路由等等。

（1）Router id：确定 OSPF 路由器的 Router id，一般采用设备的 Loopback 地址。

（2）区域的规划：标出使用几个区域，每个区域都包括哪些路由器。需要考虑区域的可扩展性，如首先使用 Area 0，另外需要划分分支区域时，可以考虑将地域位置作为划分参考。在规划区域时，可以同时考虑区域的特性，如属于 stub 区域、NSSA 区域等。

（3）cost 值的规划：规划各条链路的花费值，以保证整个路由的选择能够按照预先设想的进行。可以采用两种方式确定：一是根据链路带宽，选择一个参考带宽值，然后和实际带宽进行比较之后确定；另外一个根据设计流量模型直接指定 Cost 值，明确路由走向。

（4）OSPF 中需要引入的路由：规划出都有哪些路由需要引入 OSPF 协议。在引入路由的时候，需要采用什么样的控制访问列表。

4.6.2.4 ISIS 协议规划

对 ISIS 路由协议进行规划，其中包括在什么设备上运行 ISIS 路由协议，该设备属于哪个 Level，各个链路的 Metric 值定为多少，要向 ISIS 协议中引入哪些路由等。

（1）NET：ISIS 协议中的 NET 值，相当于 OSPF 中的 Router id 的概念，它是由 NSAP 通过设置 NSEL 字段为 0 转化而来的，用来标识一台运行 ISIS 的路由设备。

（2）AFI：可以预先设定，或者使用私有的 49，这个值在目前的 IP 网络中只起到标识的作用。

（3）AREAID：预先统一规划的区域号，对于骨干网来说，可以采用当地的电话号码区号，也可以使用本系统 AS 号，建议采用电话号码区号，便于记忆维护。

（4）SystemID：某台设备在一个区域中的标识，在一个区域中保持唯一性，通常的使用 MAC 地址或者 IP 地址作为设备的 SystemID，建议采用设备的 Loopback 接口地址，便于维护和习惯记忆。

4.6.2.5 BGP 规划

对 BGP 协议进行一下规划，包括在哪些路由器上运行 BGP 路由协议，网络中存在哪些 AS，是否使用路由反射器，联盟等属性。需要向 BGP 中注入哪些路由信息。

（1）自治系统的规划：网络中使用几个AS，各个AS都包括哪些路由器，这些路由器之间的邻居关系是什么样的。可以使用的私有AS：64512—65535。

（2）反射器的规划：在一个AS内部，IBGP邻居必须是全连接的，由于IBGP邻居通常数量较多，如果全连接会造成N平方问题，为了解决这个问题，可以用在网络中使用RR（路由反射器）的形式解决。尽量选取独立的RR，保持RR的稳定性；如不能选取独立RR，尽量选取核心位置路由器作为RR，且保证性能上能够承受；尽量采用RR的冗余配置，即在一个cluster中配置两台RR，Client双上行到两个RR，实现出口备份；如果网络规模较大，且层次结构呈现比较规则的两层结构，可采用多级RR的形式实现。根据工程的组网结构和具体的设备类型，确定网络采用几级路由反射器，确定网络中哪些路由器作为路由反射器，哪些设备作为它的客户机。

（3）BGP属性规划：BGP可以通过大量的属性设置控制路由的选择和走向，常用的属性有LocalPre、MED、AS-Path、团体属性。

（4）路由策略的规划：指出需要将哪些路由引入BGP，使用什么方法引入，如何使用路由进行备份。

4.6.3 网络管理设计

国际标准化组织（ISO）定义了如下五种类型的网络管理功能：性能管理、故障管理、配置管理、安全管理、记账管理。电子政务网是一个大规模的复杂性网络，其网络管理不是一个局部性的工作，为了确保整个网络的通畅，为了及时定位、快速修复网络故障，必须对整个网络实行全面管理。

4.6.3.1 网络管理的总体设计目标

随着政府专网信息系统建设的不断深入，网络的高可用性就显得越来越重要。另外，当业务系统不能正常工作时，有可能是网络线路问题造成的，但也有可能是由于其它系统资源的问题造成的。因此，电子政务网络管理中心需要及时了解网络的整体运行状况。如果网络管理中心没有有效的网络管理手段，则很难保证对下属网络的信息传输提供可靠的网络服务；如果政府以及所属网络系统之间缺乏必要和及时的网管信息沟通，则无法保证全面掌握整个网络的运行状况，及时发现和排除故障隐患，亦即难以为电子政务应用系统的正常运营提供可靠的网络通信服务。

基于以上考虑，比如，对某省级电子政务网络管理，我们提出以下总体目标：省级电子政务网络管理中心的总体建设目标是——配合省政府专网的层次型拓扑结构模型，分期逐步建立二级网络管理体系。其中：省级电子政务网管中心主要负责骨干网和核心服务器群的管理，并具备对下级网管中心进行监督指导的技术手段和工具；二级网管中心的主要职能是确保二级单位与政府之间的网络畅通和数据的完整接收与上传，并具备对二级网络进行监督指导的技术手段和工具，同时在网络管理上发挥承上启下的纽带作用。通过二级网管中心的分工协作，从而实现对整个政府专网的配置、故障、性能、状态实现集中指导下的分级分布式管理。这种总体目标的设计可以一步到位，也可以逐步实现。

4.6.3.2 对电子政务网络系统实施灵活管理的必要性

好的网络管理设计可以帮助电子政务网络平台和应用系统达到可用性、性能和安全性目标。需要指出的是，网络管理系统可能非常昂贵，对网络性能也有负面影响。例如，网络管理系统定期轮询，由它产生的通信开销可能很大，我们可以分析实际网络对轮询定时器的要求，不应任意使用网络管理系统的缺省值。

在总体规划上，可以考虑借鉴大型复杂网络现代化管理理念，充分考虑系统的发展性和长远性，使网络管理的功能和规模能够随着业务的拓展和各级电子政务网络管理中心的建设而同步协调发展。无论是集中还是分布，无论是平行还是垂直，无论是统管还是协管，都是为了实现全面高效的管理目标。一个灵活的分布式管理系统不仅能提高管理效率，强化管理的安全性，同时也更有利于逻辑上的集中。因为基于协作关系的分布系统，使全局性的管理工作更加明确、更加简单、更加实用。

4.6.3.3 网络管理主要设计内容

（1）网络管理。通过网络管理对政府专网信息系统进行网络监控与维护，全网管理中心设在政府机关网管中心，在二级单位设立二级网管中心，进行分布式管理。随着网络应用发展，将逐步细化分布式分级管理模式，从政府到二级单位设立两级网管中心。当前网络管理必须考虑网管软件具有分布式管理的能力。网络管理需要实现对网络的拓扑管理，状态监控，性能管理，故障管理和配置管理。网管应可以支持目前政府信息系统跨地域的各分支机构局域网内部可能存在的域名注册、IP地址重叠情况。

（2）服务器监控。在政府机关、二级网管中心对应用系统的服务器进行监控，包括服务器状态、重要性能参数、进程状态、文件变化等内容，以保证服务器的正常运行。在出现问题时，能够及时报警，并根据需要，对不同的管理员采用不同的报警方式，确保在最短时间内通知问题的产生。

（3）故障管理。在政府机关、二级网管中心建立故障管理系统，能够收集各种管理功能产生的故障事件。并根据需要按照事件类型，事件源对事件进行分类显示。故障管理系统主要完成事件收集，事件过滤，事件关联和事件处理等功能，以实现对故障的快速处理。

（4）软件分发管理。在政府、下级网管中心对应用系统的服务器进行集中的软件分发管理，管理员在中心完成软件的打包、下发、确认等软件更新管理工作，以实现快速软件部署。管理软件系统应可提供自动打包工具，帮助管理员方便地定义预分发的软件包。

（5）资源配置管理。在政府、二级网管中心对应用系统的资源进行统计，包括软件、硬件配置信息。资源信息存放在关系数据库中，管理人员可以通过资源管理系统进行资源查询。

（6）远程控制管理。在政府、二级网管中心对下级应用系统的服务器进行远程控制，实现远程技术支持。通过远程控制，中心管理员能够获得远程机器的键盘、鼠标和屏幕控制。监视或控制其操作，并可以通过对话框与对方通信，远程下发给对方需要的文件，从而实现对远程服务器的支持。远程控制管理应能够在广域网上工作。

（7）存储备份管理。在政府、二级网管中心对主要应用系统的服务器进行数据备份，包括重要的文件和应用数据，如数据库数据。以保证在出现故障时，能够进行数据恢复。备份管理将根据管理策略，自动定时进行备份管理操作，并且进行服务器在线备份。

（8）决策分析管理。在政府、二级网管中心对网络系统的管理信息进行汇总和相关的决策分析，以更全面地了解网络系统运行的状况，发现可能的隐患，为提高管理水平提供决策信息。

（9）安全管理。包括病毒防范、安全认证、授权管理、证书管理等。

（10）客户服务。包括服务受理、热线服务、接入服务、投诉处理等。

第 5 章
政府信息资源管理平台设计

政府信息资源就是政府的电子化信息资源。随着电子政务建设的逐步深化，将来所有的政府信息资源都将实现电子化和数字化。有研究表明，社会中超过 80% 的信息都与政府有着直接或间接的关系，可以说，政府信息资源是社会最大的信息资源库。政府信息资源来源广泛，种类繁多，数量巨大，涉及社会日常运转的各个方面。如此海量的信息资源如果得到合理的利用，将发挥重大的经济效益和社会效益。如何才能有效地利用这些信息资源，让其在社会经济运转过程中发挥其巨大效益，就成了电子政务建设中非常值得探讨的一个问题。

政府信息资源的利用有两个关键问题，一是标准化。由于政府信息资源来源广泛，形式各异，要对其进行利用首先要面对的问题就是如何对这些复杂的信息资源进行统一、规范的描述。二是合理的信息资源设计。标准体系是一个顶层问题，应该从国家和行业层面上进行考虑，目前我国政府也正在积极推进电子政务标准体系的建设，很多有政府背景的研究机构都在为电子政务标准体系的建设进行深入研究。标准体系的建设往往是在实践过程中不断的修补、改进和完善的，是一个逐步建设的过程，本书对标准体系建设的问题不做深入探讨，这里重点关注政府信息资源管理平台设计的问题。优秀的信息资源管理平台设计对信息资源的利用也是至关重要的。

信息资源管理平台的设计关注如何更好地组织、管理信息资源,以及让需要利用信息资源的用户更快捷更准确地找得所需的内容。本章将从信息资源的分类框架、信息资源的组织管理和信息资源的目录体系设计三个方面对信息资源的设计进行阐述。

5.1 政府信息资源分类框架

由于政府信息资源数量巨大、种类繁多、来源各异的特点,从不同的角度出发,所得到的分类方式也不同。鉴于政府信息资源的这种特点,对政府信息资源进行的分类也不应该从单一角度出发,而应该是多角度、多维的分类。

按信息资源产生的单位可以分为产生于政府内部的政府信息资源和产生于政府外部的社会公共信息资源。政府信息资源包括党政机关制定的政策法规、公文报告、执行信息以及接收的各种反馈信息等;社会公共信息资源包括经济社会运行统计数据、公民信息、企业信息、新闻媒体的文稿、报道以及各种产生于政府外部,但是与政府有密切联系的社会信息等。

按信息资源的利用范围可以分为三个级别:社会公开类、部门共享类和依法专用类。社会公开类信息指应当向社会公开,归社会公众广泛利用的信息;部门共享类信息指只能在政府部门之间根据工作需要进行共享的信息;依法专用类信息指依据法律只能由特定部门专用的信息,这类信息往往具有较高的保密级别,属于具有一定特殊性的信息。

按信息服务的对象可以分为三类:政府间交流的信息、企业服务信息、民众服务信息。政府间交流的信息指政府机构和部门间相互协调、配合管理的各种信息,包括:政策法规、事务性公务信息和公文信息,如:抄送文件、通知、记录数据、办公档案、经验介绍等；企业服务信息指政府对企业的信息服务，包括税务信息、政府咨询信息、政府采购信息、证照处理信息等；民众服务信息指政府对民众的信息服务，包括社会保险信息、教育信息、就业信息、政府服务信息等。

5.2 政府信息的组织与管理

所谓政府信息资源的组织，实际上就是对采集到的原始的信息进行有序化，让粗糙无序的信息资源变得规范有序，便于利用。而政府信息资源的管理则包括了信息的采集、加工、处理、发布、存储、服务等，也就是信息的输入、管理、输出等几个环节。

5.2.1 政府信息资源的组织

所谓信息资源的组织，是指利用一定的规则、方法和技术对所采集的信息资源的外部特征和内容特征进行揭示和描述，并按照给定的参数和序列公式排列，使信息从无序集合转换为有序集合，将信息转为信息资源或将潜在的信息资源转换为现行的信息资源的过程。外部特征是指信息资源的物质载体所反映的特征，如信息资源的物理形态、题名和责任者及信息类型、信息的生产和流通方面的特征。内容特征，是指信息资源所包含和承载的具体内容，可以由关键字、主题词或者其他知识单元表达。

5.2.1.1 信息资源组织的过程

首先，在分析原始信息资源的基础上，需要对原始信息资源的外部特征和内容特征进行描述，即信息著录。著录过程使信息从原始状态转换成"二次信息"。如题名、作者、主题、号码等都是著录的事项。

其次，对转换过的信息进行标识，即信息标引。信息标引是通过分析信息的主题概念、款目记录、内容性质等标引对象的特征，为他们赋予能够提示有关特征的见面代码和语词表示，从而为信息提示、组织和检索提供可依据的信息加工方法。

最后，信息资源的存储。信息资源的存储方式和存储管理，将在信息资源的管理中进行详细阐述。

5.2.1.2 信息资源组织的原则

客观性原则。在信息资源组织过程中对原始信息的加工和描述不能歪曲和偏离信息本身的意义，不能人为地添加思想和观点，要完整、全面、准确地反映信息本身的特点

系统性原则。信息资源只有系统地、连续地进行组织，才能发挥效用，尤其是重点或特色资源，决不能时断时续、支离破碎、不成系统，每一种信息只能当它是整个信息集合体的一个有效组成部分时，才能充分发挥其潜在的能量。

效益性原则。网络信息资源组织和管理的效益性，包括社会效益和经济效益两个主要方面，社会效益是指网络信息的使用所产生的有益于社会进步的效果，具体表现在网络信息资源的完整性、及时性、给公众或用户所带来的方便与满意程度，网络信息资源对社会持续发展所起的促进作用等方面。经济效益指网络信息资源对科技进步、宏观决策以及相关产业的发展所起的作用。

标准化原则。信息的组织必须要依照一定的标准，按照统一的方式进行。不能带有任何随意性。信息组织标准非常多，在使用时要按照需求选用，并可以根据需要制定自用标准。

适用性原则。信息组织是为了信息用户利用的简捷、方便，适用性原则就是充分体现这一特点。良好的信息组织应该考虑到信息用户的检索要求和使用习惯，保证信息用户的利用需求。

5.2.1.3 信息资源组织的方法

1. 分类法

分类法是将表示各种知识领域（学科及其研究问题）的类目按知识分类原

理进行系统排列并以代表类目的数字、字母符号（分类号）作为文献主题标识的一类情报检索语言。目前网络上已有美国的《杜威十进分类法》（DDC）、《美国国会图书馆图书分类法》（LCC）、欧洲的《国际十进分类法》（UDC）、我国的《中国图书馆分类法》（简称《中图法》）等作为分类工具进行资源组织的检索系统。这些系统多以现有的文献分类法为依据，其中使用最多的是 DDC。中国的教育与科研网（www.cernet.edu.cn）则使用《中图法》来组织其资源。传统的文献分类法在组织网络信息资源中发挥着有效的作用，并且随着网络使用的普及，它在网络资源中的应用必将逐步加强。当然，由于文献分类体系并不是按照网络资源的特点编制的，在对网络资源进行处理时，应采取相应的调整措施。如对类目进行必要的调整，对类目体系的深度进行控制，加强类说明等。同时以分类法编制的检索系统还应该做到界面显示形式多样，多种检索途径相结合，处理对象层次多样化，编制方式多种途径等。

2. 主题法

主题法是以自然语言的语词经过规范处理后直接作为文献主题标识，并按字顺排列，结合参照体系和其他方法来间接地显示概念之间的关系，提供从事物名称检索文献的途径。由于主题法能使概念相同的信息聚集在一起，能为户提供最直接、直观、简便的查询途径。同时还能充分地描述信息资源的知识内涵，无论知识多专、深、高、新都可以充分地加以表述。因此，主题法成为搜索引擎的主要检索方法。使用主题法组织网络信息资源，用户能够对各网站及每篇文章中（全文搜索）的每个词进行搜索，真正向用户提供了对网上所有信息资源进行检索的手段，给用户以最全面、最广泛的搜索结果。

3. Dublin Core 元数据编目

元数据（metadata）是关于数据的数据，它用来描述 Internet 上的信息资源的属性，它能帮助信息的识别、定位、发现、描述和选择等。1995年3月在美国俄亥俄州都柏林召开了第一届元数据研讨会。这次会议最主要的成果是确定了"都柏林核心元素集"（Dublin Core）。目前 DC（Dublin Core）已从最初的13个元素扩展到15个元素，每个元素相当于 MARC 格式的一个字段，这 15 个元素大致可分成三大类：对资源内容的描述；对知识产权的描述；对外部属性的描述。各类包括的元素如下表：

表 5-1　Dublin Core 元数据编目分类表

资源内容描述类	知识产权描述类	外部属性描述类
题名（Title）	创建者（Creator）	日期（Date）
主题（Subject）	出版者（Publisher）	类型（Type）
描述（Description）	责任者（Contributors）	格式（Format）
来源（Source）	权限管理（Rights）	标识（Identifier）
语种（Language）		
关联（Relation）		
覆盖范围（Coverage）		

DC 的著录标准已日益成为国际通用的适用于网络资源发现系统的元数据标准。如果说传统图书馆的文献编目，是为了方便读者对所需文献的检索，那么 DC 集元数据就是通过对网上电子资源属性的描述来提高网上信息检索的有效性。据统计，DC 对网页进行描述后，其检索的查准率比没有进行描述的网页高 10 倍。

5.2.1.4　信息资源的组织技术

1. 传统的网络信息资源组织技术及其特点

（1）文件组织方式

文件组织方式把相关的网络信息按照统一的规则和方法组织成文件，并借助于专门的文件管理系统来对这些文件进行管理。在这种方式中，网络信息的存取是以文件为基本单元的。比如在 Internet 发展初期广为流行的文件传输协议（File Transfer Protocol，称 FTP）就是为协助用户利用以文件方式组织的网络信息而专门开辟的服务。其主要特点有：

1）可以非常容易地利用现成的计算机信息的文件处理方法和技术，从而在一定的程度上使信息组织的难度减少、成本降低。此外，由于计算机处理的所有结果都能以文件的形式保存下来,因此它在规范与组织非结构化信息方面显示出优越性。

2)难以反映庞杂的信息之间的内在联系,因此在组织网上广泛存在的结构化信息(如事实、数据)方面显得软弱无力。此外,以文本为基本单元组织网络信息会不可避免地造成新的信息冗余和不一致,从而导致原本无序的网络信息空间更加混乱。

(2)数据(仓)库组织方式

即将所有获得的信息资源按照固定的记录格式存储组织,用户通过关键词及其组配查询就可以找到所需要的信息线索,再通过信息线索联接到相应的网络信息资源。其主要特点有:

1)能高速处理大量结构化和非结构化的数据。如今的关系数据库在DBMS(数据库管理系统)中增加了对图形、图像、声音、超文本等多媒体数据的存储、管理、读取和处理功能,实现了从数据管理到对象管理的扩展,大大提高了信息管理的效率;面向对象数据库比传统数据库包含更多的数据语义信息,对复杂数据对象的表达能力更强。

2)以信息项作为数据的最小存取单位。数据库技术既可以存取数据库中某一个或某一组数据字段,也可以存取一个或一组记录,还可以根据用户需求灵活地改变查询结果集的大小,从而降低网络数据传输的负载。数据库方式对于信息处理也更加规范化,特别是在大数据量的环境下,其优点更为突出,但它对用户提出了一定的要求,要求用户必须掌握一定的检索技巧,包括关键词及其组配的选择。数据库方式是当前普遍使用的网络信息资源的组织方式。

(3)主题目录组织方式

主题目录方式组织网络信息的基本做法是先按照某种事先确定的概念体系结构建立等级主题目录,然后以超文本链接的方式将不同学科、专业、行业或区域的信息按照主题目录的分类要求逐级组织起来。其特点有:

1)提供了一种较为友好的界面,用户在主题目录的指引下,能够逐层浏览，可以找到与自己的需求有关的信息。这种主题目录究竟分多少层、每层分多少类，并无统一规定，通常可根据网络信息的初步筛选和整理情况以及因特网信息内容提供商（ICP）的服务宗旨和目标灵活设计。

2）它的难点在于如何科学而合理地建立信息分类体系，因为这没有固定的模式可循。

（4）超媒体（hypermedia）组织方式

超媒体方式是超文本技术与多媒体技术相结合的产物。它将文字、表格、声音、图形、图像、视频等多媒体信息以超文本方式组织起来，使人们可以通过高度链接的网络结构在各种信息库或知识库中自由航行，找到所需要的任何媒体的信息或知识。超媒体方式在组织网络信息资源上的优点表现为：

1）具有联想式的信息组织方式。超媒体采用非线性的由"节点"和"链"组成的网状结构组织块状信息，类似于人类的联想记忆结构，用户可以在网络中主动浏览和航行。

2）具有图、文、声、像并茂的信息服务功能。超媒体技术把数字、文本、声音、图形、视频等有机地整合，方便地描述和建立各媒体信息之间的语义关系，能满足人们自然交流信息的过程。但是由于采用浏览的方式进行信息搜索，当超媒体网络过于庞大时，用户很难迅速而准确地定位于真正需要的信息节点上，也难以避免地会造成用户"迷航"的现象。因此，现代网络信息资源组织的方式最好是数据库方式和超媒体方式的结合，这也是网络信息资源组织的未来发展趋势。

2. 网络信息资源组织技术的发展趋势

（1）传统信息资源组织技术的结合

随着现代信息技术的发展以及情报学方法研究的不断深入，现在网上实际使用的组织方式已不单纯是其中的某一种，而是将以上四种方式中的某两种或更多种方法集成起来，并融入其他技术，形成一些更有生机的组合方式。如将数据库方式与文件方式结合起来、将主题目录方式与超媒体方式结合起来、将数据库与超媒体方式结合起来等。尤其是在数据库方式与超媒体方式的结合方面，目前已经形成了网络信息组织的一个重要发展方向。其实际已经采用或正在试验的具体结合方式主要有以下三种：

1）将数据库作为超媒体系统的一个节点。在该方式中，数据库被看成超媒体系统中的一个独立的特殊节点，并通过特殊的链接机制（如 CGI、WebAPI、ActiveX、JDBC 等）将数据库节点和其他超媒体节点相连。超媒体系统的其他节点若要访问数据库中的信息，需要将访问请求转换成数据库的查询语言（如 SQL 语言），其查询如果也需转换成超媒体所规定的格式（如 WWW 中的 HTML 格式）。该方式的特点是数据库的内部机制没有被改变，因此不影响其他非超文本应用对数据库的使用。由于该方式易于实现，当前 WWW 与数据库的链接大多采用上述方法。

2）在数据库上附加链服务。该方式强调的是在数据库系统的基础上附加一层专为超媒体系统设计的链服务，以实现二者在体系结构上的和谐统一。在这种方式中，数据库中的数据要在逻辑上被重新组合成虚拟节点，并在此基础上根据数据间的内在联系建立节点间的链。这样，超媒体系统就可以在不需要某种特殊的机制的前提下以自然的方式与数据库中的数据建立连接。在数据库中附加链服务，避开了数据库系统的复杂性，用户只需要轻松点击虚拟节点即可深入访问数据库中的内容，因此是值得开拓的网络信息组织方式。

3）构建超媒体结构的数据库系统。该方式强调的是以超媒体模型代替关系或面向对象数据模型来构造数据库管理系统（DBMS），以实现超媒体系统与数据库系统的有机结合。超媒体模型是用超文本技术组织多媒体信息的数据模型，常见的有 Dexter、O2HTS、OOHMDBS 模型等。以此模型为基础建立数据库系统，可以充分体现各种类型媒体数据之间的自然联系，从而从根本上克服了超媒体系统与数据库系统在结构和功能上的差异，使两者的结合更加完美。

（2）多元搜索引擎方式

信息检索是从任何信息集合中识别和获取所需信息的过程及其所采取的一系列方法和策略。从原理上看，它包括存储与检索两个方面，信息的存储主要包括对在一定专业范围内的信息选择基础上进行信息特征描述、加工并使其有序化，即建立数据库。检索是借助一定的设备与工具，采用一系列方法与策略从数据库中查找出所需信息。存储是检索的基础，检索是存储的反过程。从这个角度来说，信息检索中的信息存储过程也可以看成一种信息组织的方式，而多元搜索引擎是信息检索技术发展的一种新趋势。

多元搜索引擎方式的优点：

1）搜索引擎目录也即检索工具的检索工具，它将主要的搜索引擎集中起来，并按类型或检索问题等编排组织成目录，帮助、导引用户根据检索需求来选择适用的搜索引擎。它集中罗列检索工具、并将用户导引到相应的工具去检索。检索的还是某一搜索引擎的数据库，与普通单一搜索引擎的检索是一样的、只不过是设立了又一层门户，通过其组织、检索界面，为用户选择适用的检索工具提供积极的帮助，以克服用户面对众多检索工具的无所适从。

2）多元搜索引擎，是将多个搜索引擎集成在一起。提供一个统一的检索界面且将一个检索提问同时发送给多个搜索引擎，同时检索多个数据库，再经过聚合、去重之后输出检索结果。它是一种集中检索的方式，与Dialogue联机检索中的跨文档检索 OneSearch 非常类似。其最大优点就是省时，不用就同一提问一次次地访问所选定的搜索引擎且每次均要输入检索词等。由于检索的是多个数据库，检索的综合性、完整性也有所提高。

5.2.2 政府信息资源管理

广义上的政府信息资源管理是指与政府信息资源开发和利用有关的决策、计划、预算、组织、指导、培训和控制获得，特别是指与信息内容及其有关的资源的管理。这里描述的政府信息资源管理，仅针对信息资源本身，是指如何将分散的政府信息资源进行集中管理，使之成为可以为社会公众和经济社会发展服务的资源。

5.2.2.1 政府信息资源管理特点

由于政府机构的立体性，职能的多头性，部门之间的侧重点各不相同，造成了政府信息资源的多样性。政府信息资源管理也呈现出：管理目标的多样性、管理模式的灵活性、管理手段的多维性。

1. 管理目标的多样性

政府部门不同于以营利为最终目的的企业。政府信息资源也不同于一般的信息资源。政府作为公共部门，其政府信息资源的管理目标可归结为：

（1）为政府决策提供支持，或者说当好参谋。

（2）传递政治、军事、科技、经济和文化思想，实现政府职能。

（3）执行"电子政务"，实现"电子政府"，提高政府效率。

（4）树立政府形象，提高政府透明度，促进廉政建设服务。

2. 管理模式的灵活性

政府信息资源浩瀚繁杂、量大面广。例如，我国共有32个省级行政区域（除特别行政区外），包括23个省、5个自治区、4个直辖市，从组织层面，有党委、人大、政府和政协四大机构领导的纵向组织；从功能层面，有政府的政治职能、社会职能、经济职能三大体系下的各职能机关。其背景不同、基础不一，因此政府信息资源的管理，就要因地制宜、具体问题具体分析。中央政府的成功管理模式不一定适用于地方政府或特区政府。而且，前一段时期的成功管理模式也不能适用于另一个时期。

3. 管理手段的多维性

政府信息资源管理的手段多种多样。政府部门的行政手段、法律手段具有直接、迅速和有效的特点，是政府信息资源管理的主要手段。随着信息技术的发展，各种通讯、控制的技术手段是现代政府信息资源管理的另一手段。另外，某些可以公开的信息，可以引入市场手段管理等。

5.2.2.2 政府信息资源管理原则

政府信息资源管理贯穿了资源需求调查、采集加工、组织存储、传播利用等整个信息生命周期。具体内容除了信息管理的技术问题之外还涉及很多政府机构之间的协调问题。总体来说，政务信息管理应遵循以下原则：

1. 科学规划，高效管理

信息资源管理涉及中央到地方各个政府部门，以及部门内部的各个处室与下属单位，关系到政府的各项工作，必须高度重视，统筹规划，及时协调出现的各种问题。

2. 制定政策，完善法规

信息资源管理政策要明确，法规要完善，并且要监督政策法规的执行过程。对政府信息资源管理的各种协调问题要以政策和法规的形式进行明确。确保政务信息采集、管理等工作顺利实施。

3. 体制完善，机制合理

要有完善的政府信息资源管理体制，设置专门的政府信息资源管理机构，负责政府信息资源的管理。同时还要利用合理的机制，调动各方力量，共同管理好政府信息资源。

4. 围绕需求，确保重点

政府信息资源的开发要围绕社会对政府信息资源的需求来开展，同时要注意对重点信息资源如：人口信息资源库、法人单位信息资源库、空间地理信息资源库、宏观经济信息资源库、文化信息资源等的开发和管理。

5. 统一标准，整合资源

在信息资源开发和管理的实践过程中加快完善统一的电子政务标准，并大力推广。充分利用已有的信息管理技术设施资源、应用系统资源、信息库资源，加强整合，促进共享，使有限的信息资源能得到更广泛的利用，发挥更大的效益。

6. 确保政府信息资源安全

信息安全问题是政府信息资源开发和利用的一个基本问题，也是一个与国家安全和经济安全密切相关的重要问题。在政府信息资源开发利用过程中要优先重点考虑。

5.2.2.3 政府信息资源管理组织建设

1. 行政组织结构

行政组织结构有纵向结构和横向结构两种。纵向结构是从上到下采用层级管理，上级管理下级，下级向上级报告，管理范围之间缩小。我国现在的纵向管理结构是中央、省（自治区、直辖市）、地/市、县/区、乡。具体的职能部门有的是纵向管理的，有的是横向管理的。纵向管理的如：海关、银行、质检、国税等。横向结构是指同一层级的地方政府存在不同的职能部门，从而形成地方行政结构的横向组合。如同一级的财政部门、公安部门、税务部门、民政部门、教育部门等。

2. 政府职能

政府职能具有整体性、社会性和权变性。政府职能包括：政治职能、经济职能、文化职能及社会保障职能。

政府政治职能主要体现在：作为政治秩序和社会秩序的维持者；作为社会发展的决策者和公共政策的制定者；作为社会利益的调节者以及作为政治一体化的工具等方面。

政府的经济职能主要体现为：对市场的培育作用；对经济活动的调节和干预作用；经济活动的协调者和仲裁人作用等。

政府的文化职能体现在：作为社会意识形态的倡导者以及提供并管理社会科技、文化、教育等领域的公共文化设施等。

政府的社会保障职能主要体现在：制定社会保障的法律、制度，建立完善的社会福利和社会保障体系。

市场经济条件下政府职能的调整与转变：由直接管理到间接管理；由微观管理到宏观管理；由命令式管理到协调、监督与服务。

实现政府职能的基本手段有：行政手段（指令手段）、经济手段、法律手段、思想教育手段和纪律手段。

3. 信息资源管理组织结构

鉴于行政组织结构的纵横格局，信息资源管理组织结构应该是纵横交错的网状结构。我国政府信息资源管理的组织架构应该是第一把手责任制下的、层次网状相结合的架构。

政府信息资源管理的组织架构参考如图 5-1 所示。随着电子政务的蓬勃展开以及政府信息化建设的推进，各级政府办公部门从上至下逐步建立起了全国范围内的政府信息工作网络，政务信息管理工作也迈上了新台阶。中央政府与各级各类地方政府在结构上组合成的上下衔接、左右贯通的网络，从而构成我国在新的历史时期的政府组织架构。该架构把行政组织纵向结构与横向结构通过网络集成起来，形成一个全国政务信息网络。全国政务信息网络，是各级政府间沟通信息的主要渠道和政府领导指挥工作的主要工具，它的建立健全与否，直接影响国家机器的运行效能。政务信息管理机构作为履行政府信息管理职能的一种行政组织，它的功能与架构是与整个政府机构的运作及结构紧密融合在一起的。

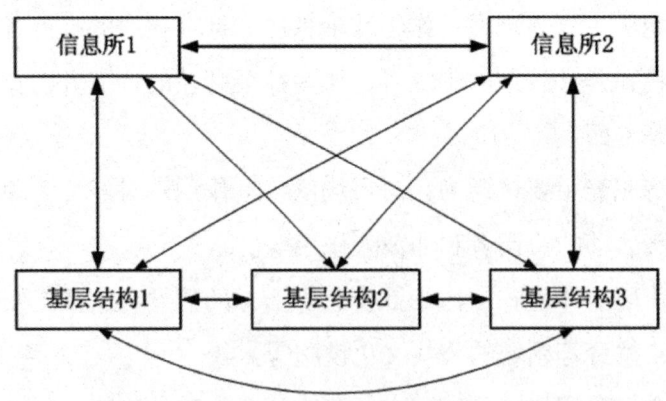

图 5-1　政府信息资源管理的网络型组织架构

我国的《政府信息资源管理条例》明确规定，"各级政府及所属部门必须指定或设立专门机构统一管理其职责范围内的信息活动"。目前各级政府和大部分职能机构都依此设立了信息中心,专职负责本单位的信息管理。随着政府专网建设的进一步加强,各级各单位信息中心的互联也将逐步实现。

5.2.2.4 政府信息资源管理过程

通过对政府信息资源管理的特点、原则及组织建设的分析,我们就可以更好地理解政府信息资源管理过程。政府信息资源管理过程,包括政府信息资源的采集、政府信息资源的组织、政府信息资源的检索与政府信息资源的服务等。

1. 信息资源管理过程

信息资源从生产到利用的过程是一个有目的的社会活动过程。它涵盖了信息资源的采集、加工和存储以及检索、传递和利用等众多环节。信息资源管理过程是指对信息资源从生产到利用的整个生命周期的管理[1],如下图所示。显然,信息资源生产是信息资源的源头或起始点,信息资源的利用则是信息资源的终端或目的地。当然,信息资源的终端并不是信息资源活动过程的结束。信息资源利用过程,是一个对信息资源再开发、获得二次、三次信息资源的创新过程,也是一个连续的、循环的、螺旋上升的过程。

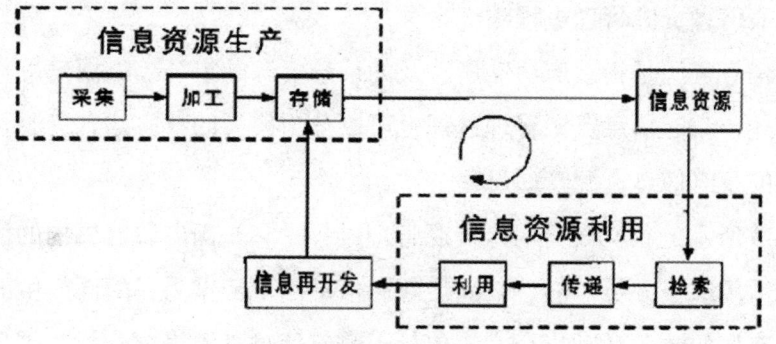

图 5-2 信息资源管理过程

---

[1] 李绪蓉,徐焕良:《政府信息资源管理分析》,载《电子政务》2005年第Z4期。

如果说信息资源的采集、加工和存储完成了信息资源的生产过程，那么，信息资源的利用过程，则是信息资源的增值过程。

由于在信息资源管理过程中除了对信息资源本身的生产、利用的管理外，还涉及许多因素，而这些因素往往会直接影响信息资源的管理行为和管理结果。根据政府信息资源管理内涵：管理覆盖着开发和利用等系列过程，以及对信息资源的理解，我们可以把信息资源管理过程分为狭义的信息资源管理过程和广义的信息资源管理过程。

（1）狭义的信息资源管理过程

狭义的信息资源管理过程，亦可视为狭义的信息资源开发。狭义的信息资源管理过程是始于信息用户（组织或个人）的业务过程（活动）而触发的信息需求，通过需求分析，从而实施对信息资源的采集与加工、存储与检索、传递和利用，从而完成狭义的信息资源的生产和利用的全过程。

（2）广义的信息资源管理过程

广义的信息资源管理过程，也可以称为广义的信息资源开发。它不仅包括狭义信息资源管理过程在内，还包括信息资源用户、信息资源技术、信息资源设备、信息资源再开发以及知识资源开发等一切与信息资源有关的提升和增值信息资源的管理。

2. 政府信息资源管理过程

政府信息资源是指政府活动所涉及的信息资源的集合，根据信息资源管理过程描述，政府信息资源管理过程也可以分为狭义的政府信息资源管理过程和广义的政府信息资源管理过程。

图 5-3 所示的狭义政府信息资源管理过程，它是面向政府机构的信息用户（政府部门或公务员）的、以满足政府信息用户需求为目的而产生的一系列相关、有序的政务活动集合。它包括了政府信息资源需求分析、采集、加工、存储以及政府信息资源的检索、传递、利用和评估等。更进一步地，政府知识资源管理是政府信息资源管理的高级形式，它包括在政府信息资源基础上所进行的政府知识资源的挖掘、表示、存储和利用等。

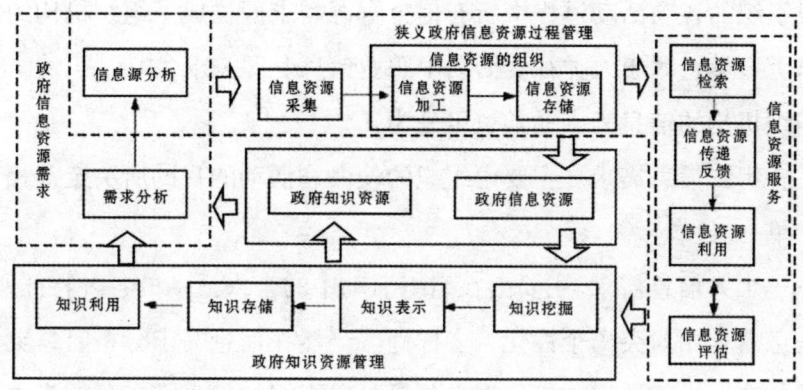

图 5-3 狭义的政府信息资源管理过程

广义的政府信息资源管理过程，包括政府信息资源本身管理，以及政府进行信息资源的采集、组织、检索、传递和利用所需的技术、设备、网络和人力资源等方面的管理，这里的管理应理解为是基于 IRM 理念的经济、技术与人文三位一体的管理。

我们将狭义政府信息资源管理过程分成三部分：政府信息资源需求分析、狭义的政府信息资源管理过程及政府知识资源管理。

（1）政府信息资源需求分析从"过程"的观点来看，组织或个人的实际业务过程触发信息资源的需求。或者更广义地说，组织或个人的社会活动引发信息资源的需求。

胡昌平教授在《信息资源科学导论》中，将信息需求归纳成十个方面的内容，即物质生活的信息需求、精神文化生活的信息需求、个人安全的信息需求、劳动和其他社会工作的信息需求、社会交往与互助的信息需求、适应社会的信息需求、增长知识的信息需求、创造活动的社会需求、实现某种生活目标的信息需求、产生某种兴趣的信息需求等。

实际上，从人类社会活动讲，信息用户的信息资源需求可以分为两类。一类是人类社会活动的职业信息资源需求（完成某项工作、开展某项业务等），一类是人类社会活动中的生活信息资源需求。例如，组织机构形式的信息用户的信息资源需求，它是为了实现组织机构的目标而产生的一系列组织活动，在完成组织的各项活动过程中所有信息资源需求即构成了组织机构的信息资源需求。显然它属于人类社会活动中职业信息资源需求。

组织机构的信息需求通常也可分为：

——组织信息需求。主要由组织的使命和活动的目的所决定，相对比较集中、单一。

——个人信息需求。主要由在组织活动中的个人活动的各种特征所决定。个人信息需求相对突出个性化、多样性。当然在信息需求分析时，更为注重需求的共性，换句话说，信息需求分析是以组织的信息需求分析为主、个人信息需求分析为辅。而且，在信息需求分析时，一方面，要求不仅仅只停留在信息需求的表层，还需要进一步探求信息需求背后的决定因素，以提供更具针对性的信息资源和服务；另一方面，还需动态地分析信息需求，因为内外部的环境变化势必会影响到组织的信息需求的变化。

所谓需求常常是某些未解决问题的产物。政府信息资源需求实际上是政府机构为某种目标开展某项活动中，出现"现有的知识储备不足以应付当前的任务，不足以解决某一主题领域的矛盾，不足以填补某知识领域的空白"的情况时，对信息资源的需求。

我们也可以这样定义政府信息资源需求：政府信息资源需求是指政府在其政务行为中，对目标活动所涉及和所利用的信息资源集合的期望。而政府信息资源需求分析则是通过对目标活动的问题和环境的理解，使政府信息资源需求完全化、精确化的一系列活动。

那么，政府信息资源需求分析过程就可以分为：问题分析、需求描述和需求配置等三个阶段。

——问题分析是指对目标活动的问题及其环境的理解、分析和综合，精确化有关的信息资源。

——需求描述是指对需求信息资源的完整描述。其步骤包括：确定备选信息资源；从现有信息资源（库）中搜索目标信息资源；判断，如果可用，则选取，如果无，则通过采集或建立新的信息资源；新的信息资源存储，作为备选信息资源。

——需求配置是指政府信息资源的合理、优化配置，使其在效率、效益上获得最优。其过程可以表示为图5-4。

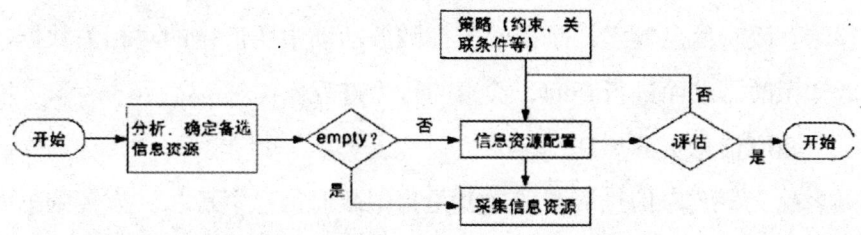

图5-4 政府信息资源需求的配置过程

（2）狭义的政府信息资源管理过程

——政府信息资源采集

在政府信息资源需求分析基础上，首先要进行的管理过程活动是政府信息资源采集。所谓信息采集是指为更好地掌握和使用信息，而对其进行的吸收和集中的活动。政府信息资源采集，是政府信息资源得以充分开发和有效利用的基础，是指根据政府信息用户的需求，寻找、选择、提取相关信息并加以聚合和集中的过程，即在"需求驱动"下，根据目的和要求将蕴涵、分布在不同时空域的政治、经济、社会、文化信息采掘和积聚起来。

——政府信息资源组织

我们把政府信息资源的加工与存储定义为政府信息资源组织，这里的组织是广义的组织。

所谓政府信息资源的加工，是对所采集的政府信息资源进行筛选和判别、分类和排序、计算和研究、著录和标引、编目和组织而使之成为二次信息的活动。

所谓政府信息资源的存储，是指将经过加工处理后的信息资源（包括文件、图像、数据、报表、档案等），按照一定的规定记录在相应的信息载体上，并按照一定的特征和内容性质将其组织成系统化的检索体系。

——政府信息资源检索

信息资源检索是对信息的查找和调取的过程。如果说信息存储是信息库的"输入"和"存放",那么信息检索则是信息库的"输出"和"使用"。它和存储(或广义的组织)是事物的两个方面:存储是为了检索,检索则依赖于存储。政府信息检索,是指政府在政务活动中所产生的对相关数据、信息或者知识的需求而进行查询、检索的行为过程。

——政府信息资源传递

顾名思义,政府信息资源传递就是指把政府信息资源从一方传到另一方的过程。

按照狭义信息论的观点,信息资源传递由信源、信道和信宿三个要素组成。其中,信源(又称信息源)是指信息的发送源,客观世界中的人、机器以及其他物体都可以成为信源;信道是指传递信息的通道,在实际工作中一般是指信息传递的渠道和载体(如报刊、文件等);信宿是指信息的接受者,客观世界中的人、机器等在一定条件下都可能成为信宿。

信息传递要遵循快速、低耗、量大、质高的原则。如果说信息检索是信息传递的前提,那么信息传递则是信息利用的基础。没有信息的传递,信息的使用价值将会丧失,没有信息传递,人类的信息活动将会停止。

信息资源传递工具包括语言、报刊杂志、图书、广播电视、电报电话,特别是计算机网络。计算机网络的发展极大地实现了信息资源传递和信息资源共享。它可以从某一位置向另一位置传递大量的、包括文字、图像、影像、音像、空间的各类信息资源。随着计算机技术、网络技术、通信技术,特别是 Internet 的发展,计算机网络已经成为政府信息资源的有利传递工具。

有信息资源传递,就有信息资源反馈。政府信息资源传递的反馈在政府活动中具有十分重大的意义:特别是在科学决策中,连续的反馈有助于深化领导层的认识及完善决策;使得在决策过程中出现的矛盾和问题得到及时解决,纠正实施过程中出现的偏差;总结经验教训,分析得失,为新的科学决策奠定基础。

——政府信息资源利用

资源利用，是信息资源利用部门根据用户的需求，结合信息资源开发状况及经济运行状况，制订科学、合理的信息资源分配与使用方案，使现实的信息资源充分发挥作用和产生效益的过程，并在科学技术不断发展的情况下，制订信息资源发展的战略和策略。

政府信息资源利用是指经过采集、加工、存储的政府信息资源，通过检索、传递，提供给相关组织和个人，以满足其信息需求的过程。事实上，信息资源的价值只有通过利用才能体现，才能实现信息资源的增值和效用。

——政府信息资源服务

国外对信息资源的利用给予了具有更为宽泛外延的概念——信息服务。信息服务的活动，包括了信息检索、信息传递、信息利用的过程。从服务的类型，又涵盖处理服务、网络服务、专门服务、系统集成、系统运营、软件产品等。信息资源服务常见的方式有三类：

信息资源提供服务方式。所谓提供服务方式是指有选择地为信息资源利用者提供信息资源的服务方式。信息资源提供服务的主要方式包括广播节目播放、电视节目播放、图书出版发行、图书与图片阅览、档案阅览、报刊杂志发行、新书通报、馆藏图书档案的外借和阅览、文献复制服务、信息发布服务等。

信息资源咨询服务方式。信息资源咨询服务方式是指在信息资源提供服务方式的基础上发展起来的一种服务方式，其基本特点是改变所采集或存储的信息资源的形态以产生新的信息资源。它包括热线解答、出版发行书目服务、报刊论文索引服务、馆藏文献检索咨询服务、信息预测服务等。

信息资源网络服务方式。信息资源网络服务方式是建立在计算机、通信等现代信息技术的基础上，以应用软件为手段，以信息资源库为利用对象的一种服务方式。主要表现方式包括：图文信息电视广播服务、电子出版物的发布、电子函件、电子公告板（BBS）服务、联机公共目录查询（OPAC）服务、光盘远程检索服务、远程电视会议服务等。

信息的采集、加工、存储、检索、传递、开发等，目的是为了利用信息。信息利用，包括了技术和信息价值的提升两个方面的问题：前者将解决如何高速、高质把信息传递到使用者手里，而后者通过提高效率、价值提升以实现组织的全面增值。

信息评估就是从这两个方面对信息资源的效率、价值以及信息资源管理过程进行评估。根据控制论的观点，若输入 Input 使系统 S 有输出 Output，那么，控制 C 是输出 Output 的反馈因子，以实现对输入输出的调节（图5-5）。

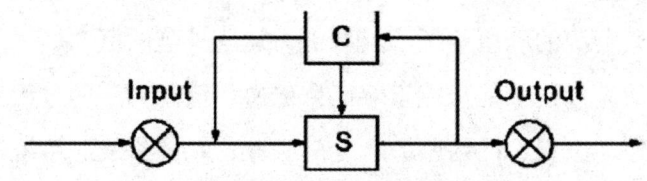

图5-5　政府信息资源管理的评估

如果，令 S = 信息资源管理过程，Input= 输入的信息资源及相关数据，Output= 系统输出。那么，C，则是信息资源管理过程评估反馈因子。

评估反馈因子 C 定义了信息用户最大限度地获得运营信息资源，最大效用地实现信息资源的价值。

5.2.2.5　政府知识资源管理

政府信息资源的高级形式是政府知识资源，也是政府信息资源的未来发展方向。从这个意义上讲，政府知识资源管理也将成为未来政府组织的主要管理活动之一。

政府知识资源管理过程包括政府知识资源的表示、政府知识资源的挖掘、政府知识资源的存储和政府知识资源的利用。

政府知识资源表示，是指网络环境下的政府对所面临的分布、异构的知识资源，给出一个一种全局性、共享的统一形式表示。政府知识资源挖掘是从大量的政府数据、政府信息资源中挖掘知识的过程。政府知识资源存储是指将挖掘到的政府知识资源,基于统一的知识资源表示,并运用确当的模式进行存储。政府知识资源管理的目的是可以实现政府与政府之间、政府各部门之间、与政府服务的对象间(如企业、公众等)的知识资源的共享和利用。

5.3 政府信息资源目录体系

电子政务的各种应用系统都离不开庞大的后台政府信息资源的支持,只有信息资源充足,政府在提高行政效能、节约办公经费,以及为社会提供项目审批、信息发布、市场预测、经济分析、热点分析、法规查询、公众意见处理、咨询反馈等方面才能更快捷、更高效。因此,数字化、网络化的政府信息资源是整个电子政务的基础,是各级各部门电子政务系统实现信息共享、资源优化的前提。信息资源目录体系是有效管理海量信息资源不可缺少的核心技术之一,只有构建完善的政府信息资源目录体系,才能使电子政务巨大的社会效益和经济效益有效合理地发挥出来。

5.3.1 政府信息资源目录体系概述

5.3.1.1 政府信息资源目录体系的源起

随着电子政务的发展,政府信息资源表现出增长迅速、存放分散、表现形式各异,传输方式不统一等特点,这为信息资源的查找和共享带来了困难;与此同时,对政府信息资源的使用正向整合、共享、深度利用的方向发展。这些需求为政府信息资源的利用提出了新的要求,也促使政府信息资源目录体系的提出。

5.3.1.2 政府信息资源目录体系的内涵

政府信息资源目录体系用于采集、存储、使用和管理政府信息资源目录内容，通过元数据信息的定位和发现机制，实现政府信息资源的共享。通过政府信息资源目录体系建设，可以建设基于网络的、以跨部门的信息整合为特征的、可供政府和社会快速定位和检索的信息库，使各级信息的使用者在各自的权限内获取全面、准确的信息，全面促进政府信息资源的共享和管理。

5.3.1.3 政府信息资源目录体系的技术体系

政府信息资源目录体系是以信息资源分类为基础，采用统一的标准对政府信息资源进行描述，以目录技术、元数据技术和网络环境为支撑，为政务部门和社会公众提供政府信息资源发现、定位功能以及相关应用的系统。

元数据技术和目录技术为统一描述不同种类的信息资源提供了技术基础。在政府信息资源元数据标准、政府信息资源分类编码标准和政府信息资源标识编码规则等资源内容管理标准的基础上，可以构造出目录数据库。通过应用目录数据库和其它网络技术，可以完成对政府信息资源的采集、发布、查询和管理。目录技术包括资源的分类、目录的构成、目录的结构、目录存储、目录的查询等技术。元数据技术是对多样化的、多技术特性的信息进行结构化描述的方法。这些都是管理和利用信息资源的技术方法。

5.3.1.4 政府信息资源目录体系的标准规范

制定政府信息资源标准规范是建立政府信息资源目录体系、信息交换体系的核心。政府信息资源标准规范包括数据标准规范、技术标准规范、管理标准规范和业务标准规范。

数据标准规范主要有：信息资源目录元数据标准、信息资源目录分类代码标准、政府信息资源标识编码规则、信息资源目录交换数据标准等。

技术标准规范主要有：目录交换技术标准与接口规范、业务系统设计规范。

管理标准规范主要有：目录维护与管理规范、目录管理系统运行与管理规范。

业务标准规范：独立业务标准由各业务部门自行制定，关联业务标准由信息产业主管部门协调各业务部门联合制定。

5.3.1.5 政府信息资源目录体系的管理制度

建立一套规范的政务信息管理制度，是保证政府信息资源合理利用、各部门交换与共享工作顺利进行的基本要素。它主要包括政府信息的采集、登记、维护、交换公开制度及工作流程；政府信息资源管理制度、项目管理制度及信息交换和共享管理制度。

5.3.2 政府信息资源目录体系基础与体系结构

5.3.2.1 目录体系的技术基础

面向服务的体系结构（Service-Oriented Architecture，SOA）是一个组件模型，它将应用程序的不同功能单元（称为服务）通过这些服务之间定义良好的接口和契约联系起来。接口是采用中立的方式进行定义的，它应该独立于实现服务的硬件平台、操作系统和编程语言。这使得构建在各种这样的系统中的服务可以以一种统一和通用的方式进行交互。这种具有中立的接口定义（没有强制绑定到特定的实现上）的特征称为服务之间的松耦合。松耦合系统的好处有两点，一点是它的灵活性；另一点是，当组成整个应用程序的每个服务的内部结构和实现逐渐地发生改变时，它能够继续存在。而另一方面，紧耦合意味着应用程序的不同组件之间的接口与其功能和结构是紧密相连的，因而当需要对部分或整个应用程序进行某种形式的更改时，它们就显得非常脆弱。

面向服务的体系结构对当今软件体系结构的设计产生了极大的影响，也形成了政府信息资源目录体系的技术体系的基础。

5.3.2.2 目录体系的服务模型

从 SOA 架构出发，政府信息资源目录体系如图 5-6 所示，一个完整的政府信息资源目录体系的服务模型由三方组成，即目录生产者、目录管理者和目录使用（查询）者。其中：

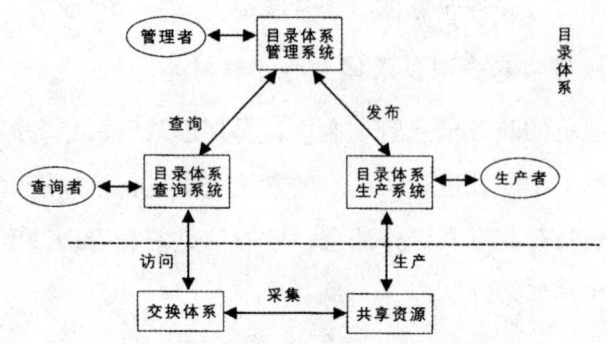

图 5-6　政府信息资源目录体系服务模型

（1）目录的生产者是政府信息资源业务部门或管理部门，他们负责对本部门产生的政府信息资源进行元数据编目，将编目数据保存在本部门的元数据库中，然后通过注册机制，将本部门的元数据注册到目录管理者的目录系统中。

（2）目录的管理者根据各种分类体系构建相关的目录库，审核生产者提交的元数据，并将其列入相关目录下发布，同时维护和管理目录库，以及整个目录体系。

（3）目录的使用（查询）者通过目录体系提供的查询和检索工具，查询所需的目录信息，并根据目录信息的指引，在一定的权限范围内访问相关的信息资源。

5.3.2.3　目录体系的体系结构

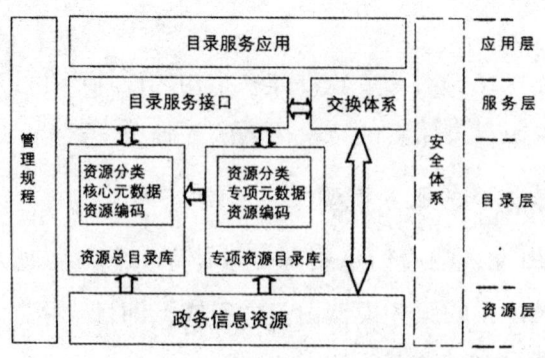

图 5-7　目录体系总体技术框架

如图 5-7 所示，目录体系总体技术框架主要包括资源层、目录层、服务层、应用层，具体描述如下：

（1）资源层是指各级政府部门可以公开和可以在部门间共享的政府信息资源，包括各类共享信息库、共享文件库、门户网站等资源。

（2）目录层包括专项资源目录库和共享资源总目录库。各级政府部门可以根据协同应用的需要建立部门间共享指标项目目录库；根据对公服务应用的需要建立门户网站服务目录库；根据本领域应用特点建立相应的专项资源目录库。随着专项资源目录库建设的不断成熟，共享资源总目录库也逐渐形成。

（3）服务层主要包括目录体系向应用层或其它应用系统提供各类应用服务接口，以方便应用的调用、目录体系与交换体系的互通、目录体系之间的信息交换和访问。

（4）应用层是目录服务向用户的展示层。用户使用应用层提供的各类工具进行信息资源的检索、查询、访问，也可进行信息资源的著录和注册，以及对目录库进行管理。

5.3.2.4 功能体系

从目录体系总体技术框架出发，一个完整的政府信息资源目录系统由数据层、元数据管理层、目录管理层和接口层组成。

1. 数据层

数据层包括核心元数据库、内容元数据库及服务元数据库和目录数据库。内容元数据库提供完整的政府信息资源元数据，由各分节点采集和管理。核心元数据库提供分节点基本注册信息和所提供的元数据类别描述信息，它由信息化工作主管部门集中管理，用于对外提供元数据目录服务。目录数据库是存储目录体系的目录信息。服务元数据库遵从 UDDI（通用描述、发现和集成协议）规范，建立 UDDI 数据库管理政府信息资源的服务信息。

2. 元数据管理层

元数据管理层主要实现元数据的编目、审核、发布以及查询功能，同时实现对元数据自身的增加、删除和修改功能。具体包括元数据查询、元数据注册、元数据发布、元数据授权等功能。

3. 目录管理层

目录管理层主要实现从元数据生成目录到目录浏览、检索的全过程的管理，包括目录浏览、目录检索、目录生成、目录注册、目录的增加、删除和修改功能。

4. 接口层

接口层包括元数据服务接口和目录服务接口，主要有元数据管理接口、目录管理接口以及服务注册接口、用户接口等。

5.3.3 政府信息资源目录体系与交换体系

政府信息资源交换体系是与政府信息资源目录体系密切相关的概念，二者经常以"政府信息资源目录和交换体系"同时出现，因此，有必要厘清二者的关系。

政府信息资源交换体系是以统一的国家电子政务网络为依托，支持跨区域、跨部门政府信息资源交换与共享的信息系统。政府信息资源交换体系由一系列交换结点组成，它们依托统一的电子政务网络，通过采用一致的信息交换协议，实现跨地区、跨部门业务应用系统之间的信息资源交换。"政府信息资源交换体系"和"政府信息资源目录体系"两者关注的政府信息资源的类型以及所面向的用户都有很大差别，它们之间的关系是既密切联系又相对独立的。

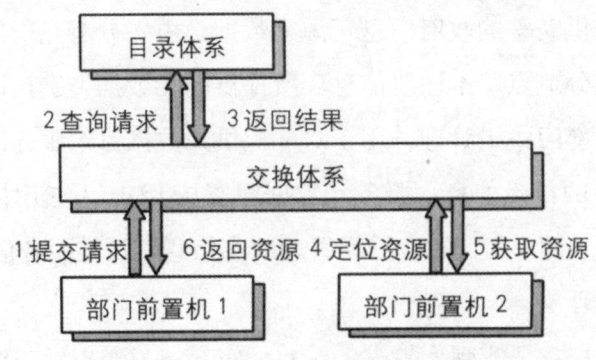

图 5-8　通过目录的数据交换过程

基于政务信息交换体系与政务信息目录体系进行数据交换的流程如图5-8所示：

（1）需要资源的部门系统提出获取资源请求。

（2）交换平台获取请求后，查询目录。

（3）目录返回结果给交换平台，包括资源名称、负责方、需求方、资源格式信息（字段属性）、在线资源链接地址（获取资源的服务地址或接口地址）。

（4）交换平台根据目录返回的结果定位资源。

（5）交换平台根据服务地址或接口获取资源。

（6）交换平台将获取的资源返回给需求方。

5.4 政府信息资源管理与共享平台案例

应用支撑平台难以脱离业务需求而单独规划和建设。2006年，随着奥运会的临近，北京市急需加强政府的城市管理职能，为此需要建设一系列跨部门的政务应用系统，如科学决策、应急指挥、城市运行、环境保护、智能交通、流动人口管理、外籍人口管理、食品药品监督管理、社会保障管理与服务、公共卫生、土地房屋管理、中小企业服务、地下综合管线管理、企业信用、个人信用、城管执法、文化执法、人口/法人/空间基础库等。大量的跨部门应用需要有统一的应用支撑平台来提供数据、服务、安全等方面的支撑，才能实现信息共享和业务协同。为此，北京市于2006年5月发布了"北京市政务信息资源共享交换体系规划"，以统筹考虑应用支撑平台及相关配套系统的建设。

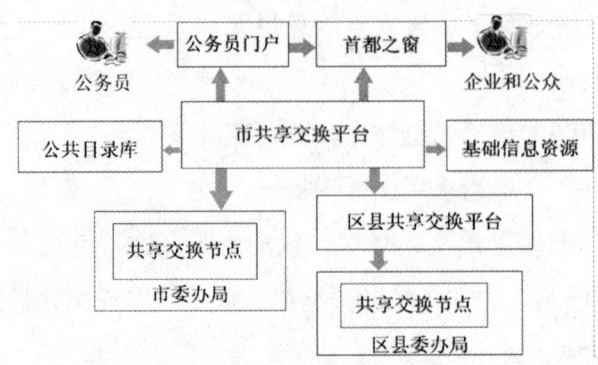

图 5-9　北京市政务信息资源共享交换体系规划

如图 5-9 所示，共享交换体系包含为企业和公众服务的首都之窗、为公务员服务的公务员门户、全市统一的公共目录库和基础信息资源库、市区两级互联的共享交换平台，以及各委办局的共享交换节点，共享交换体系的核心是市政务信息资源共享交换平台。[1]

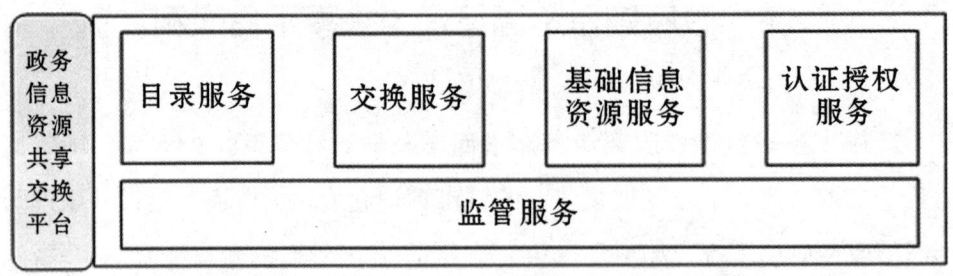

图 5-10　北京市政务信息资源共享交换平台技术框架

如图 5-10 所示，考虑到应用支撑平台的复杂性，北京市应用支撑平台的建设并没有完全包含原电子政务技术总体框架中的的所有功能，而是本着急用先行的原则，以支撑政务信息资源的共享和交换需求为主，提供了 5 项核心服务，即目录服务、交换服务、基础信息资源服务、认证授权服务和监管服务，其名称也由应用支撑平台改为共享交换平台。一方面，共享交换更容易为业务人员所理解；另一方面，也为今后扩展平台功能，建设完整的应

---

[1] 北京市信息办：《北京市政务信息资源共享交换体系规划》，2006 年 5 月。

用支撑平台打下基础。

目录服务是通过对北京市基础信息资源和共享信息资源的目录信息进行统一管理，为使用市共享交换平台的部门提供资源的注册、检索与定位服务。

基础信息资源服务是指通过市共享交换平台汇集法人、人口、空间等基础信息资源，并为使用市共享交换平台的部门提供共享服务。

信息交换服务是指市共享交换平台对信息交换所需各项服务进行统一建设和管理，为跨部门、跨区县的信息资源交换提供服务。

市共享交换平台统筹建设和管理统一认证、单点登录等认证授权功能组件，在可信身份认证的前提下，实现用户一次登录认证后，即可访问许可范围之内的应用系统，减少用户的操作复杂性，提高办公效率。

监管服务负责对全市政务信息资源的跨部门共享交换情况进行监管，一方面对平台中所包含的各项服务进行监控，对日常政务信息资源共享交换情况进行检查；另一方面记录服务访问和数据共享交换日志，为年度电子政务绩效考核提供客观依据。

市共享交换平台于 2006 年 4 月 28 日上线运行，至 2010 年 8 月底前共有 73 个政务部门接入了市共享交换平台，其中包括 58 个市级委办局和 15 个区县政府，共支撑了 700 余项跨部门、跨层级信息的共享交换工作，数据量累计达 2 亿余条，为各部门 90 多项业务工作提供了支撑，其中包括领导决策、应急指挥、城市运行监测、执法信息共享、基层数据共享、个人信用信息共享等重大应用，以及人口、法人、空间等基础信息资源的建设和共享。

第 6 章
电子政务应用支撑系统设计

6.1 应用支撑平台设计

电子政务应用支撑平台是整个电子政务系统的重点，是政务应用系统的承载平台和载体，为各类电子政务应用系统提供了一个可信的计算环境支持，并由于提供多种用户终端接入方式，便于对外应用服务，具有统一和安全两个特点。

应用支撑平台是基础设施层与应用层之间的桥梁，利用各种中间件软件，实现不同服务器、不同数据库、不同应用软件之间的互联互通。

电子政务应用系统除了能够提供应用程序运行外，最主要的是能与系统其它应用集成，同时可以基于已有的应用系统进行快速扩展，所以必须建立一个高可靠、高性能、标准统一、开放的应用支撑平台。应用支撑平台承载电子政务的业务系统，网络连通后，实现不同网络、不同操作系统间的数据传递；适应各种系统的数据格式，实现不同系统对数据的正确解析和使用，提供对各种数据库系统的访问能力；实现异构数据库互联和异构数据的整合，提供不同数据格式间的自动转换能力，以保证各种格式的数据均能够按集中方式以规范格式汇聚到数据中心的公共数据库系统；提供一个开放的集成框架，所有被集成的系统能够通过统一的技术框架进行集成，通过流程集成，保证跨多个部门的政务处理流程能够根据需要灵活进行调整，以适应政府部门重组、职能转变过程中不断出现的业务变化。

6.1.1 应用集成平台

电子政务应用系统必须要解决这样的难题：各部门的信息系统十分庞杂，新增加的电子政务应用子系统必须和原有系统协调运作，既要接受原有系统 A 的数据，还要将计算结果传递到原有系统 B，说不定还要调用原有系统 C 的函数和数据等。如果为每个部门每一套原有系统都开发相应的接口，工作量很大，而且一旦用户增加新系统，又要开发新的接口。对于那些已经在 IT 系统建设上投入了大量资金的部门来说，这也是一个难题，历经多年建成的信息系统虽然有效，但如何利用电子政务系统平台互相通信，协调工作，避免重复建设将是个迫切需要解决的问题。

应用集成就是将业务流程、应用软件、硬件和各种标准联合起来，在两个或更多的政务应用之间实现无缝集成，使他们像一个整体一样进行业务处理和信息共享，从而提高政务效率，为用户提供灵活的业务服务。

6.1.2 数据交换平台

数据交换平台主要目的是实现各个政务系统之间数据的自动转换、传递，政务数据交换平台必须具有良好的扩展性，充分考虑未来信息量与业务量增长的需要，且必须要与未来发展方向相适应。

在数据交换平台的设计上应考虑到未来的发展，系统功能要模块化，使用的程序语言应尽量减少将来维护及开发的困难，必须能方便、快捷地接入新的业务系统，而无须作大的变更。

数据交换平台必须是一个能够支持大量并发用户的系统体系结构，并且适应性高，用户界面友好易用。

数据交换平台提供的信息交换标准必须与国家交换标准的规范化格式相适应，特别是《电子政务信息共享互联互通平台总体框架技术指南（试行）》即国秘办 79 号文件的要求，采用"三横两纵"的总体框架结构，"三横"为流程层的流程管理系统，应用层的应用集成系统，数据层的应用适配器系统。"两纵"为支撑"三横"的管理和监控系统与安全支撑系统（图 6-1）。必须采用 XML 作为信息交换，预留与信息安全支撑平台的接口。

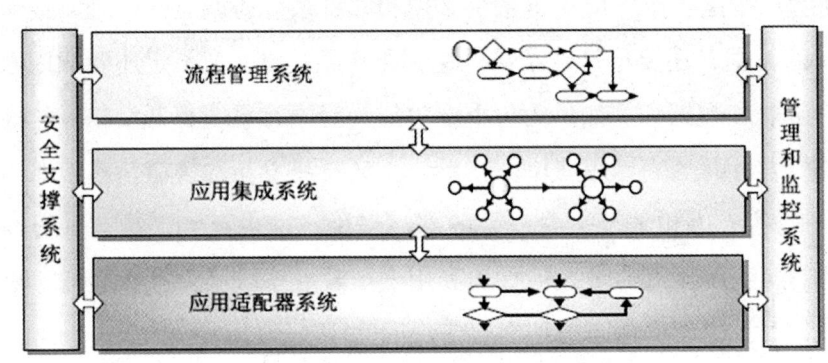

图 6-1　数据交换总体架构图

6.1.3　工作流引擎支撑平台

电子政务应用中包括了许多属于流程类活动的业务系统，比如公文管理、行政审批等等。一项工作经过一个步骤处理后再转往下一站的连续步骤，称之为"工作流"。工作流引擎就是为此类业务流程系统提供统一、高效、透明的计算平台，屏蔽政府部门或组织内部繁琐复杂的业务流程。电子政务办公信息流处理系统的技术路线，主要体现在其体系结构图设计上（见图 6-2）。

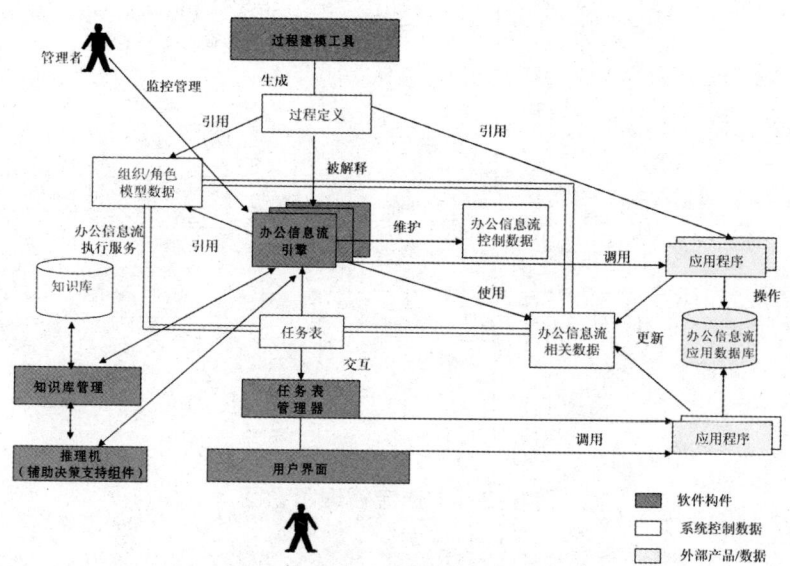

图 6-2　服务机制及功能描述

工作流引擎组件统一驱动公文流转、网上审批等流转类业务，实现流程的可视化定制。该系统使上级政府与各个下属单位的办公自动化系统之间实现公文流转，从而实现公文在不同部门之间的上报下发，从而扩大了办公自动化系统的适用范围。比如，利用微软公司的 BizTalk Server2004，我们能够实现：统一和规范化政府组织的各种工作流程、支持工作流从简单到复杂的定义、动态维护工作流以支持组织运作、智能的工作流程处理、图形化工作流程定义、流程信息的全面归集、流程的门户化、工作流自动激活、数据库自动更新、强大的搜索能力、固定及可自定义的报表。

BizTalk 业务流程设计器允许业务流程的定义和实现分开（图 6-3、6-4）。这样，电子政务外网平台的管理人员就可以通过流程工具的简单拖动操作定义出一个新的组合业务。而技术人员在业务定义好后，可以就具体的业务动作映射到真正的业务接口，或者实现新的业务接口来满足业务动作的需要。

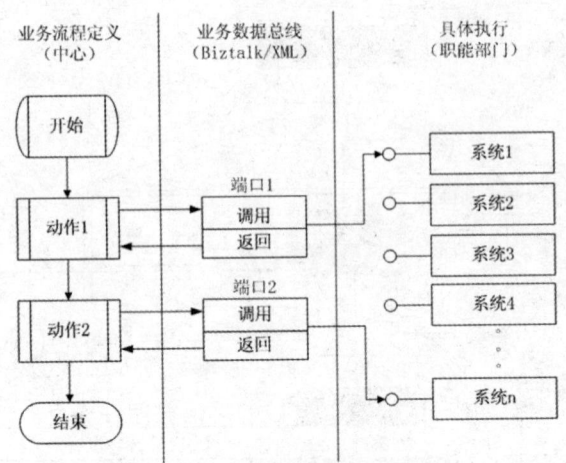

图 6-3　工作流管理示意图

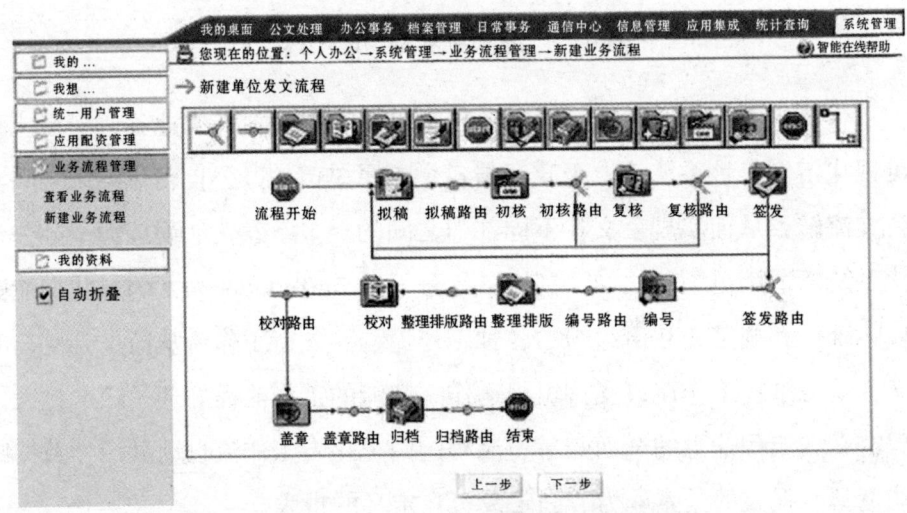

图 6-4　工作流设计器效果图

流程的定义和实现分开具有以下优点：

业务人员和技术人员各自把精力放在自己最擅长的领域

业务流程可以改变而不影响底层的物理实现，业务流程的改变非常方便

物理实现时，硬件和软件选择的灵活性大大增强。在应用规模扩大以后，底层的硬件平台和软件平台的升级对业务流程毫无影响。

6.1.4 辅助定制平台

随着电子政务建设的不断深入和办公系统的成熟应用,应该提炼打造出基于办公业务的定制平台系统,该平台系统不是业务系统,而是定制业务系统的系统,用户可利用该平台依据自身实际业务快速构建和定制适合自身业务的应用系统。

不同用户业务需求不同,在此基础上研发的应用系统也不尽相同,平台建设的重点是关注在满足电子政务相关法规和办法,依据电子政务管理规定的情况下怎样让用户自己快速构建并实现自我需求。

6.1.4.1 辅助定制平台的主要内容

平台从四个方面让用户在不需要专业研发人员的情况下快速定制出自己的应用系统。

(1)共性应用基础支撑系统。是所有应用系统运行业务的基础,分别从人员机构、权限和信息分类三个方面完成所有应用系统都共性依托的、适合各个应用系统的权限管理和基础代码管理。

(2)基础工具软件。严格按照国家政务办公保密需求,按照统一标准建设,同时为适用于不同软硬件环境,基础工具软件是可嵌入到应用系统中适用,也可单独适用,为应用系统提供了基础的办公环境。

(3)通用组件仓库。功能组件(模型)和业务组件(模型)是提炼了各类办公系统、业务系统、管理系统等共性的功能模型、业务模型而研发的基础功能模块和业务模块,在此类模块中包含了复杂的处理逻辑和业务逻辑,而将此类复杂处理模块化正是应用系统研发的核心所在,通过模块化的模式减少后期重复建设,降低维护和可持续性发展成本,节省投资。使专业化的研发工作转化成非专业的工业流水线模式。

(4)辅助应用软件定制平台。辅助应用软件定制平台是整个平台的纲,平台是以共性应用基础支撑系统为基础的,是一个集成开发平台。通过数据模型构建、组件复用集成、表单定制、流程定制、代码开发,可以快速的定制出用户需要的系统。

6.1.4.2 辅助定制平台的特点

（1）电子政务应用管理业务模块化。

（2）业务与功能组件化。

（3）支撑软件工具化。

（4）电子政务应用管理一体化。

（5）平台研发技术统一标准化。

（6）快速构建业务系统。

6.2 协同办公平台设计

6.2.1 办公自动化系统

办公自动化，至今尚无统一的定义。在我国第一次办公自动化规划讨论会上，将办公自动化定义为："利用先进的科学技术，不断使人的部分业务活动物化于人以外的各种设备中，并由这些设备与办公人员构成服务于某种目标的人机信息处理系统。其目的是尽可能充分地利用信息资源，提高生产效率、工作效率和质量。"原国务院电子振兴办公室建议将办公自动化定义为："应用计算机技术、通信技术、系统科学、行为科学等先进科学技术，不断使人们的部分办公业务借助于办公设备，并由这些办公设备与办公人员构成服务于某种办公目标的人机信息系统。"

近年来，随着通信和计算机信息技术的不断发展，政府部门、企事业单位日常办公业务自动化、信息化的需求也逐渐增长。建立电子政务系统，不仅要实现政府职能管理范围内专用网络平台、通信平台和公文交换平台的建立，也要提高各级政府部门的办公业务信息化、流程化，提高各级部门的工作效率、管理水平。全面推进电子政务系统建设是提高工作效率、服务质量和树立行业形象的主要举措。

办公自动化系统的任务,是实现对各类办公信息(数据、文本、语音、图形、图像)进行采集、存储、传递和加工的自动化处理。办公自动化系统为办公人员应用现代科学技术的最新成果,借助先进的信息技术、控制技术与办公设备,利用了模式识别、虚拟现实等众多先进的智能技术,实现办公活动科学化、自动化,使人们能迅速而准确地获取信息,加工信息,高速又准确地输出信息,改善办公环境和条件,减少或避免各种差错和弊端,最大限度地提高办公效率和改善办公质量。实质上,办公自动化实现了信息的共享、协调和集成,从而大大提高了办公效率与质量;它是人机信息系统,自动处理信息与人的作用同样重要。

6.2.1.1 设计目标

通过采用当前先进的信息技术成果,提供先进的网上信息交流平台,实现政府对信息的综合管理、协同办公和信息资源共享,为各级领导决策提供依据。

具体说来,就是在交流、协调和控制三个方面提供有效的辅助支持,以良好的交流环境和先进的交流手段实现部门之间的相互了解和讨论问题;以灵活的协调手段实现部门之间和工作人员之间的协同工作;以有效的监督控制手段实现各级领导对各项工作进度、质量和完成情况的全面了解和监控。

办公自动化设计的核心思想是:"以先进成熟的计算机和通信技术为主要手段,建成一个覆盖政府机构、事业单位办公部门的办公信息系统,提供在组织内部与其他专用计算机网络之间的信息交换,建立高质量、高效率的信息化网络,实现机关办公现代化、信息资源化、传输网络化和决策科学化。"具体解决以下几个方面的问题:

1. 提供信息沟通的渠道

办公自动化系统就是建立组织内部沟通(包括正式沟通和非正式沟通)的基础设施,并提供相应的技术手段促进政府部门内部上行、下行、平级之间的信息沟通渠道。

2. 群体协作

通过电子邮件，共享数据库等方式进行沟通协调，在工作流管理的基础上提高组织内部的协作紧密程度和协作的效率，提升组织整体的反应速度和反应能力。

3. 知识管理

知识管理可以帮助组织内部解决知识共享和再利用的问题。

4. 组织流程设计

通过优化组织结构，准确反映组织运行状态，帮助用户单位解决内部管理流程不清晰，岗位职能不明确等问题。

5. 信息化建设的基础平台

提供给用户一个单一基础架构、模块化的、可伸缩性、集成式，并且与Internet连接的开放平台。在此平台上，用户可以根据自己的需要扩充新的应用，无需像市政工程每次都得将路面破坏，重新开始。

6. 提高办公效率

通过提供以计算机处理代替手工书写；文字数据只需录入一次，减少重复劳动；网络通讯代替人工传递；办公流程的规范和优化；方便地查询和检索功能等起到削减冗余环节，提高文件和信息流转速度的作用，从而达到提高办公效率的目的。

6.1.2.2 关键技术

1. 可视化流程自定义技术

系统具有可视化流程自定义功能，用户只需拖动鼠标即可灵活定义流程，给设置和维护提供一个可视化的环境，大大的方便用户操作。

2. 周全的提醒技术

任何一种需要转换人员的工作流，系统都会通过一个相应的电子邮件提醒对方，用户只需打开邮箱，今日工作便可一览无遗。

系统要将新邮件的提示信息发送到指定的手机上，保证及时高效地处理相应文件和完成有关工作。

3. 方便的输入技术

系统拥有大量有用的关键字、短语（如：领导批示用语）供用户选择，系统自动记忆已输过的内容供下次输入时选择。系统同时提供方便的手写输入的识别功能和语音输入识别的功能。

4. 方便的文件批注痕迹保留功能

为用户提供一个用手写笔进行批阅和全文修改的图形层面，记录批阅信息（如：批阅人、批阅时间等），保留批阅的真迹，对于别的批阅或修改者只能查阅，没有修改的权限。在批阅完成后文件整理人可根据批阅和修改的意见对原文进行整理，形成正式文件。

5. 传真接入

用于跨区域的公文、简文、便函、明传电报管理的自动传真转接管理。

6. 单点认证技术

所有公务人员一经登录，全网通用。

6.1.2.3 功能设计

1. 收文管理

对本单位收到的上下级、或其它单位的来文后所进行的一系列处理过程进行管理，它包括登记、拟办、批阅、分发、承办、协办、督办、传阅、归档等处理环节。其设计要求加下：

（1）收文管理为可自定义级别收文，与系统维护中定义的单位级别对应。收支流程节点名称可自行设定，默认可设为登记、拟办、批阅、分发、承办、协办、督办、传阅、归档。

（2）收文原件支持各种形式的文档格式，对纸质文件可直接扫描引入，对个别质量好的纸质文件提供文字识别功能。各部门能通过计算机自动接收传真，对收到的各类传真直接纳入收文系统进行管理。

（3）可自动形成收文登记流水号，对文件分类、来文单位等有一定规律的栏目，应做到可选，对收文登记表的格式可由用户定制。

（4）对涉密文件，系统可只填写收文登记表，而不引入原件。

（5）可按收文处理状态、标题、文件类型、文件字号、来文单位等进行查询，并提供全文检索。

（6）文件在办理的过程中，承办人与有关人员可以跟踪文件办理过程，并且要求承办者与协办者相互之间可动态查阅，办理完毕后督办人可查看承办与协办意见和结果，并可视办理情况打回承办者和协办者重新办理，或送交归档。

（7）文档在办理的各个环节应可转个人资料库，在设定的环节应可转部门资料库。

（8）文件传阅者传阅完毕应可签传阅意见和签名（含签名日期和时间），传阅文件的分发者应可感知文件传阅人的传阅意见和签名（含签名日期和时间）。

（9）文件在归档状态后应在设定的时间内保留，超过时间后系统自动清除。

（10）当流程进行中遇到死结点时，收文系统管理员应可通过意外处理系统对死结点进行疏通，以保证流程的通畅。

（11）系统可以进行监控督办文件的办理情况，对到期和逾期未办的文件，系统能自动催办。

2. 发文管理

对发文的处理过程进行管理，它包括拟稿、核稿、会签、复核、修改、签发、成文、归档等处理环节。其设计要求如下：

（1）发文管理为可自定义级别和其它发文，自定义级别与系统维护中定义的单位级别对应。各级发文流程节点名称可自行设定，默认可设为拟稿、核稿、会签、复核、修改、签发、成文、归档等处理环节。

（2）对涉密文件，系统可只填写发文头，而不拟入原文。

（3）发文文件字、文件号、部门应三者对应，在年末时还应考虑文件号的跨年度问题。

（4）发文流水号可自动生成，也可指定流水号，如果指定的流水号比最大流水号值（系统维护中的）小，则指定流水号不影响当前系统中的最大流水号值；如果指定的流水号比最大流水号值（系统维护中的）大，则系统维护中的流水号为当前指定的最大流水号值。

（5）文件在办理的过程中，承办人与有关人员可以跟踪文件办理过程；文件中被修改的地方保留改稿痕迹。

（6）文档在办理的各个环节应可转个人资料库，在设定的环节应可转部门资料库。

（7）当流程进行中遇到死结点时，发文系统管理员应可通过意外事件处理系统对死结点进行疏通，以保证流程的通畅。

（8）文件头中的发文单位中的主送单位、抄送单位、抄报单位应与正文中的抄送单位、抄报单位一致。

（9）可按发文处理状态、文件标题、红头标题、文件类型、文件字号、发文部门等进行查询，并提供全文检索。

（10）各单位和部门可根据本单位的实际需要定义本单位的发文流程。

（11）文件的分发，同时提供三种方式，第一，对本系统计算机网络覆盖范围的收文单位，将盖有电子印章的红头电子文件直接传送；第二，将文件发送到收文单位的传真机；第三，印制纸质红头文件，并根据文件办理过程中确定的主送和抄送单位名称印制信封封皮，从邮局寄送。为了保证文件分发过程的顺利进行，必须建立完整的通讯录，每条通讯记录应包括单位名称，邮编，传真机电话号码，电子邮件地址等。文件分发要提供组发功能，发送失败的，要间隔一定时间自动重发。整个发送过程，要自动记录发送结果，供经办人查询。文件分发完满结束，要及时提醒经办人。

（12）文件办理完毕，要按国家、省和地区关于档案管理的有关规定进行电子和纸质文件的归档，并转入档案管理系统进行管理。

3. 领导专题服务

专题服务包括相关的文献、参考、经济指标、重要工程的工作进度、综合统计报表等资料管理。由秘书或相关人员把对领导相关的重要文献、要闻参考、重要经济指标、重要工程的工作进度、领导关心的综合统计报表、领导关心的其它信息以邮件或个人资料或阅文的形式提供阅示。

（1）重要文献。当领导的秘书发现了重要文献后，认为对领导的当前决策有利时，可以将重要文献送到领导的待办事宜中去，系统会自动提醒领导有待阅读的文件。

（2）要闻参考。当领导的秘书发现了重要文章后，认为对领导的当前决策有利时，可以将重要文章送到领导的待办事宜中去，系统会自动提醒领导有待阅读的文件。

（3）重要经济指标。重要经济指标是来自信息发布系统，当一些信息通过信息服务系统处理后，可以将该信息发布到领导有权限浏览的内部网站上，同时，也可以通过电子政务系统的数据集成功能，将这些重要数据从关系数据库的表中取出，放在电子政务系统的重要经济指标中显示。

（4）重要工程的工作进度。重要工程的工作进度也是来自信息发布系统，当一些信息通过信息发布系统处理后，可以将该信息发布到领导有权限浏览的内部网站上，同时，也可以通过电子政务系统的数据集成功能，将这些重要数据从关系数据库的表中取出，放在电子政务系统的重要工程工作指标中显示。

（5）领导关心的综合统计报表。领导关心的综合统计报表也是来自信息发布系统；当一些信息通过信息发布系统处理后，可以将该信息发布到领导有权限浏览的内部网站上，同时，也可以通过电子政务系统的数据集成功能，将这些重要数据从关系数据库的表中取出，放在电子政务系统的综合统计指标中显示。

（6）领导关心的其它信息。领导关心的其它信息也是来自电子政务系统中的一个功能，它可以作为领导决策的参考。如果我们的系统中已经具有决策支持系统，由资深的决策专家通过专业分析工具，对当前的形势进行充分的分析之后，结合图形、表格、文字等信息，形成一个供领导决策参考的报告，提交到领导的待办事宜上来，供领导参考。

4. 会议管理

对大型会议计划制定的过程和日常的会议进行管理，会议管理系统必须符合各有关单位关于会议管理的有关规定，系统包括起草、审核、批示、产生会议通知、归档等处理环节。其设计要求如下：

（1）会议计划审批流程节点名称可自行设定，默认可设为拟稿、核稿、会签、复核、修改、批示、归档等处理环节。

（2）会议计划流水号可自动生成，也可指定流水号，如果指定的流水号比最大流水号值（系统维护中的）小，则指定流水号不影响当前系统中的最大流水号值；如果指定的流水号比最大流水号值（系统维护中的）大，则系统维护中的流水号为当前指定的最大流水号值。

（3）在会议召开前可对会议进行准备：如参加人员、时间、场地、会议的议题、准备会议文件等。

（4）可对会议计划的内容（会议名称、召开部门、日期、会期、地点、参加范围、费用预算等）进行登记。

（5）可发邀请函到部门或个人参加会议。为保证会议通知及时传达到参会人员，系统必须采取多种方式传送信息，第一，通过办公室桌面计算机和笔记本电脑电子邮件提示；第二，将有关提示信息以声音和短信息的形式直接发送到当事人的移动电话上；第三，在内网和外网公告栏上发布通知。

（6）会议计划在审批的各个环节应可转个人资料库，在设定的环节应可转部门资料库。

（7）当流程进行中遇到死结点时，会议计划管理员可通过意外事件处理系统对死结点进行疏通，以保证流程的通畅。

（8）可按会议计划处理状态、标题、类型、部门等进行查询，并提供全文检索。

（9）可对会议的召开过程和决议进行记录（如基本情况、人员出席、议题讨论、会议发言），并可整理形成会议纪要。

5. 车辆管理

车辆管理包括车辆基本信息管理、驾驶员管理、车辆调度管理、车辆用油情况管理和车辆维护管理5个方面。

（1）车辆基本信息管理：内容包括详细记录车辆的型号、车号、所属部门等信息，形成车辆台账。

（2）驾驶员基本信息管理：内容包括记录可驾驶车辆的人员资料，形成驾驶员基本信息、档案。

（3）车辆调度管理：管理各部门的用车调度情况，包括用车申请、审批及派车单记录，派车单包括车辆、部门、用车人、目的地、里程情况、用油情况等记录并可根据部门、车辆等条件进行分类统计。在安排时可以自动查找车辆安排的冲突，以便根据实际情况进行调整。

（4）车辆用油情况管理：详细记录各车辆的出车用油记录以及加油记录，并可作出相应的费用情况及统计结果。

（5）车辆维护管理：详细记录车辆的维护情况，包括维护日期、维护原因、维护级别、维护项目、及维护费用等各项类别的详细记录；车辆报废时作报废评审及处理结果；可进行不同分类的统计。

6. 公共资料管理

对经常查阅的一些文件、资料进行登记、转入、分类管理，并提供全文检索和条件查询，功能设计要求：

（1）可以新增单位资料。

（2）可以从其他公文流程处理过程中将文档转资料库。

（3）可以对资料按创建时间、按类别、按文件字号、按自定义的文件夹分类或存放。

（4）对资料库应进行权限管理，管理规则为：设置资料管理员群组或角色、资料管理员的成员可处理（新增、转送）资料，并可设置其它人阅读选定的文档。

（5）可以对资料进行全文检索。

（6）可以将资料以邮件的形式发送到其他人。

7. 部门资料管理

对各部门经常查阅的一些文件、资料进行登记、转入、分类管理，并提供全文检索和条件查询，功能设计要求：

（1）可以新增部门资料。

（2）可以从其他公文流程处理过程中将文档转部门资料库。

（3）对部门资料库应进行权限管理，管理规则为：按部门设置部门资料管理员群组或角色、部门资料管理员的成员可处理（新增、转送）部门资料，并可设置其它人阅读选定的文档。

（4）部门资料库可以按时间查询。

（5）可以对资料进行全文检索。

8. 个人资料管理

对个人经常查阅的一些文件、资料进行登记、转入、分类管理，并提供全文检索和条件查询，功能设计要求：

（1）可以新增个人资料。

（2）可以从其它公交流程处理过程中将文档转入部门资料。

（3）可以对资料按创建时间、按类别、按文件字号、按自定义的文件夹分类或存放。

（4）个人资料库只能供本人查询。

（5）可以对资料进行全文检索。

（6）可以将个人资料以邮件的形式发送到单位中的其他人。

9. 个人办公服务

功能设计要求：

（1）用户认证管理：系统内登记注册的用户的身份识别和认证，支持用户的登记删除和注销。

（2）用户修改密码：提供用户对自己的标识符密码进行修改功能，密码一次认证，全网通过。

（3）用户公务授权：公务人员外出时，可将自己的流程处理中的权限授予他人代替处理，回来之后可收回授出的权限，并能够查询授权人所做的工作。

（4）常用桌面工具：提供时钟、日历、名片夹、记事本、计算器、OFFICE 软件和浏览器接口。

10. 系统维护

（1）基础数据维护

对单位名称、部门名称、人员姓名、人员职务以及流程管理中涉及的一些基础数据（如发文文件字号、收文流水号等等）进行维护，要求可以非常方便地对单位名称、部门名称、人员姓名、人员职务以及流程管理中涉及的一些基础数据（如发文文件字号、收支流水号、公文式样等）进行增加、修改、删除操作。

（2）角色与组织机构维护

对系统中涉及的一些角色（如公文管理员、系统管理员、档案管理员等）和组织机构（部门领导、机关各部室等）进行维护，要求能够灵活定义一些角色或组织机构以满足办公系统的需求，角色或组织机构中的成员可任意随时地添加或删减。

（3）权限维护

对流程管理中的各子流程的各个环节进行处理权限定义以及对相关人员进行权限分配管理，要求可以方便的对流程管理中的各子流程的各个环节进行处理权限定义以及对相关人员进行权限分配，也可以方便的收回相关人员的相关权限。

（4）工作流程维护

要求对流程管理中的各子流程的各个节点名称可进行定义或修改、对各节点间的流向可进行设置或改变、对各子流程的各个节点允许处理的部门以及所对应的权限进行设置，并能满足一些节点的特殊处理要求。

（5）系统日志

要求系统能够自动记录操作人员的一些重要的操作所发生的时间、人员姓名，如创建文档、修改文档、删除文档、查阅文档等，以方便管理员事后查阅和跟踪。

（6）意外事件处理

对发生流向错误的文档可随时纠正流向，以避免流程进入死胡同或死结点，对文档的内容错误可随时纠正，以避免错误文档扩散。

11. 特性设计

（1）全面的流程管理

工作流就是一组人员为完成某一项业务所进行的所有工作与工作转交（交互）过程。在各项办公业务流程中，融合先进的工作流管理技术，灵活地进行工作流中工作项的定义、授权、执行、以及工作流的跟踪监控、反馈，动态地反映一个业务过程。

（2）强大的安全机制

要求提供四级安全措施：身份验证、存取权限控制、字段级加密和电子签名。其中存取权限控制又分为七级，由系统管理员设置。根据应用系统的人员权限定义，可以分配给用户不同办公业务权限和存取范围。

（3）工作处理单一入口

用户通过"今日工作"，可以查看和处理所有需要当前用户参与的工作项，提供给用户统一的应用"门户"。用户不用转换任何屏幕或进入其他子模块，只需在此逐项处理所有任务。

（4）催办和提醒

用户可以根据实际工作需要和各类办公业务的缓急来定义任务停留时间，系统定时检测，超时催办提醒。

（5）支持移动办公

用户可在外出、居家等不在办公室的地方使用电脑通过网络和服务器连接，发送和接受信息，处理日常事务，提高事务处理效率。

（6）支持知识管理

融合知识管理的思想，为用户提供创造知识、发现和寻找知识、传递知识的基本环境。

（7）更全面的 Internet/Intranet 使用方式

公共信息模块直接提供 Internet/Intranet 支持，使用户可以利用通用的浏览器来实现模块的全部功能。

（8）多平台支持

能在多种平台上运行：包括 Microsoft 的 Window 系统，IBM 的 OS/2，UNIX（如：IBM AIX 或 Sun Solaris，HP-UX）和 Linux 等，从一个平台到另一个平台是非常一致的，在不同平台上使用不需要修改或重新编译。

（9）可伸缩的目录服务

目录系统是应用系统的组织、管理的基础，政务办公系统将内置目录管理机制，使得系统可以支持各种级别的政府机构，各级组织机构之间都可以畅通无阻的交换信息。

6.2.2 电子公文交换系统

6.2.2.1 设计目标

各级政府部门间的电子公文交换是部门基本的业务工作，它是联接各上下级或有关联部门的桥梁，协调各级部门间工作的必要手段，也是电子政务专网重要的管理内容。电子政务的目标之一，就是要实现"大流转、小OA"，通过建立统一的公文交换平台，实现跨部门、跨地区的公文流转子系统，对各部门间的公文传送进行管理，并对重要的公文及处理过程进行监督等，促进各级政府部门工作。

6.2.2.2 关键技术

电子公文交换系统主要实现政府部门公文的安全、及时传送，对传输公文进行跟踪管理，以及与部门业务办公系统连接等。系统设计采用的关键技术包括交换格式的规范化、安全邮件技术、系统间互连、数字水印、数字签名等。

1. 交换格式的规范化

便于对各类公文进行分类和规范化管理，同时数据交换格式必须符合国家有关规定，满足国家保密法规定的电子文档传输标准。

2. 安全邮件技术

政府部门公文流转主要基于内网电子邮件服务系统，采用电子邮件进行传送。由于政府公文大都是机密或更高保密级别的文件和信息，除要求公文能可靠、及时传输外，还对公文传送交换过程有较高的安全性要求。因此，必须采用安全邮件技术，公文交换的两方应申请数字证书，并对公文邮件进行必要的加密和数据签名，以保证邮件的安全性。

3. 系统间互连

完成上下级政府之间，以及政府部门政务系统之间的互连，关键在于解决异构系统平台之间（例如，LotusDomino 与 MicrosoftExchange&SQLServer）的数据交换技术。

6.2.2.3 功能设计

1. 系统功能结构

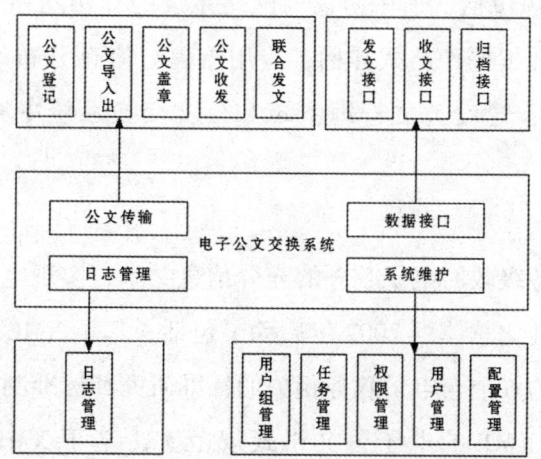

图 6-5 电子公文交换系统的系统功能结构图

从图 6-5 可以看出，电子公文交换系统主要由四大部分组成：公文传输、数据接口、日志管理，以及系统维护。其实，系统维护和日志管理是任何应用系统都必须具备的基础性功能；另外，公文传输是实现公文交换的基本业务，是完成公文的跨部门的交换业务；考虑到公文交换系统必定要同办公自动化系统通讯，数据接口是保证数据一致性而规定的接口规范。

2. 系统部署

公文交换系统与 OA，在电子政务业务系统中地位和作用是不同的。一般来说，OA 使部门内部各种办公业务活动更加有效率地完成，实现部门内部的资源共享和协作办公，完成部门内部信息的有序而畅通地流转和整合；而公文交换系统则是完成跨部门 OA 之间的信息交换，是传输不同部门之间信息"红头文件"的纽带和桥梁。

为充分利用政府机关已有的内部网络环境和已建成的办公自动化系统，实现资源共享，公文交换，在遵循国家对电子公文及公文传输制定的标准基础上，定义出基于规范、标准的数据接口，系统间数据交换采用接口模块实现信息交换。

由于信息的多样化，在目前的应用系统中存在大量的异构的数据接口问题。这些问题包括：通讯协议与网络系统的异构问题，操作系统的异构性，数据库及数据操作格式异构，应用流程与信息分布的异构性等。因此，必须在设计、建设公文管理系统和公文交换系统中充分考虑到这些问题。

3. 接口规范

为实现我国各级政府电子政务的充分信息共享，实现电子公文标准化，国家电子政务标准化总体组 2002 年启动了包括《基于 XML 的电子公文格式规范》标准在内的 6 个与电子政务相关的标准研究和标准制定项目。

根据《基于 XML 的电子公文格式规范》，基于 XML 格式的电子公文应能满足各级党政机关电子公文处理的需要，如实反映其所采取的行动和决策。其组成要素除公文内容之外，还应包括记录公文处理过程的必要信息。

电子公文的基本要素为：公文主体信息、公文样式信息、公文办理信息、公文安全信息、公文交换信息、公文归档信息。

基于 XML 格式的电子公文格式是大势所趋，所以接口必须遵守国家颁布的电子公文 XML 标准，数据采用 XML 的方法提供给公文管理系统。其中 XML 中包含电子公文所有 OA 所需信息。我们需开发适合我们 OA 实际的 XML 标准，但必须考虑将来可以方便、完整地向国家推出的标准转换。

4. 数据流

公文交换按照数据流向可分为两种情况：

从公文管理系统到公文交换系统。内部处理完毕，需要"上传下达"到其他部门的电子公文，必须首先"搬运"到统一的公文交换数据平台上。这个过程对公文交换系统来说，叫电子公文导入；对公文管理系统来说，叫公文导出。

从公文交换系统到公文管理系统。接收其他部门"发送"过来的电子公文后，导入到自己部门内部的公文管理系统，这个时候就需要将电子公文从公文交换数据库"搬运"到公文管理数据库。这个过程对公文交换系统来说，叫电子公文导出；对公文管理系统来说，叫公文导入。

通过提供通用的数据交换模块（公文登记、公文导入以及公文导出模块等），在实际情况中自定义配置安装这些模块，是整合方案最突出的特点。这些独立模块是基于 XML 规范的，因此在通用性上不存在问题。

5. 接口通讯

因为交换信息用 XML 包装，则接口部分可以考虑采用 WebServices 的方法实现不同公文管理系统和公文交换的信息交换，操作时要进行身份验证即可保证其安全性。

公文交换系统要在公共的 UDDI 注册中心上发布自己的服务：包括上载电子公文的 Web 服务、下载或浏览，甚至于编辑等操作。（如果是专网操作，可以建立一私有注册中心发布自己的 Web 服务）。

业务流程如图 6-6：

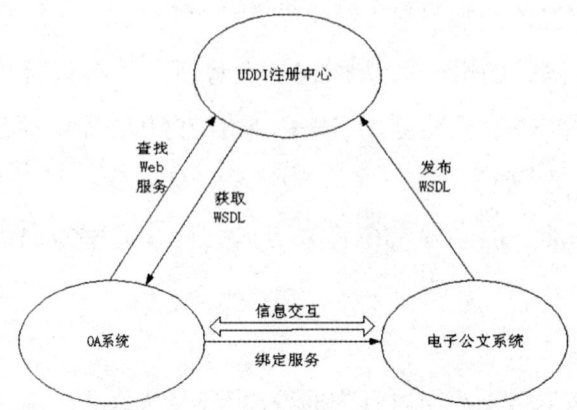

图 6-6　电子公文交换业务流程图

操作步骤说明：

（1）公文交换系统在公共的 UDDI 注册中心上发布自己的服务：包括上传电子公文的 Web 服务等。

（2）客户端公文管理系统去公共的 UDDI 注册中心查找所需的服务，得到描述其服务的 WSDL。

鉴于电子政务的特殊性，其中（1）、（2）步可以合并，由公文交换系统直接将 WSDL 描述发给每个用户。

（3）客户端通过 WSDL 中的信息可以通过开发工具自动生成客户端应用程序来访问公文交换系统的应用程序，如上载电子公文等操作。

Webservices 适用于应用程序的集成、B2B 集成、代码和数据重用，以及通过 Web 进行客户端和服务器的通信的场合。如果在一台机器或一个局域网里面运行同构应用程序，采用 Webservices 就会降低性能，但在应用程序跨平台和跨网络进行通信的时候就非常有用了。

6. 对公文管理系统的技术要求

要求其它的公文管理系统对外界接口遵守国家标准，以适应公文交换系统与 OA 之间的接口。将公文交换提供的数据包中数据解析，取出所需信息，保存到当地数据库中，以实现数据无缝集成。如果电子公文交换系统默认以

word 为公文排版格式，则第一阶段基本要求公文管理系统可以实现 word 编排公文（以后可以实现其他格式的转化接口，如 wps、pdf 等）。

另外，当前一些内部公文管理系统都是采用"用户名+口令"的传统认证方式，安全性较弱，用户口令易被窃取而导致损失。一般电子公文交换系统都采用CA身份认证的方式，所以可以考虑将CA产品嵌套至公文管理产品，实现统一登陆，而不用在切换应用程序时重新登陆。CA 接口中可以考虑增加功能来实现对公文管理应用中的信息加密、用户身份认证、用户权限管理等各环节的安全控制。

7. 特性设计

（1）集中的公文交换中心

在内网数据中心建立专门的公文交换中心，所有部门都通过公文交换中心进行公文传递，可实现对全网范围内的公文流转进行集中管理。

（2）公文邮件的分类管理

公文可按涉及项目、内容进行分类管理，设置机密等级、重要程度等，公文采用统一的格式，以便于公文交换中心提取相关要素并进行管理。公文基于专网邮件服务平台，以邮件方式进行传送，可根据公文类型设置优先级别。

（3）公文传送管理及处理监督

建立集中的公文交换中心后，可在交换中心对全网范围内各部门间的公文流转进行集中管理，并按照实际要求对一些重要的公文，如重点项目情况、热点事件报告等，进行监督、催办等，以保证重要公文及时办理。

（4）用户认证

对参与公文传送的双方甚至专网交换中心进行严格的认证和安全性检查，对传递公文进行加密和数字签名，以保证公文的真实性和传送过程的安全性，与部门内部办公业务系统可靠连接。

6.2.3 网上联合审批系统

我国政府为了深化审批制度改革，解决项目审批环节众多、时间过长、手续复杂等问题，成立了联合审批中心。为了更好地发挥联合审批中心的作用，理顺部门关系，加快审批速度，提高服务质量，加强审批监督，有效利用信息，建设网上联合行政审批系统具有相当重要的意义。网上联合审批系统是结合我国行政审批制度改革及管理工作的特点和要求，按照简化审批程序、推行电子政务、提高政府部门服务质量和服务水平的原则，通过应用现代化的信息技术改进政府组织，重组公共管理，最终实现办公自动化和信息资源的共享，真正实现一个窗口对外，政府内部联合审批，限时审结。

6.2.3.1 设计目标

在电子政务建设中，网上审批能有效地强化政府部门的公众服务形象，从而可以取得较好的社会和经济效果。按照政府提出的加强监管、提高效率、改进服务和紧密结合行政审批制度改革的要求下，可以充分利用已建立的电子政务资源，从而达到改善投资环境，加强政府工作效率，提高政府公众服务形象的目标。

网上审批管理主要完成政府内部、政府之间、政府与企业以及政府与公众之间的审批流程。整个审批流程在网上办理的过程就体现在申请者和审批部门之间交互式信息传递，以及审批部门之间的交互式意见征询回复。

网上联合行政审批系统要达到如下目标：

1. 一站式服务

通过工作流程的优化管理，使项目审批的相关职能部门能够协调统一地进行工作，简化审批流程，提高办事效率。通过集中管理，强化对各行政部门的监督、管理和考评；通过分析相关数据和报表，为领导提供全面的信息，以实现决策支持；进一步通过互联网和电话等多种方式，开展网上办事状态查询、网上办事以及电话查询等服务，真正实现电子政府为人民服务的目标。

2. 互联审批

申请者信息通过安全数据交换系统传送到专网上的互联审批主服务器，则所有的审批职能部门都可共享这些信息。收到信息后，系统即可判断并激活相应审批步骤，通知有关部门进入系统，接收用户申请等材料，给予办理，有关委办局可同时并联审批，并提交办理意见或结果。

3. 审批可监督

即时反映各审批部门项目受理状况和审批进展情况，便于有关部门及时掌握项目审批工作的动态。对审批部门办事情况查询和统计，对指定办事项目审批进行全程跟踪，建立内部考勤系统，以及投诉受理功能等。

4. 资源可共享

建立审批项目信息在内部传递过程中的各项标准规范，提高各部门之间信息资源的共享程度。

5. 安全有保障

采用先进的信息安全技术，建立完善的行政审批安全管理体系，保证行政审批工作在政府网络平台上的安全可靠运行。

6. 提高办公效率

通过优化规范办事流程，缩短审批周期，公开办事制度，提高管理水平和办事效率。

7. 全面的服务

审批流程、有关依据可以查看并下载，方便办事单位和个人，改善投资和经济发展环境。

6.2.3.2 关键技术

网上联合审批系统是建立在电子政务综合处理平台之上的完整的三层结构应用系统，充分利用数据交换平台、工作流引擎、内容管理、用户管理、通用报表等中间件。具体实现技术如下：

1. J2EE 与 XML 技术

J2EE 定义了一个适用于企业级计算的 Java 平台，支持多层、分布式应用。J2EE 定义的标准架构包括了一个 J2EE 平台规范，其中定义了用于支持 J2EE 应用必须具备的特定的 Java 功能。J2EE 与 XML 是主流的技术体系，J2EE 与 XML 已成为一个工业标准，开发以 J2EE 与 XML 为标准的软件产品，可以得到较好的稳定性、高可靠性和扩展性。

2. 中间件技术

主要用于解决特定应用场景的技术适应性问题。随着计算机技术的飞速发展，各种各样的应用软件需要在各种平台之间进行移植，或者一个平台需要支持多种应用软件和管理多种应用系统，软、硬件平台和应用系统之间需要可靠和高效的数据传递或转换，使系统的协同性得以保证。这些，都需要一种构筑于软、硬件平台之上，同时对更上层的应用软件提供支持的软件系统，而中间件正是在这个环境下应运而生。中间件不仅仅实现互连，还要实现应用之间的互操作。

3. 工作流引擎

网上联合审批系统归属于工作流的应用，在整个外网平台建设中，提供一个工作流引擎来驱动类似的多环节的有序完成。

4. 应用集成技术

信息化建设的不断深入，信息系统之间的信息共享已越来越受到重视。如何达到信息交换与共享，提高政府部门协同能力，应用集成技术成为当今信息化建设的一种重要手段与技术基础。应用集成的核心是一组开发工具，它可以生成用于联接不同应用系统的组件，通过这些组件对应用系统进行再构造，形成一个更强大的系统。

5. 业务流程管理

从审批业务的角度来看，使用目标、业务功能、限制等来代替流程所需资源信息对业务流程进行描述是非常重要的。在业务流程设计过程中，需要业务主管与负责业务流程管理的管理人员之间经常进行交流，以保证业务流程管理的顺利实施。业务流程管理系统为管理者提供了一种有效的决策辅助方法，正确的执行管理决策依赖于清晰业务流程。业务流程管理系统技术能够为管理者和审批业务人员提供定义、变更、实施业务流程的方法，并保证业务系统的灵活性和一致性，而不必考虑更多的细节问题。

业务流程管理系统为管理整个自动化的审批业务流程和业务活动的提供

如下帮助：能够迅速使业务调整通过业务概念和业务目标等形式付诸实施，并且这些实施几乎可以是实时进行；能够从审批业务角度对任何业务流程的调整进行分析和评价；能够按照制订好的业务规则目标，保证具体审批业务的顺利实施，进而通过优化，降低成本，提高效率；将审批业务目标与资源管理分离，知识和流程的引用是按照审批任务目标来统筹安排的。

6.2.3.3 功能设计

通过网上联合行政审批系统，企业和公众能够随时和随地了解网上审批程序，提交项目审批申请和所需材料，查看审批状态及结果，或通过互联网与政府办事人员进行必要的信息沟通。项目申请人员填报、提交相关材料后，该项目申请将自动进入政府审批环节，按照预先设定的工作流程和条件，送至政府各相关部门和办事人员，由政府办事人员在线进行审批处理。政府各级业务领导，可以在网上查询了解企业办事的申请情况、统计数据和各部门的工作情况、办事效率。

网上联合行政审批系统的主要功能要求如图6-7所示，主要包括：便民服务系统、审批处理系统和系统维护，其中便民服务系统由信息咨询、项目申报和审批公告等子模块构成，审批处理系统由审批处理、项目监督和统计分析构成。

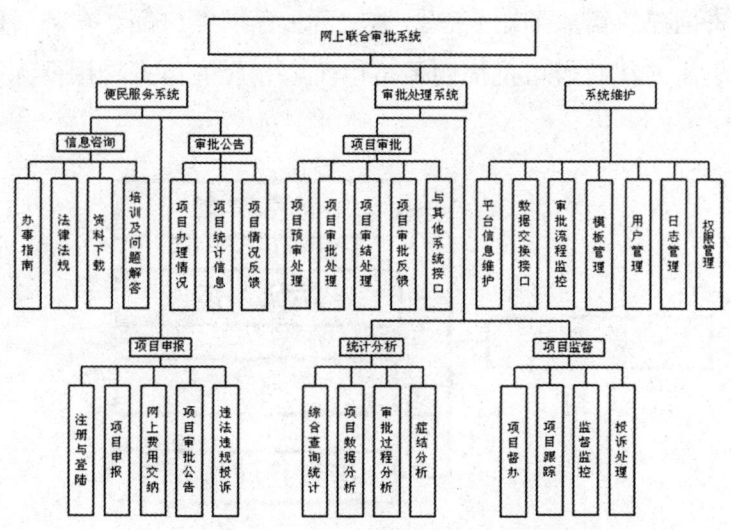

图6-7 网上联合审批系统功能模块结构

1. 便民服务

便民服务模块结构如图6-8所示，主要由信息咨询、项目申报和审批公告等子模块组成。实现办事人员网上信息的咨询、建设项目的申报、项目申报费用的支付、对违反法律法规的行为进行监督投诉。进而实现政府部门与企业和公众之间的双向在线交流，减少企业和公众往返政府部门的次数。

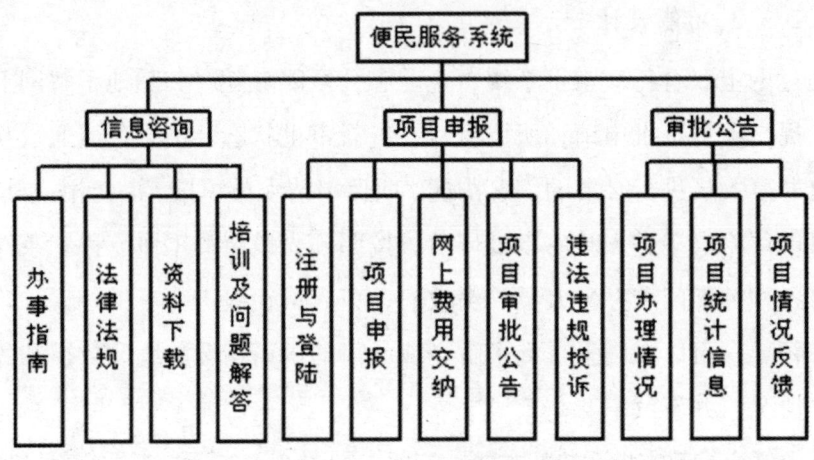

图6-8 便民服务模块结构

（1）信息咨询

信息咨询模块组成如图6-9所示。信息咨询模块部署在政府门户网站上，用户无需前往政府审批部门就可以了解相应的信息。用户无须注册登录。

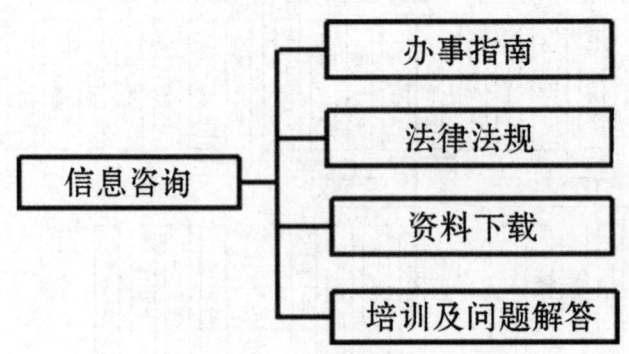

图6-9 信息咨询模块结构

1）办事指南：一个审批项目的办理经常涉及政府的许多管理部门。为方便审批项目的办事人员，本模块对这些政府管理部门的职能、地理位置和相关的审批项目进行简单的介绍；列出每一个审批项目的详细信息（办理部门、办理程序、材料准备、审批时限等）。

2）法律法规：一个审批项目的办理、是否需要收费、收多少费用都有政策法规依据。为便于各单位从事项目申报和办理工作的人员对现行的政策法规进行查找，这里列出所有相关的政策法规目录及对应的详细内容，并提供全文检索。

3）资料下载：每一个审批项目的办理都要求办事人员提供有关的申办材料，这些申办材料都有一定的规范要求，把所有审批部门要求提供的申办材料的模板列出，供办事人员下载，供办事人员在申报项目时填报申办材料时参考。

4）培训及问题解答：列出网上审批系统有关的常见问题的解答；把网上审批系统的各功能模块的在线课程打包成文件，供下载、学习用；把网上审批系统的各功能模块的在线课程做成课件，供播放、学习用。

（2）项目申报

项目申报模块组成如图 6-10 所示。项目申报模块部署在政府门户网站上；申报模块提供给需要申报审批项目的用户使用；用户需要注册登录用户信息之后方可使用。

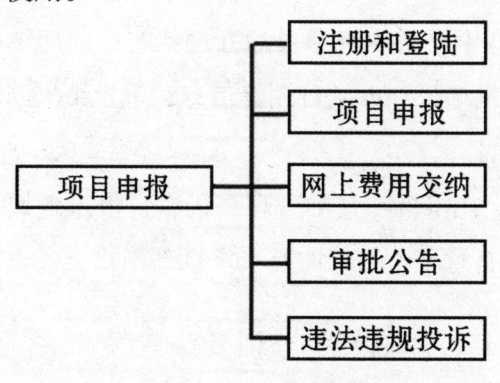

图 6-10 项目申报模块结构

1）注册和登陆：办事人员使用申报模块的功能时必须注册用户信息，经过系统确认之后才可以使用，使用时用注册的用户信息登录。使用 CA 数字证书注册的用户，必须首先从 CA 数字证书认证中心申请和领取数字证书；在用户的客户机上安装 CA 数字证书；在申报模块中完成 CA 数字证书的注册。使用口令注册的用户，需要填写注册用户的详细信息，经过系统确认之后，用注册的用户名和口令登录之后使用。

2）项目申报：供申报者申报审批项目之用。申报者注册登录后，可以在此申报项目。项目申报提交的信息包括：申报者基本信息、项目基本信息、申报项目要求的其他申报材料的详细信息（表单数据、XML、WORD、EXCEL、TXT 文件等）。用户初次提交申报信息之后，系统自动给出唯一的项目申报号。申报者可以根据项目申报号修改、补充申报信息，查询办理进度、进行投诉等。

3）网上费用交纳：分以下两种情况：①申报者直接在网上支付审批费用（从申报者登记注册时登记注册的银行帐号中直接把审批费用划入审批部门指定的银行帐号，这种情况需要审批部门预先与银行签订代理业务协议，这种情况网络安全性要求最高）；②审批部门在审批过程中记录申报者的审批费用，通过软盘定期向指定的银行报送审批费用记录，由指定的银行从申报者登记注册时登记注册的银行帐号中把审批费用划入审批部门指定的银行帐号，这种情况也需要审批部门预先与银行签订代理业务协议。

4）审批公告：查询申报的审批项目的办理状态、办理结果。公告已有结果的项目申报号、审批结果和办结日期等信息；审批结果同时还可以以电子邮件的方式通知申报者。

5）违法违规投诉：在审批项目的办理过程中，申报者如果对审批部门的办理过程或办理结果有意见，可以向有关审批部门投诉，也可以向监察部门投诉。

（3）审批公告

审批公告模块组成如图 6-11 所示。审批公告模块部署在政府门户网站上；公众可以在网上了解审批项目的办理、办结情况，查询审批项目的各统计信息以及建设单位情况。

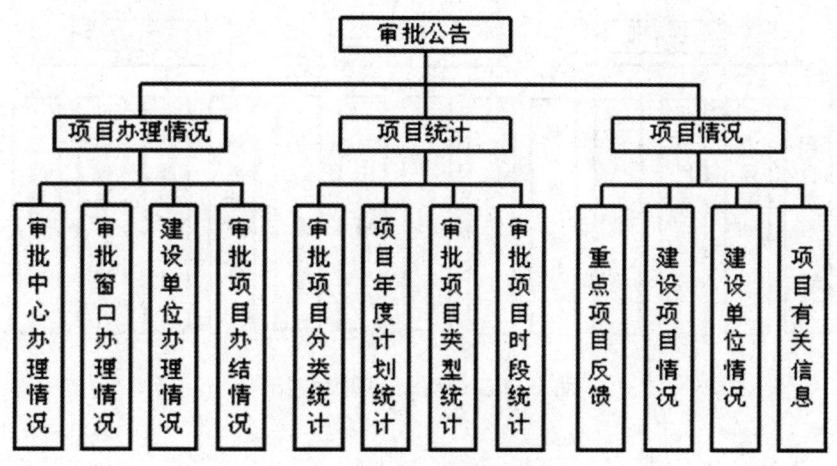

图 6-11 信息反馈模块结构

1）项目办理情况：列出所有审批项目在审批中心、审批窗口以及建设单位的办理、办结情况。审批中心、各审批窗口、各项目建设单位的行为对群众都是透明的。提高了审批过程的透明性、高效性，廉洁性。

2）项目统计：列出审批项目分类统计、年度计划统计、类型统计结果，也可以由用户自定义时段进行项目统计。

3）项目情况：及时公布项目的反馈信息、各建设项目的情况、各建设单位的情况，以及与项目有关其他信息。

2. 审批处理

审批处理模块结构如图 6-12 所示，主要由项目审批、项目监督和统计分析等子模块组成。实现办公人员在网上对项目进行单独审批、并联审批；实现审批监督人员对审批项目的跟踪和监督工作；为决策支持人员提供决策分析数据，以分析审批流程，找出症结所在，改造审批流程，加快审批速度，提高办公人员的工作效率。

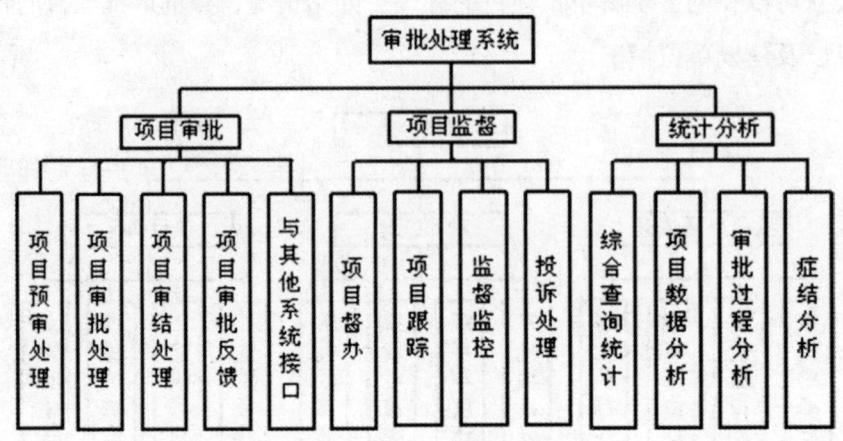

图 6-12 审批处理模块结构

（1）项目审批

项目审批模块结构如图 6-13 所示，主要包括：项目预审、项目审批、项目审结、审批反馈和与其他系统接口，项目审批模块提供给审批办理者使用。

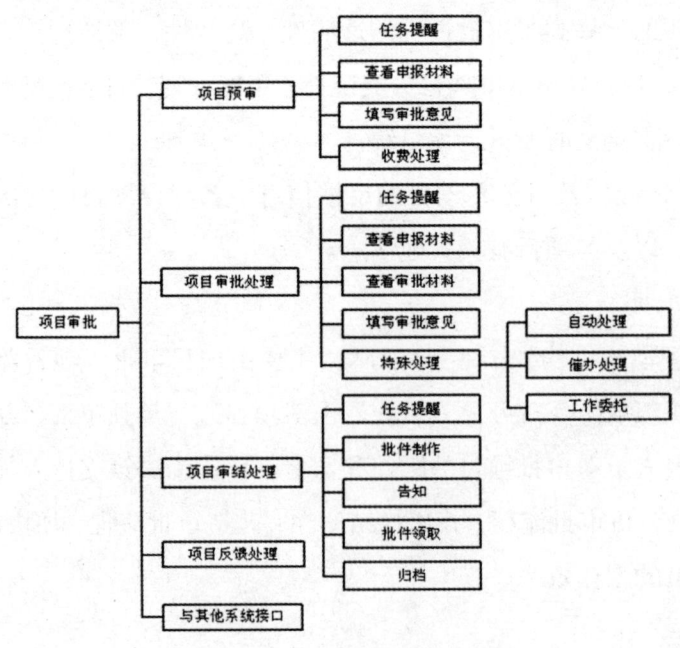

图 6-13 项目审批模块结构

1）项目预审处理：预审办理者接收到项目申报材料后，根据项目的具体情况和办理依据，审查申报材料，决定是否接受其申请。审批办理者定期或不定期与申报者、银行、财务部门结算审批费用。

2）项目审批处理：根据审批项目的审批流程和权限控制信息，接受通过预审的申报项目信息或从上一个审批环节传递来的申报项目信息，进行审批处理。填写本环节的审批处理意见（审批通过、需要补充材料、审批不通过）和处理理由，根据项目的审批流程控制信息，申报项目信息自动传递到下一个环节继续处理。附加四点特殊处理：①当任务的等候时间超过预设值，将自动提醒处理人员加快办理。②允许处理人员将自己的审批任务委托他人办理，可设置委托时间，可在任意时间取消委托。③通过预先设定的规则，进行自动的任务处理，如超时处理、自动回复、自动驳回等。④政府重点扶持的企业，领导催办，领导交办的审批项目自动设置为预先处理。

3）项目审结处理：审批结束的申报项目（审批通过、审批不通过），统一由"审结处理"模块处理归档并通知办事人员，如果审批通过，在此环节制作批件或批准证书等并告知办事人员领取。

4）项目反馈处理：项目审批信息反馈方式有如下五种：①通过平台信息维护模块反馈到审批公告中，该审批项目的提交者或老百姓直接在网上即可查看。②电话语音查询系统，通过拨打系统提供的查询电话，根据提示输入"审批项目受理编号"，可以查询审批状态和结果，及各办公窗口电话等相关信息。使用电话语音查询系统能使办事业主在家中便可知道办件的情况。③电话语音自动通知系统，对于那些提前办结的催办、交办审批项目，系统将通知业主速到指定窗口领取审批结果及缴费，电话语音自动通知系统提高了网上联合审批系统的运转速度。④手机短信通知，对于已受理的审批项目，如果在承诺期限以前审结，及时通过本系统发手机短消息至对方的所留下的手机上，提醒对方申报的审批事项已提前办结。⑤电子邮件通知，通过办事人员留下的电子邮件来通知其审批项目的审批信息。

5）与其他系统接口：提供二次开发接口，用于与其他业务系统的集成。

（2）项目监督

项目监督模块结构如图 6-14 所示，项目监督模块提供给审批监督者使用。

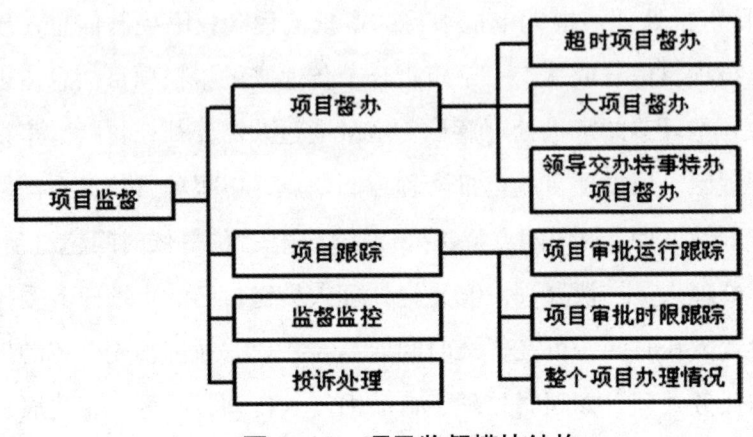

图 6-14　项目监督模块结构

1）项目督办：对已经超时的项目、大项目、领导交办的特事特办项目，严格监督审批办理者办理。

2）项目跟踪：对项目审批的运行状态、审批时限以及整个项目的办理情况进行跟踪，以防止出现违法违规行为。

3）监督监控：随机监督检查指定范围的审批项目的审批时限、审批步骤、审批结果信息；对有问题的审批项目，给出监督检查处理意见，反馈给有关人员。监控是否有超过审批权限的审批操作；监控是否有不按照审批流程的审批操作；监控是否有超过审批时限的审批操作；监控申报项目的审批结果。对监控到的信息及时检查，并反馈给有关人员。

4）投诉处理：监督者接受投诉信息，检查投诉信息中反映的审批项目的办理情况；向投诉者、办理者反馈监督检查结果和处理意见。

（3）统计分析

统计分析模块结构如图 6-15 所示，统计分析模块提供给审批决策者使用。

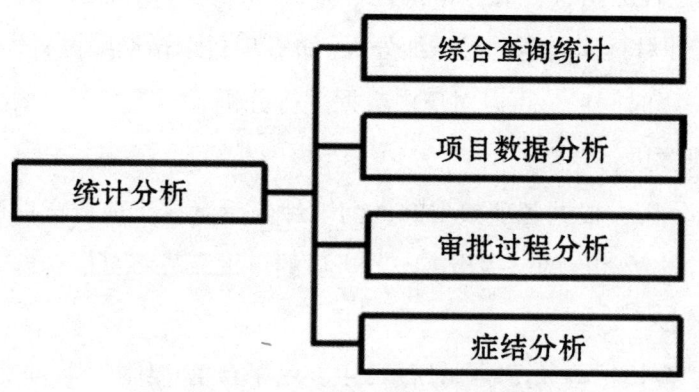

图 6-15　统计分析模块结构

1）综合查询统计：主要应用于跟踪、催办、查询任意窗口部门的业务，并可以输出任意窗口部门的业务统计报表及整个中心的汇总报表。主要分以下几类：

①查询选项包括：审批分类、服务项目分类、全部受理办理项目、受理项目查询、审批查询、超期项目查询、提前办结项目查询、催办项目查询、特殊服务对象项目查询等。②各窗口单位审批项目查询，各窗口单位服务内容查询。③到期审批项目自动催办、逾期审批项目自动督办、提前办结审批项目的自动汇总统计。④审批项目分类统计表，补办审批项目分类统计表，退回审批项目分类统计、上报审批项目分类统计、联办审批项目分类统计。⑤根据审批部门、申报单位、申报项目、办理者、申报日期、审批日期等信息做查询统计分析。⑥查询统计收费情况、欠费情况、结算情况。⑦根据审批部门、申报单位、申报项目、审批环节、办理者、审批状态、审批结果、申报日期、审批日期等信息做查询统计分析。⑧查询项目审批的处理过程信息。⑨结合信息检索引擎做全文检索。⑩查询统计投诉信息、投诉处理信息、审批监督信息、审批监控信息。

2）项目数据分析：提供日项目审批变化曲线图、月项目审批变化曲线图、政务中心各窗口项目审批超限图、各窗口项目审批提前办结图。按项目类别、规模等进行数据分析，给出对应的分析图表，供决策分析者利用。

3）审批过程分析：对现有审批过程分析、发现、研究审批过程中可能出现的问题，针对具体问题进行详细分析。服务项目承诺期限设置辅助决策：在系统运行一段时间后，可以对历史数据进行分析，对服务项目的办理期限及服务项目设置进行调整。

4）症结分析：根据各项数据的查询统计分析，找出项目审批过程中存在的问题，并给予相应的解决措施，改进后的审批流程将更加合理。

3. 系统维护

系统维护模块结构如图6-16所示，主要由平台信息维护、数据交换接口、审批流程监控、审批模板管理、用户管理、日志管理和安全管理等子模块组成。本模块由系统维护人员使用。

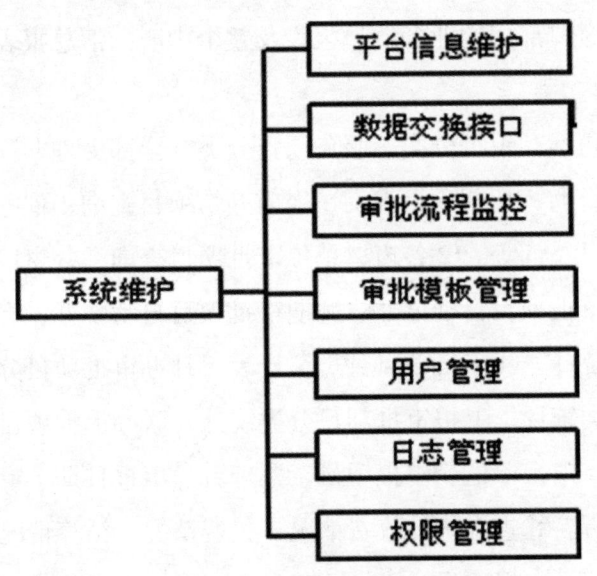

图6-16 系统维护模块结构

（1）平台信息维护

政策法规、审批项目档案、审批部门、申办材料模板等基本数据对象的维护管理。

（2）数据交换接口

处理对外业务和内部业务之间的数据交换。

（3）审批流程监控

审批流程监控模块是通过调用电子政务综合处理平台的工作流引擎提供的调用接口，定义、修改、删除审批项目的审批流程；包括审批部门之间的审批流程定义和审批部门内部的审批流程定义。

审批流程监控模块部署在政务网和公众网，提供给系统管理员定义、维护、监控审批项目的审批流程之用。

1）审批流程定义。①审批部门之间的审批流程定义：主要针对并联审批的审批项目。用工作流引擎提供的功能，可视化定义一个审批项目在各审批部门之间的流转过程。这样，系统接收到申报者的申报材料之后，会立即激活事先定义好的审批流程，通过解析其审批流程，自动把申报材料分发给有关审批部门。②审批部门内部的审批流程定义：审批部门内部负责审批业务处理工作和监督工作的所有处室、人员的定义；各处室、人员的角色定义及其权限分配。用工作流引擎提供的功能，可视化定义一个审批项目在一个审批部门内部各处室之间的流转过程。这样，系统接收到申报者的申报材料之后，会立即激活事先定义好的审批流程，通过解析其审批流程，自动把申报材料分发给有关审批部门。

2）审批流程监控：监控审批项目的审批流程，记录审批项目审批过程信息。

（4）审批模板管理

包括申办材料模板、审批工作模板、批件模板的维护、管理。申报者可以在申办材料模板的基础上填写申办材料，审批者可以在审批工作模板的基础上填写审批处理意见，审结处理人员可以在批件模板的基础上制作批件。

（5）用户管理

实现对系统用户浏览、查询、添加、删除和修改用户的基本信息的功能。系统用户的基本信息包括用户ID、用户姓名、年龄、性别、单位、部门、岗位、角色、登录时间和密码修改时间等信息。

（6）日志管理

运行日志管理具有三个方面的作用：①记载操作员的每一笔操作，使得违章操作有据可查。②记载任何进入系统的行为。③记录重要数据的修改情况，监测系统的运行，避免个人的营私舞弊行为。

日志内容包括：操作员何时对哪个模块进行了何种操作，以及对重要数据操作前、操作后变化的记录；运行日志管理还具有日志查询功能，可以按照用户要求对日志进行查询；分析审批过程的异常事件和异常操作、网上审批系统的异常事件。

（7）权限管理

系统根据政府部门组织多、管理层级多、人员岗位分工细、权限划分严格、安全保密要求高的特点，为用户提供了一套面向政府组织的、灵活的人员和权限管理功能。不同审批项目只能由审批责任单位管理；每个审批步骤只能由具有相应角色权限的用户处理；监督人员在监督项目范围内具有浏览权限。同时，系统支持"业务代管"机制，用户可以将自己责任范围内的审批任务交其同事在一定时间内代办代管。

6.2.4 电子邮件系统

6.2.4.1 设计目标

电子政务的建设必须建立自己的电子邮件系统，以便于政府、企业和公众之间的交流。好的邮件系统必须可靠稳定、具有良好的伸缩性，并能提供多种服务（WebMail，POP，IMAP，WAP等）。电子邮件系统的建设，要遵循业界和互联网各种协议标准，建成具有安全性、可靠性、开放性、可扩展性的高性能电子邮件服务，与其它系统进行沟通、衔接，为政府工作创造安全、高效的办公方式和环境。

电子政务邮件系统应该满足以下需求：

1. 在可扩展性方面

随着电子政务邮件系统的用户不断增多，系统需要承受更多的收/发信请求，因此，系统应该从体系结构和性能上具备良好的可扩展性，方便地进行系统扩展，以应付用户数量急剧膨胀的需求。同时，现在的电子邮件系统在信息交流方面扮演着重要的角色，如何将现有的 E-mail 系统、个人电脑和移动电话等结合起来，构成立体的个性化的私人信息中心，是 E-mail 系统未来的发展方向之一，现有的系统应该具有足够的可扩展性和开放性，以满足未来发展的需要。

2. 在性能方面

现代的 E-mail 系统与传统的 E-mail 系统来相比较，需要更多的功能模块（IMAP4，Webmail 等），这相对而言会消耗更多的系统资源，在这种情况下，我们要保证系统的性能不降低，保证服务质量。

3. 在可靠性方面

根据大规模电子邮件系统的业务特点，系统应具有较高的可靠性，保证用户能够顺利登录到系统中（包括 Web 界面登录、IMAP4 和 POP3）获取服务。每个用户通过 Web 界面登录及浏览的平均出错机率应控制在 0.1% 以下。电子政务邮件系统面向政府用户，对可靠性的要求比较高。

4. 在容错性方面

系统应具有检错、纠错能力。系统在大量的外界干扰下信息不会发生崩溃，并具有自我恢复能力。

整个系统在验证大量的错误用户名和密码时不发生瘫痪。

整个系统在拒绝大量垃圾邮件时不发生瘫痪。

整个系统在拒绝大量单个容量超过 4M 垃圾邮件时不发生瘫痪。

整个系统在对大量邮件进行 Message Block 时不发生瘫痪。

系统内某些主机设备因上述情况而当机后，系统其他主机应自动检测问题来源，并接管其业务直至该主机重新正常工作，无论什么情况下不允许发生整个系统瘫痪。有关系统各种情况（包括硬件和软件的故障）应能及时反馈给网管人员。

5. 在安全性方面

许多人采用电子邮箱作为自己的一个对外窗口,作为个人隐私的一部分,人们都希望这样的邮箱能够具有很好的安全性,让自己的邮箱不受到恶意的攻击,也不被各种各样的垃圾信件所淹没。因此,系统应该具有相当的安全性,以满足用户对安全的需求。

为了确保系统内部数据的完整性和可靠性,系统必须提供有效的安全保密措施,确保整个系统的安全运行。能防止对系统资源的非法入侵,能控制系统内邮件用户对不可访问资源的访问,确保网络和系统的安全。

对用户的个人信息和邮件数据也应采取安全措施,防止用户数据泄密、丢失和被非法修改,保障用户利益。

6. 在可管理性方面

对系统管理员来说,系统要能够提供丰富的管理手段来简化其管理流程,提供丰富的统计功能让他能够尽快了解邮件系统中用户的行为特征。

6.2.4.2 关键技术

邮件服务器按照为用户提供 E-mail 发送和接收的服务不同,可以分为发送邮件服务器和接收邮件服务器。发送邮件服务器常用的是 SMTP,接收邮件服务器使用接收邮件协议,常用的有 POP3 协议和 IMAP。与 POP3 协议相比,IMAP 为客户提供了更多的对邮件服务器上邮件的控制权限,如管理邮件和邮件夹等。JavaMailAPI 是 Java 对电子邮件处理的延伸,它提供和通讯协定无关的 Java 解决方案,可以处理各种 E-mail 格式,包括 IMAP、POP、SMTP、MIME,以及其他和 Internet 相关的信息通讯协定。Javax.mail.Ses-sion 类定义了一个基本邮件会话,是 JavaMailAPI 最高层入口类。所有其他的类都是经由这个 Session 才得以生效。

6.2.4.3 功能设计

1. 基本功能

(1) 用户使用功能

阅读邮件:图形化显示邮件已读、未读、附件、优先级等信息;全面支持 MIME 格式，包括各种常见格式邮件的处理；最新规范的 HTML 格式邮件的自动识别及显示，包括背景图案、插图、正文格式等，已显示的图片不会再当作附件；提供 GB 和 Big5 中文内码的转换功能；可将发件人地址存入地址簿；可对邮件进行保存、删除、转发、回复等操作；可选择每页显示邮件的条目数。

发送邮件：可以从地址簿中直接选择收件人或组；可以浏览用户系统中的文件并作为附件；可以将邮件保存到草稿箱，并允许多次修改；可以选择发出的邮件在已发送邮件中保留一个拷贝；允许设定发送时间定时发送邮件；可以设定邮件发送优先级别；支持邮件抄送、暗送（秘密抄送）；提供邮件回复、全部回复和转发功能；可以设置多个文本签名，在发送时选择一个自动加入。提供邮件送达回执和已读回执。

邮件管理：系统缺省提供收件箱、发件箱、日历、便签、任务、草稿箱和已删除邮件、垃圾邮件等目录；用户可以自己创建多级目录，并对目录进行重命名、删除等管理功能；用户可以将邮件在多个目录之间移动；配合收件助理功能实现用户级的信件分拣，直接将接收到的符合指定条件的邮件放置在指定目录中；可对一个、多个及整页邮件进行一次性的删除、移动等操作；提供邮件回收站功能，被删除的邮件先被送到回收站（已删除邮箱），然后才在用户提出请求或信箱满时执行不可恢复的删除操作。

邮件助理：允许设置多个邮件处理规则，根据邮件主题、发件人、邮件大小等信息设定对邮件进行指定文件夹存放等多种方式的自动处理；配合用户邮件过滤功能，提供邮件自动回复、拒收或分检服务；可修改用户的个性化设置，如个人签名、个人资料等；设置自动转发功能，可以把所收邮件自动转发到一系列指定的地址；

个人通讯录：添加、修改、删除个人通讯录的单个邮件地址；可选择多个邮件地址加入到指定的邮件组；新建、修改、删除个人通讯录的邮件组及其添加组成员的邮件地址。用户可以方便地编辑自己的联系人，便于自己查询联系人的信息，以及便于快捷地把向联系人发送电子邮件；用户在撰写邮件的页面中可以快速地从联系人列表中导入联系人的邮件地址，快捷地向联系人发送电子邮件。

自建用户文件夹：用户可以自己创建文件夹来管理自己的重要电子邮件。

邮件管理功能：用户在查阅自己的邮件时可以方便地在不同的文件夹之间切换，并能方便地在不同的文件夹中移动邮件或者删除邮件。

支持 HTML 格式邮件：通过选择，用户可以发送 HTML 格式的邮件，当对方接收到该邮件的时候，邮件的主体内容将会以 HTML 的格式显示。

保存邮件草稿：当用户编辑了一封新邮件，但是还没来得及发送时，系统可以为用户保存该邮件，在查阅草稿邮件的时候，系统会自动恢复到该邮件的编辑状态，便于用户重新发送该邮件。

抵御垃圾邮件：当用户收到来自某个邮件地址的垃圾邮件时，可以选择阻止发件人的地址。在选择阻止发件人的地址后，以后所有来自该地址的邮件都会被列为垃圾邮件。

自动转发：用户可以将收到的邮件，无条件地自动转发到其他的邮箱。

普通邮件收发和群发功能：用户可以撰写明文的电子邮件，并发送（或群发）给其它普通电子邮件系统。

既支持传统的 POP3 邮箱，也支持日渐流行的功能更强大的 IMAP 邮箱。

（2）基本管理功能

显示系统信息：包括系统用户数、系统目录、默认邮箱容量、临时数据存放目录等，并可以将统计信息打印输出。

显示系统性能信息：包括系统磁盘空间使用情况、邮件服务进程数量、服务器平均负载情况、服务器内存使用情况等。

用户管理：包括用户信息查询、修改，确定用户使用时限，修改用户邮箱容量最大值，增加／删除用户，查找和处理过期／超容帐号等。

通知管理：修改不同域对应的帐号到期通知和邮箱超容通知，并且可以向指定域或全部用户群发通知邮件。

系统级过滤器管理：可以增加、修改、删除系统级过滤器。提供在系统的级别上对投递到本地的邮件进行过滤。过滤条件除了具有普通用户的过滤条件外，还可以增加过滤优先级别。

权限管理：包括向用户增加、删除、修改权限，显示系统权限分配情况等。

2. 安全功能

（1）基本安全功能

邮件系统用户不具有进入邮件服务器操作系统的权限；用户密码经不可逆算法加密存储；POP3/WebMail用户验证失败延时；支持SMTP发件人身份验证；SMTP/POP3服务器支持数字签名的电子邮件；用户登录时间戳记录；可自动备份系统数据库，以便在意外故障发生时快速恢复系统；全部MailServices无公开代码。

（2）邮件拒收、转发限制

邮件拒收是在SMTP协议实现时的扩展选项。拒收的对象是虽然具有正确的本地收件人地址，但是却来自不受欢迎的网络或个人的电子邮件。邮件拒收执行的时机是MTA正在按照SMTP协议接收邮件时，该操作是对邮件头部信息进行的。

（3）邮件过滤

可以实现系统级与用户级的邮件过滤处理功能；系统可以智能识别邮件的合法性而防止非法的垃圾邮件进入系统，从而大大提升了电子邮件服务品质，而这一切均不需要系统管理员或用户的干预而自动进行；过滤规则数量不限，可对包括邮件头部信息在内的整个邮件进行过滤分析。

（4）智能化的反恶意攻击

Internet的开放和无穷无尽的资源给用户带来几乎无限制的便利性，但同时也不可避免地产生一些负面影响，例如骇客破坏、垃圾邮件、恶意攻击等，往往造成用户系统资源的占用乃至耗尽，导致系统的崩溃，或重要数据的丢失，给企业、个人带来困扰甚至巨大损失。对于Internet第一应用的电子邮件系统，更需具有强大的安全与防破坏能力。

（5）灾难恢复功能

当系统全部瘫痪时（如整个机房掉电），除了系统不可使用外，直接的损失只限于存储于系统高速缓存内的未保存信息将丢失，其它信息将存储在磁盘或大容量磁盘阵列中，不会受到任何损坏也不会引起邮箱或 NFS 系统的锁死或破坏。同时，在工作环境恢复后，系统仅需数分钟即可重新启动而不需要长时间的文件系统修复等工作；最极端的情况是，万一磁盘阵列中的硬盘有损坏，通过 RAID 和系统冗余，也可安全恢复数据。

3. 系统管理功能

提供基于 Web 浏览器方式的系统管理，操作维护简单快捷，提供以下管理功能：

（1）管理员管理

添加管理员，分配密码、权限；删除管理员，修改管理员的密码、权限；可按操作类型、操作对象、时间查询各管理员工作日志；不同权限的管理员拥有不同的管理界面。

（2）公告栏管理

新建、设定不同级别、不同单位、部门、项目组的公告栏栏目；分配可使用该栏目的用户的权限；删除栏目，并按时间删除栏目内信息。

（3）通讯录管理

新建、修改、删除邮件组；为邮件组增加或减少成员。

（4）邮件目录管理

察看硬盘的使用情况，并根据需要新建邮件目录，当硬盘使用超标时给系统管理员发送警告信息，将超标情况记录在管理员日志中。

（5）群发

系统管理员以 WEBMASTER 名义选定域名向该域名下的用户按单位、部门、域名、性别、生日等发送同一信息的邮件，如各种通知和公告等。

（6）日程安排管理

按时间删除日程、周程、月程安排信息，以释放硬盘容量。

（7）统计

统计系统总用户数和域名、单位下的用户数；按时间段统计发送邮件的数目、发送邮件成功和失败的数目、发送邮件延时的数目、发送邮件的总字节数；按日统计每小时的、按月统计每天的发送邮件数目、发送邮件成功和失败的数目、发送邮件延时的数目、发送邮件的总字节数、当日/当月发送邮件数目和发送邮件总数目的百分比、当日/当月发送邮件字节数和发送邮件总字节数的百分比；在每个月第一天向系统管理员自动发送电子邮件，内容为上个月的月统计报表。

（8）系统设置

可设置多个实域名和虚域名的映射关系；可对邮件存放目录、邮箱容量、延迟时间、邮件字节数限制、硬盘使用率提示百分比、过滤邮件域名或邮件地址、过滤 IP 地址等进行参数设置；提供版权信息注册编辑框供试用用户填入注册码成为正式用户；可设置 WEBMASTER 给新注册用户发送欢迎信件的欢迎辞内容；可设置邮件系统用户发送邮件时自动添加到邮件末尾的脚注内容；可自动备份系统数据库，以便在意外故障发生时快速恢复系统；管理员可根据企业自身需要定制邮件系统的 Logo 和 Banner。

（9）机构设置

新建并修改单位名称；新建并修改不同单位下的不同部门名称。

（10）用户管理

管理员可添加新用户、设置用户的详细个人信息；可按用户名、域名、单位、部门、电话等查找已有用户，并可以设置/修改用户密码、修改邮箱容量大小、修改个人资料、设置自动回复内容、设置自动转发邮件地址；管理员可永久删除某邮箱用户。

4. 可扩展功能

防毒邮件模块：无毒邮件，免受病毒攻击。

UMS（统一信息系统）模块：支持电话/传真邮件、呼机/手机邮件通知、WAPMail 等多种功能，可扩展实现 UMS（统一信息服务系统）的所有功能。

语音邮件模块：WebMail 可集成语音邮件功能，提供最快捷、亲切的邮件发送方式。

6.3 应用组件设计

6.3.1 通用技术组件

办公信息系统有许多相同技术单元，例如业务流程定制、附件上传下载、授权和鉴权等，这些技术可能在任何需要的场合使用或卸载，因此有必要对这些内容进行规范化，在规范化后成为一系列标准组建在应用系统间按需调用。通用技术组件的具体内容如下：

6.3.1.1 授权和鉴权组件

对信息系统各应用子系统入库数据，均需对各类用户进行授权允许一定范围人员进行查询利用。查询授权组件可以针对不同类别的业务人员按单位授权、按级别授权、按人名授权，分别授予阅读权、修改权、图像查看权、正文内容输出权，该组件中还同时具备设备自动提醒、确定权限有效期等功能。

授权的主要技术点在于授权行为应同加密认证技术紧密结合起来，对授权记录进行签名以防止篡改。查询授权是一个基础功能，需要优良的数据库设计，根据不同的数据库的性能特点，选择合适的表结构来支持授权组件的功能是需要在集成适配中解决的另一个问题。

6.3.1.2 日志记录组件

组件用户对系统的操作要记录详细的操作日志，以便进行日常的业务跟踪和审计。对日志的查阅有两种管理：有日志查看权限的人可以查询操作日志记录，可以根据查询条件，对日志进行查询，当上机人对一条信息进行操作时，后台要详细记录上机人的详细情况，要对多种操作方式进行记录。这种记录应当通过配置后可自动完成或技术实现人员经过较少的干预就可以完成。

需要实现日志记录、日志查询、日志备份、日志统计、日志查询日志。其中，日志记录是一个基础功能，需要优良的数据库设计进行支持，选择合适的表结构来支持授权组件的功能是本单元需要在集成适配中解决的一个问题。

6.3.1.3 流水号生成组件

对系统中的表流水号（ID号）统一按照配置的规则产生，保证多套系统分布式部署时产生的ID号仍全局唯一，在系统进行数据汇交时能够平顺完成。一般可以根据分布式部署的平台套数（需要进行数据汇交的点的数量）和一定裕量规定流水号的变动步长，根据服务器的序号设定当前应用系统ID号的增长规则。实现的技术难点在于流水号组件会被频繁调用，因此对外接口需要是线程安全的。

6.3.1.4 附件上传下载组件

组件对文件的附件进行统一配置和管理，能够将系统中的内部文件、系统外的其他格式文件作为附件挂接在文件中，并能够手工录入信息作为附件，能够将系统中的内部文件经过查询选择作为文件附件，能够将本地磁盘文件上传网上作为系统记录的附件。

需要实现的功能包括新建附件、数据上传、删除附件、查看附件信息、下载附件、编辑附件、打印、附件权限管理。

6.3.1.5 通用树组件

通用树生成组件可以对系统中统一树形结构的表以树状结构展现出来。

需要实现的功能包括通用树生成、延迟加载等。

在B/S结构的应用系统中，通用树应提供跨平台的HTML+JS实现，并保证多个操作系统平台和浏览器上不出现"跑版"问题，对HTML和脚本写法有较高要求，应努力避免不具备跨平台能力的特性的使用。

6.3.1.6 图像扫描组件

组件需要提供对原文进行扫描功能,系统能够与当前常用的扫描仪接口无缝结合,对扫描后的原文进行压缩,并按照有序规则保存于应用服务器上。图像扫描组件同样可应用于实物档案的小批量数字化加工,扫描仪的硬件驱动技术、图像处理技术是该单元的核心技术。

需要实现的功能包括图像增加、图像预览。集成适配的技术点在于与工具软件中的图像扫描工具的集成、图像二值化或转变为灰度图、图像格式的变化和操作。

6.3.1.7 条码扫描组件

条码技术是一种以图形为识别对象的识别技术。它与其它识别技术相比具有更简单易行,信息采集速度快,采集信息量大,可靠性高等优点。

需要实现的功能包括一维、二维条码的生成和打印。集成适配的技术点在于条码规范在安全可靠环境下的绘制实现。

6.3.1.8 批核组件(工作流引擎)

批核操作引擎是以规范化的流程所定义的组件,能够使业务过程全部或者部分地自动执行。文档、信息或任务能够在不同的参与者之间依据一系列规则进行传递或执行,并对它们进行监控,以达到提高安全性、提高处理效率、降低生产成本、提高企事业生产经营管理水平和竞争力的目的。

需要实现的功能包括维护批核对象、可视化的流转过程定义和控制、流转状态实时和历史查询。

6.3.1.9 文本提取组件

全文检索对电子文件全文进行索引时,需要提取文件内部的纯文本信息进行处理,文本提取组件即完成从不同的格式文件中提取可用的文本信息的任务。该组件支持多种格式,包括国家标准格式 UOF1.1、UOF2 和 OFD,其他如 DOC、XLS、PPT、RTF、HTML 和 PDF 等也必须支持。

该组件的集成适配难点在于对新兴的国家标准格式的支持，同时要考虑组件的高性能，索引本身是一个极为耗时的过程，提取组件本身应具有良好的"流式"解析能力，以较低的内存消耗完成文本提取任务。

6.3.1.10 文档转换组件

办公信息系统中同时涉及流式文档和版式文档，在应用系统内部应符合国家标准格式，流式文档（前端）使用 UOF2，版式文档（后端）使用 OFD，应用系统和组件中将国家标准格式作为主力格式，外部交换来的各种同类文档要进入系统，必须先经过格式转换。

需要实现的功能包括支持将 UOF2 转化为 OFD 版式文档；支持将 DOC、XLS、PPT 等转化为 UOF2 格式中的相应内容；支持将 PDF 转化为 OFD 文档；支持将 UOF2 和 OFD 转出为对应的通用格式。

该组件的集成适配难点在于转化可能发生在客户端也可能发生在服务器端，因此该组件需要跟各种可能的软硬件系统做好适配。转换器同时应支持缓存和多线程调用。

6.3.2 通用业务组件

办公信息系统有许多相同和相似的业务需求和解决方案，从这些需求的解决方案中提炼出符合国情的业务模型、管理模型并利用信息技术进行实现，就形成一系列可在不同信息系统中使用的功能和业务组件。通过提炼业务模型和实现业务功能，可实现办公信息系统的标准化和模块化，降低系统各模块的耦合性，提高技术逻辑的重用度，实现业务应用与业务开发相互独立，提高开发效率，并增强信息系统的柔性。

6.3.2.1 综合查询组件

综合查询可以设置统一的查询条件对不同的业务库数据进行查询，以便得到同一个查询条件在不同业务库的查询结果。

需要实现的功能包括查询业务项配置、统一查询项指定、结合全文检索进行查询。集成适配的技术点在于与安全可靠环境下的全文检索接口的集成问题。

6.3.2.2 正文保存组件

正文保存组件可以对现有系统通用的正文结构类型的表进行存储。

集成适配的技术点在于安全可靠环境下的数据库结构设计，实现正文长字段高效的统一保存和读取，支持数据库和磁盘两种方式，支持多种数据传输协议。

6.3.2.3 主题词管理组件

支持实现对主题词的手工和自动标引，自动标引能够将当前记录的正文和标题及其他可配置属性中有主题词库中的主题词标引出来，主题词可以进行至少三级的分类维护和展现，对主题词的维护进行权限控制。

需要实现的功能包括主题词维护、标引等。

6.3.2.4 文号生成组件

该组件对于系统中的各种文号进行统一管理。能够按照一定规则产生序号，在修改保存时对产生的序号进行校验管理。文号的产生，按照定义的规则，自动产生符合规则的序号。文号的校验，校验产生的序号符合定义的规则。发文号维护实现文件的发文号产生、修改、删除的功能。

需要实现的功能包括文号的产生、维护等。

6.3.2.5 并发控制组件

目标修改文件只有处于新建状态或签入状态时才允许修改，以预防多人同时对制文进行修改。

需要实现的功能包括修改时的并发控制、并发控制表维护、取消签出控制。

6.3.2.6 转存资料库组件

对于业务系统中有价值的文件，可以通过转存资料库组件将该文件存储到资料库中，便于以后的查询和利用。包括另存资料库和追加资料库两种方式。

需要实现的功能包括另存资料库、追加资料库等通用功能。

第 7 章
电子政务安全体系设计

7.1 电子政务安全体系结构设计

在电子政务蓬勃发展的同时，电子政务系统的信息安全问题日益突出，并成为制约电子政务进一步发展和应用的关键问题。作为传统行政模式的转化和延伸，电子政务系统涉及对国家秘密信息和高敏感度核心政务的保护，涉及维护公共秩序和行政监管的准确实施，涉及为社会提供公共服务的质量保证。[1]尤其电子政务是建立在基于互联网技术的网络平台上，容易遭到各种自然因素、人为因素、无意的或恶意的破坏和攻击。因此，围绕深化应用的需要，加强电子政务安全体系的建设，对于保障和促进电子政务的发展具有十分重要的现实意义。

电子政务安全体系的构建是一项复杂的系统工程，涉及管理、技术、

---

[1] 张振，王惠芳：《电子政务安全体系结构研究与设计》，载《网络安全技术与应用》2010年第11期。

法律法规、标准等各个方面；关系到不同安全层次、不同职责部门；贯穿于电子政务系统的规划、设计、建设、运行、维护、处置的整个生命周期；具有保密性、完整性、真实性、抗抵赖性、可用性和可控性等安全需求。为构建完善的电子政务安全体系，必须综合考虑影响电子政务安全的各项因素，统筹处理各因素之间的关系，以提高电子政务信息系统的整体安全能力。

7.1.1 电子政务安全风险分析

电子政务系统所面临的安全风险主要有：

1. 物理安全风险

网络物理安全是整个电子政务系统安全的前提。物理安全的风险包括：火灾、水灾、地震等自然灾害直接破坏系统的基础设施及存储介质；设备被盗、被毁等造成数据丢失或信息泄露；静电、强磁场等损毁硬件设备及存储介质；电磁辐射造成数据被窃取或监听等。

2. 通信传输风险

入侵者在传输线路上安装窃听装置，窃取用户在网上传输的重要数据，再通过一些技术读出数据信息，造成泄密或者做一些篡改来破坏数据的完整性。

3. 区域边界风险

在电子政务系统中，具有不同安全等级的安全区域之间存在区域边界，这些区域边界是最容易发生安全风险的地方，一是区域边界的不明确可能导致高安全等级的数据和信息流向低安全等级，造成泄密；二是区域边界防护措施的漏洞可能导致合法用户越权访问高安全等级区域或非法用户侵入安全区域，对数据进行篡改或窃取，破坏数据和信息的保密性、完整性、真实性、可用性等。

4. 应用安全风险

应用系统是动态的、不断变化的，其面临的风险也是动态的、多方面的，如病毒威胁、恶意代码威胁、程序后门等。

5. 管理安全风险

电子政务系统作为一个软硬件集成的有机整体，除了采用一些安全技术手段来保护其安全外，重要的还是要对其进行有效的管理。如果管理不当，再好的安全措施也形同虚设。

常见的管理不当和失误包括：对口令、密钥的管理不严格或保管不妥当，而造成其直接丢失、泄露给未授权者或易被猜测等安全隐患；管理制度的相关内容缺乏、制度遗漏，而造成信息系统的无序运行；安全岗位及其职责设置不全面、岗位与职责对应关系混乱从而导致管理中某些环节多重控制，而某些环节缺乏控制；政务信息系统未建立和健全审计岗位、审计制度和审计系统；没有从系统安全的整体角度出发来进行设备的选型或采购，或者未按照国家有关部门的规定和政策的要求来选择、配置和采购安全设备，这些都容易引发系统的安全问题。

6. 其他安全风险

除了上述列举的一些安全风险外，还有其他可能危及政务信息系统中信息的机密性、完整性、可用性、可控性和系统正常运行的风险，如，对信息安全的战略认识不足、信息安全意识淡漠等。

7.1.2 电子政务安全体系结构

电子政务系统的建设目的主要是为政府及社会公众提供优质、高效、透明的管理和服务，在保证电子政务系统安全性的同时，还必须考虑其开放性和应用效率。因此，在设计电子政务安全体系结构的过程中，必须遵循适度安全的原则，对电子政务系统实行分域防护，即根据电子政务系统各组成部分的安全价值以及面临威胁的可能性，将电子政务系统划分为不同安全域，针对不同的安全域、不同的安全环境采取相应的安全措施。实行分域防护有利于明确安全责任，便于科学地组织安全建设，消除开放互联的顾虑和障碍。我们把电子政务安全分为计算环境安全、边界保护安全和通信传输安全三个方面，依据计算环境的重要性把计算环境划分为核心域、重要域和一般域。在各安全域，根据其安全需求的不同有选择地采取身份认证、电子印章、访问控制、数据保护、设施保护、安全审计、病毒防护、备份与恢复等安全措施。另外，还需要有信息安全基础设施的支撑，以及信息安全管理平台的保障。电子政务安全体系结构如图7-1所示：

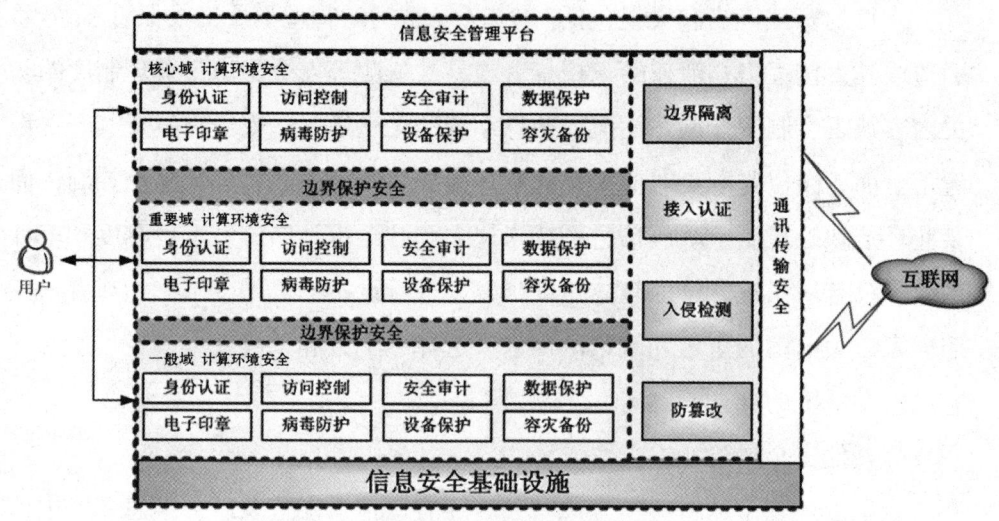

图7-1 电子政务安全体系结构图

政务内网：用于机关内部办公服务的局域网，主要处理内部、涉密业务，实现本单位信息共享、网上办公，并提供与政务外网的连接，一般由政务机关内部的信息处理设备、传输设备和存储设备构成，这些设备承担电子政务系统的核心信息处理功能，是各类应用系统的运行平台。政务内网与政务外网之间实行物理隔离。

政务外网：政府的业务专网，主要为党委、人大、政府、政协、法院和检察院各级政务部门服务，运行各级政务部门面向社会的专业性服务业务和不需要在内网上运行的业务。政务外网与互联网之间实行逻辑隔离。

互联网：电子政务系统面向公众的门户，用于向公众提供更好的管理和服务，例如发布政务信息、征求公众意见、接受公众监督等。

核心域：电子政务系统的核心安全域，具有最高的安全等级，包含有核心、涉密数据的存储和处理，需要提供最严格的安全防护措施。

重要域：电子政务系统的重要安全域，具有较高的安全等级，包含有政府部门的业务处理和信息交换，需要提供较严格的安全防护措施。

一般域：电子政务系统的一般安全域，安全等级较低，主要用于向公众提供政务信息和服务，着重于保护数据的完整性、真实性与可用性。

计算环境安全：电子政务系统计算环境与数据的安全，主要是指各层次处理和存储数据时保证数据不被泄露和篡改等。

边界保护安全：数据在不同安全域之间进行交换时，确保具有不同安全级别的数据在未经授权的情况下不会流向相邻的安全域。例如，核心域的数据在未经授权的情况下不能流入重要域。

通信传输安全：信息在政务内网、政务外网以及互联网之间进行传输，既要确保信息传输的通畅，又要防止恶意信息的流入，还要保护合法信息的完整性、真实性与可用性等。

信息安全管理平台：有效的安全管理是安全技术发挥作用的补充和保证，是实现电子政务系统安全的关键性保障，它贯穿整个电子政务建设的全过程。信息安全管理平台包括人员、政策、标准、规范、法律法规等。

信息安全基础设施：为整个安全体系提供基础安全服务，包括公钥基础设施（Public Key Infrastructure，PKI）、授权管理基础设施（Privilege Management Infrastructure，PMI）、可信时间戳服务基础设施等。

用户：用户是电子政务系统的主体，也是电子政务系统安全的主体，包括政府工作人员和社会公众两大类。不同的用户依据系统分配的权限访问和使用电子政务系统的资源，越权访问和不被授权地访问系统资源是不被允许的。

7.1.3 电子政务系统安全措施

在电子政务安全体系结构中，为保证系统安全，各安全域需要采取一定的安全措施。依据系统提供功能的不同，这些安全措施被配置在不同的层次上，针对电子政务系统的应用层、接入控制层、数据访问层、系统层、基础设施层分别采取的安全措施如下：

应用层：为用户提供连接系统的界面，完成业务的逻辑控制和流程处理，并对用户的身份进行验证和识别（包括口令和证书两种认证方式），实现安全的单点登录，防止入侵者伪装成合法用户进入系统窃取或篡改系统中的敏感信息，对行政办公造成不良影响。利用防火墙等技术实现入侵检测，过滤恶意代码，并实时发现和消灭病毒。采用电子印章技术以防止用户否认曾经发生过的通信。

接入控制层：为用户分配访问权限，并审核用户的合法性和访问权限，为合法用户向后台应用服务器提供客户访问权限内的请求信息并接收返回的信息。未经授权的人员访问系统将被拒绝，合法用户也将严格按照其权限访问和使用系统资源，而不能越权访问系统。

数据访问层：采用统一的方法访问后台数据。本层中的数据库系统用于结构化信息的存储和处理，是系统的数据核心，也是重点保护的区域。对数据库系统要进行加密保护，并进行严格的访问控制，以防止数据遭受以未授权方式做的修改或未授权的使用。

系统层：提供应用系统的运行环境平台和对硬件系统的管理操作，对网络构成、配置、运行情况进行监控，形成运行管理日志，对网络系统的各种事件进行全面的记录、统计、存档，以备追踪审查。

基础设施层：为电子政务安全提供支撑平台，保护电子政务系统运行的物理环境不被破坏。对基础设施的保护要严格遵守各种规章制度，定期维护和保养各类设备，防止各种自然因素和人为因素造成的损坏，防止电磁泄漏等造成的信息外泄。

7.2 网络安全防护体系

电子政务安全防护体系主要涉及控制通信路由选择、通信过程的追踪和监控、信息流通的控制和封闭、保证通信的可靠性和敏感信息的安全、提供通信源与通信目的地的认证、实施法律意义上的公证和仲裁等，涉及众多纷杂的安全技术，所以要对安全防护进行认真研究，明确电子政务安全防护的目标，确保各个安全域的安全。

7.2.1 网络安全防护目标

网络安全防护目标包括五种目标：实现政务外网与互联网的逻辑隔离；控制通信路由选择、通信过程的追踪和监控；保护政务外网不因拒绝服务攻击而瘫痪；保护政务外网不因病毒和恶意代码而导致瘫痪和信息泄露；保护安全域间数据传输的安全。

7.2.2 安全域的划分

根据系统中各设备其所承担的工作角色和对安全方面要求的不同进行划分；在划分的同时有针对性地考虑安全产品的部署。从网络构架层面来讲，系统局域网整体结构安全域的划分是与安全产品的部署密不可分的，一方面安全域的划分为安全产品的部署提供了一个健康规范灵活的网络环境；另一方面将安全域划分为域内划分和域外划分两种，域和域之间主要采用通过交换设备划分 VLAN 和防火墙来彼此策略隔离；在域内主要根据不同被保护对象的安全需求采用部署 AAA、IDS 和防病毒系统等来完成。因此，安全域的划分不能脱离安全产品的部署。

安全域的个数不应过多，否则在策略设置上过于复杂，会给今后管理带来很大不便；在划分的过程中保证各个安全域之间路由或者交换跳数不应该过多。

安全域划分的目的是发挥安全产品的整体效能,并不是对 IT 系统原有局域网整体结构的彻底颠覆。因此,在对 IT 系统局域网结构改造的同时需要考虑保护已有投资,避免重复投入与建设。

7.2.3 物理链路安全

保证计算机信息系统各种设备的物理安全是保障整个网络系统安全的前提。物理安全是保护计算机网络设备、设施以及其他媒体免遭地震、水灾、火灾等环境事故以及人为操作失误或错误及计算机犯罪行为导致的破坏过程。它主要包括三个方面:环境安全、设备安全和媒体安全。同时为了将不同保密级别的电子政务网络隔离开,如密级较高的内部办公系统和密级较低的政府网站系统,可以采用隔离技术将密级不同的网络在物理上进行隔离,同时保证在逻辑上整个网路的连通性。

1. 环境安全

对系统所在的环境进行安全保护,如区域保护和灾难保护。可以采取安装防火、防盗探测器等方法对主机房进行重点保护。

2. 设备安全

设备安全主要包括设备的防盗、防毁、防电磁信息辐射泄露、防止线路截获、抗电磁干扰、电源保护和关键设备冗余备份等。这些措施通过严格管理及提高政府部门公务员的整体安全意识来实现。

3. 媒体安全

包括媒体数据的安全及媒体本身的安全。显然,为保证信息网络系统的物理安全,除网络规划和场地、环境等要求之外,还要防止系统信息在空间的扩散。计算机系统通过电磁辐射使信息被截获而失密的案例已经很多,这给计算机系统信息的保密工作带来了极大的危害。为了防止系统中的信息在空间上的扩散,通常是在物理上采取一定的防护措施,来减少或干扰扩散出去的空间信号。

4.隔离技术

物理隔离技术是对内部保密网络和外部不保密网络进行隔离。隔离技术要达到以下几点要求：

（1）物理隔离：保密网和不保密网要物理隔断，保密网络上的计算机不能访问不保密的网络。

（2）可选择地运行数据交换：两个网络上的计算机不能访问不保密的网络。

（3）独立决策：所有决策要求数据在一个安全的环境中处理，与不保密的网络隔断。

（4）高性能：上述所有工作实时进行，要有最大通过量和最小延时。

7.2.4 基础网络安全

7.2.4.1 出口安全

为保障政务外网与互联网的逻辑隔离，在政务外网中实施了互联网VPN，因此，互联网出口部署的安全设备将仅对互联网VPN进行防护。为实现互联网接入部分的安全，一般采用以防火墙为主，多种技术手段结合的方法，以下简单介绍这些技术。

1.防火墙技术

防火墙部署在互联网出口，是用户网络和外界之间的一道屏障，防止不可预料的、潜在的破坏者侵入用户网络。防火墙在开放和封闭的界面之间构成一个保护层，属于内部范围的业务，依照协议在授权许可下进行，外部对网络的访问则受到防火墙的限制。

（1）防火墙基本功能

一般来说防火墙可以实现以下基本功能：

1）网络层访问控制：从互联网进入的访问请求只能访问防火墙开放的端口和服务。防火墙作为内部对外访问的代理，可以保护内部网络的IP地址不暴露在互联网上。

2）应用层访问控制：通过对应用层协议的分析，实现应用层的访问控制。

3）防止IP地址欺骗：通过对防火墙的端口进行限制，可以有效防止黑客利用IP地址欺骗的方法访问政务外网网络。

4）日志安全审计：防火墙能对进出网络的访问行为做记录，为网络行为分析和事故审查提供依据。

（2）防火墙安全策略

防火墙采用如下安全配置策略：

1）默认关闭所有服务端口，根据需要开放有限的服务端口。

2）严格界定可通过防火墙的IP用户和用户组，非授权用户采用阻断方式进行隔绝，对源地址和目的地址均进行严格控制。

3）禁止通过互联网远程登录防火墙系统，所有对防火墙规则的修改都在本地完成。

4）采用路由模式，确保防火墙系统所保护的信任域在网络中的隐蔽性。

对流入/流出防火墙的用户IP地址，目的地址，时间等关键信息记入日志，以备今后查询。

（3）防火墙设置原则

现实中无论我们选用那种类型以及品牌的防火墙，防火墙的设置应该满足以下原则。

1）封闭性原则

基于这个原则，防火墙先封锁所有的信息流然后对希望提供的安全服务逐项开放，将不安全的服务或可能有安全隐患的服务一律扼杀在萌芽之中。这是一种行之有效的方法，可以构筑一种非常安全的环境。其代价是网络的方便性受到限制，网络的应用范围和效率会有所下降。一些有用的服务（如FTP，Telnet等）通常会由于存在安全问题而被关闭。

2）开放原则

基于这个原则，防火墙应先允许所有的用户和站点对内部网络的访问，然后网络管理员按照IP地址对未授权的用户或不信任的站点进行逐项屏蔽。这种方法构成一种更为灵活的应用环境，网络管理员可以针对不同的服务面向不同的用户开放，即可以自由地设置各个用户不同的访问权限。但如果用户范围过大，实施这种方法的工作量将很大。所以这种方法适合小型的电子政务系统。

电子政务网络系统是由中央省、地市、区县政府网络组成的四级网络体系结构，从网络安全角度上讲，它们属于不同的网络安全区域，因此在各中心政务内网的网络边界，以及政务专网和因特网边界都应安装防火墙，并需要实施相应的安全策略控制，以对政务内网的应用系统加以保护。另外，根据对外提供信息查询等服务的要求，为控制对关键服务器的授权访问，还可以把对外公开服务器的集合划分为一个专门的服务器子网，设置防火墙来保护对它们的访问。

（4）防火墙局限性

防火墙技术虽然功能强大，对网络安全起着很大的作用，但也有其局限性，主要体现在以下几个方面：

1）防火墙不能防止绕过防火墙的攻击。如在某个内部网络中设置了防火墙，但该网络的某个用户通过某种方式直接与互联网进行了连接，从而绕过由精心构造的防火墙系统提供的安全系统，这样就给整个内部网络留下了一个供人从外部攻击的后门，成为一个潜在的安全隐患。

2）防火墙无法禁止内部用户对网络主机的各种攻击。必须对员工进行教育和培训，让他们了解网络攻击的各种类型，并懂得保护自己的用户口令以及经常变换口令的必要性。

3）防火墙不能保证数据的秘密性，不能对数据进行鉴别，也不能保证网络不受病毒的攻击。

2. 入侵检测技术（IDS）

（1）入侵检测的防护作用

利用防火墙技术，经过仔细的配置，通常能够在内外网之间提供安全的网络保护，降低网络安全风险，就像建设了御敌于外的防线。但是网络安全除了消极防御之外，还需要即时地对可能的入侵进行反应，仅仅使用防火墙，网络安全还远远不够，主要原因有以下几个方面：入侵者可寻找防火墙背后可能敞开的后门；入侵者可能就在防火墙内；由于性能的限制，防火墙通常不能提供实时的入侵检测功能；保护措施单一。

入侵检测是对入侵行为的发觉。通过对计算机网络或计算机系统中若干关键点收集信息并对其进行分析，从中发现网路或系统中是否有违反安全策略的行为或被攻击的迹象。进行入侵检测的软件和硬件的组合就是入侵检测系统。入侵检测系统目的是提供实时的入侵检测及采取相应的保护手段，以尽早发现异常网路访问行为，尽早检测到入侵行为，并尽早地消除入侵。如果说防火墙是电子政务网络的第一道关口，那么，入侵检测系统则是电子政务网路的第二道关口。一个合格的入侵检测系统能大大地简化系统管理员的工作，保证网络的安全运行。

网络入侵检测系统能满足以下要求：

1）能在网路环境下实现实时、分布、协同的入侵检测，全面检测可能的入侵行为，能及时识别各种黑客攻击行为；发现攻击时阻断、弱化攻击行为，并能详细记录、生成入侵报告，及时向管理员报警。

2）能够按照管理者的需要进行多个层次的扫描，按照特定的时间、广度和细度的需求配置多个扫描。

3）能够支持大规模并行检测，能够方便地对大型网络同时执行多个检测。

4）所采用的入侵检测产品和技术不能被绕过。

5）检测和扫描行为不能影响正常的网络连接服务和网络的效率。

6）检测的特征库要全面并能够及时更新。

7）安全检测策略可由用户自行设定，对检测强度和风险强度进行等级管理，用户可根据不同需求选择相应的检测策略。

8）能够帮助建立安全策略，具有详细的帮助数据库，帮助管理员实现网络的安全,并且制定实际的、可强制执行的网络安全策略。

(2)入侵检测系统分类

按获得原始数据的分类方法可以将入侵检测系统分为基于主机的入侵检测和基于网络的入侵检测系统。

基于主机的入侵检测系统出现在 20 世纪 80 年代初期,由于那时网络没有现在这样普遍、复杂,而且网络之间也没有完全连通。在这种较为简单的环境里,检查可疑行为的检验记录是很常见的操作。由于入侵在当时是很少见的,对攻击的事后分析就可以防止以后的攻击。

基于主机的入侵检测系统是以理解以前的攻击形式,并选择合适的方法来抵御未来的攻击。

基于网络的入侵检测系统对网络上流经的数据包进行分析。基于网络的入侵检测系统(IDS)通过利用一个运行在"混乱模式"下网络的适配器来实时监视并分析通过网络的所有通信业务。所谓"混乱模式",是指能够监听本网段内的所有网络包。通常使用四种常用技术来识别攻击标志:模式、表达式或字节匹配;频率或穿越阈值;次要事件的相关性;统计学意义上的非常规现象检测。

一旦检测到了攻击行为,IDS 的响应模块进行通知、报警并对攻击采取相应的反应。反应因产品而异,但通常都包括通知管理员、中断连接并保存会话记录。

基于网络的 IDS 有许多仅靠基于主机的入侵检测无法提供的功能。实际上,许多客户在最初使用 IDS 时,都配置了基于网络的入侵检测。基于网络的检测有以下优点:

1)侦测速度快。基于网络的监测器通常能在微秒或秒级发现问题。而大多数基于主机的产品则要依靠对最近几分钟内审计记录的分析。

2)隐蔽性好。一个网络上的监测器不像一个主机那样显眼和易被存取,因而也不那么容易遭受攻击。基于网络的监测器不运行其他的应用程序,不提供网络服务,可以不响应其他计算机,因而可以做得比较安全。

3）检测范围宽。基于网络的入侵检测甚至可以在网络边缘上，即攻击者还没能接入网络时就被发现并禁止。

4）较少的监测器。由于使用一个监测器就可以保护一个共享的网段，所以不需要很多的监测器。相反的，如果基于主机，则在每个主机上都需要一个代理，这样的话，花费较多，而且难于管理。但是，如果在一个交换环境下，则需要基于主机的 IDS 配合使用。

5）攻击者不易转移证据。基于网络的 IDS 使用正在发生的网络通讯进行实时攻击的检测，所以攻击者无法转移证据。被捕获是数据包不仅包括攻击的方法，而且还包括可识别黑客身份的信息。但对于高明的黑客而言，通常采用跳板式的攻击方法，既利用他们俘获的第三方机器进行攻击，而不是直接攻击。等到安全检查人员一级一级回溯检查时，原先的审计记录可能已经不存在了。另外，有的黑客熟知审计记录，他们知道如何操纵这些文件掩盖他们的作案痕迹，如何阻止需要这新信息的基于主机的 IDS 检测入侵。

6）与操作系统无关。基于网路的 IDS 作为安全监测资源，与主机的操作系统无关。与之相比，基于主机的系统必须在特定的、没有遭到破坏的操作系统中才能正常工作，生成有用的结果。

7）占用资源少。在被保护的设备上不用占用任何资源。

7.2.4.2 互联网数据中心安全

根据互联网数据中心建设规模和业务需求，并借助于互联网出口安全设备的防护功能，需要在互联网数据中心部署防病毒系统、加密技术、主页防篡改系统和主机加固系统。

1. 防病毒系统

防病毒系统采用网络防病毒软件，针对其中的每一台计算机进行部署。主要包括客户端防病毒、服务器防病毒和管理控制台三部分。系统管理员可以实时监测各个节点的防毒状态，统一部署防毒产品、统一升级样本，统一应对病毒突发事件，确保互联网数据中心不受病毒侵害。

2. 主页防篡改系统

主页防篡改系统主要包括监测端和控制台两个组成部分。

监测端运行于需要保护的 Web 服务器上，控制台通过对监测端返回数据的分析，及时发现网页的篡改行为作出报警，并与网页的发布系统联动，实时对网页进行恢复。用户可通过 IE 浏览器在本地或远程连接登录控制台进行监控。

3. 主机加固系统

对关键的服务器安装主机加固系统，以保护这部分关键服务器的安全。关键服务器包括数据库服务器、数据目录服务器、应用服务器、访问控制服务器、门户服务器等。根据服务器操作系统平台的不同，部署主机加固系统。

在这些重要服务器上安装了主机加固系统之后，将在操作系统和安全相关的系统调用之间透明添加一个安全层，任何上层应用对这些系统的调用，都要通过该安全层，并经过安全策略库的检查，从而在操作系统级实现安全访问和使用。

7.2.4.3 网络管理中心安全

对网管中心采用安全防护措施包括：

（1）采用防火墙系统对网络出口进行逻辑隔离。

（2）对内部 WEB 服务器进行重点保护，通过部署主页防篡改系统，确保服务器页面不被非法篡改。

（3）在内部网络系统中的所有服务器和客户端部署防病毒系统，使其免受病毒侵害。

（4）通过入侵检测系统（IDS）对内部网络系统的数据流进行检测，并与防火墙系统联动，使网管中心免受非法用户的入侵。

（5）通过漏洞扫描系统，修补操作系统和应用系统的漏洞。

（6）通过端点准入系统对所接入计算机进行身份的接入认证，将不符合身份的非法用户屏蔽于网络外。

（7）对关键应用服务器部署主机加固系统，提高这些服务器的自身安全性。

（8）通过抗拒绝服务系统，防止各类拒绝服务攻击，以及连接耗尽这样一些危害很大而又易于发起的攻击行为。

7.2.4.4 移动用户接入安全

远程安全接入系统主要为外网用户单位和网管中心人员外出移动办公提供远程接入访问服务，采用了PKI认证机制并与VPN技术相结合的方式。当用户外出移动办公时，通过为终端用户配置PC套件，并利用移动用户的电子证书实现对移动用户的身份进行认证，动态为用户分配相应的IP地址，使用户方便安全地接入到各自的网络中，保障了在互联网上传输数据的完整性、可用性和保密性。

7.3 安全信任体系设计

电子政务基于开放的网络，由于政务活动双方彼此没有面对面，所以必须核实政务活动双方真实、有效的身份。电子政务的安全认证，通过认证中心和利用数字证书，使政务活动必需的共同信任和依赖成为可能。

7.3.1 安全信任体系设计目标

实现对网络用户的身份鉴别、权限认证和责任认定，确保网络通信中用户（含设备）身份的真实性与合法性，用户访问与操作权限的确定性，用户操作行为与责任的可鉴别性与不可否认性。基于网络信任体系，实现了网络通信中可靠地识别一个用户的身份、行为和责任。

7.3.2 加密服务基础设施

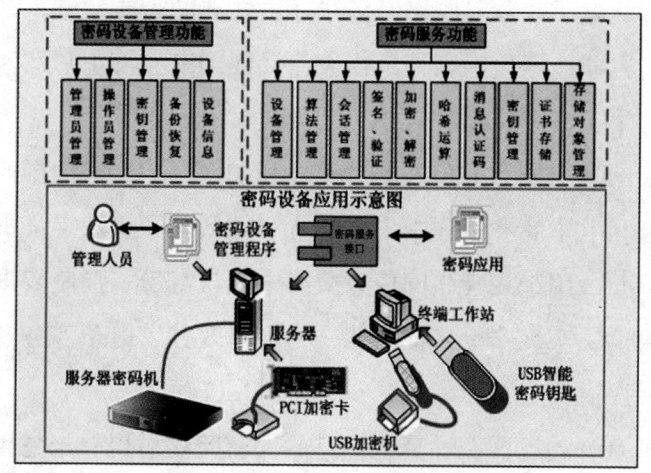

图 7-2　密码设备功能应用图

所谓密码服务指的是比如提供各种算法、密钥的存储、会话的管理等功能的硬件接口，此类硬件包括各种密码机器、各种加密卡、各种USBKEY等，此类硬件应该拥有主管部门审批的相关资质，硬件的驱动程序以及算法接口程序也必须由相应的主管部门管理。使用主管部门批准的硬件设备、驱动程序、加密算法并在机要管理制度下建立的软件建设模式、实施模式的支持下，开发出的一系列密码服务接口就是密码服务。业务系统依据机要制度保障进行业务的设计，比如权限分配、业务授权、职能分工等，利用密码服务接口开发功能组件保障权限的认证、业务授权的认证、职能分工的业务人员身份认证服务（图7-2）。

7.3.2.1 服务器密码机

密码技术是保护信息安全的关键技术，具有我国自主知识产权的密码产品对保护信息安全尤为重要。目前，已经国家密码管理局批准了产品品种和型号的商用密码产品有几百项，包括传真密码机、电话密码机、电子支付密码器系统、计算机网络链路层密码机、计算机网络密码系统、密码集成和密码应用系统、通讯网络密码系统、终端认证类密码设备和软件类等多个种类，这些产品已经广泛应用在我国的金融、税务、海关、电信、证券、社保、监察、电子商务、电子政务等国民经济和社会发展的重要领域，在保护信息安全，防止信息犯罪，避免国家经济损失，保证国家经济正常运转方面发挥了重要作用，产生了良好的经济效益和社会效益。

如何判断信息交换双方身份的真实性和如何保护交换数据的机密性，是发展电子政务和电子商务过程中一个亟待解决的问题。数字证书认证系统以密码技术为核心、用于在互联网信息交换中确认身份、控制权限、确保交换信息的真实可信，实现安全认证功能，为电子政务、电子商务和其他网上活动的顺利开展提供安全保障。

随着电子政务的发展，计算机信息的保密问题显得越来越重要。密码技术是对计算机信息进行保护的最实用和最可靠的方法，对称密码技术和公钥密码技术在电子政务中得到广泛应用。在电子政务工程实践中，硬件加密设备为密码技术的应用提供最基础的服务，进而完成对信息的机密性、完整性、抗抵赖性保护。

硬件加密设备提供的密码服务是公钥基础设施、密钥管理、数字签名、数据加密、VPN 等软件的技术基础。

服务器密码机是硬件加密设备的一种形式，以独立外接设备的方式进行工作，主要在安全系统和应用系统的服务端使用，一般与应用系统的主机通过双网卡直连使用，为应用系统提供高性能的密码服务。

7.3.2.2 PCI 密码卡

PCI 密码卡是为普通微机和服务器提供加密服务的专用插卡式密码设备，可提供高级别安全保障，是目前首选的替代软件加密的硬件产品。数据加密卡能与任何一台（具有 PCI 插槽）设备相连接，提供信息存储与信息传输的数据加解密、数据完整性保护、签名/验证、访问控制等安全功能，为上层应用提供安全的通信环境。

PCI 密码卡可用于：各业务系统、办公自动化安全保密、数据库保护；电子邮件以及 SSL 等上层应用系统；PCI 插槽的台式 PC 机和工作站、计算机文件保护；网络加密、加密机、VPN、防火墙；电子钱包、信贷信用卡交易。

典型应用包括：

（1）VPN

在 VPN 部署过程中，通过使用专用的数据加密卡来实现加密算法，将大大缓解核心处理 CPU 的压力，为提升系统的性能提供了捷径，同时专用的数据加密卡能够进行更加复杂的加密算法，为系统的安全性提供了更高的保障。

（2）SSL

在 Web 服务器和浏览器端都增加数据加密卡，如果有一端没有增加，则原有的低安全性的 SSL 协议仍然有效。

（3）CA

根 CA 证书签发服务器是整个 PKI 系统的最核心功能模块，配置在核心安全区，与网络物理断开，因此对根 CA 证书签发服务器调用硬件数据加密卡来完成根签名私钥的产生和数字签名等密码运算。

7.3.2.3 USB 密码机

USB 密码机是硬件加密设备的一种形式，IC 控制式 USB 密码机是插在计算机 USB 总线上，通过 USB 总线接口为主机上的应用系统提供密码服务，主要在应用系统的客户端使用。

USB 密码机采用 USB 总线接口。持国家主管部门批准的专用对称密码算法（SCB2）和 1024 位模长的 RSA 公开密钥算法，支持 Windows98/ME/2000/XP、Linux 等主流操作系统，提供操作系统内核层和应用层 API 调用接口。

USB 密码机的典型应用包括：计算机文件加密系统；密钥分发和管理系统；身份认证及访问控制；安全远程终端系统；虚拟私有网络（VPN）系统。

7.3.2.4 USBKEY 密码钥匙

互联网已经成为现代社会生活中必不可缺的一部分。但随着互联网的发展，使用者在进行网上交易和通信时，其信息安全日益受到了网上黑客、网络监控设备、病毒及其它形式的威胁。这些威胁带来的各种损失已经成为使用成本的重要组成部分。PKI 体系的建立保障了使用者的信息安全。作为一种可在 PKI 体系中应用的产品，USBKEY 是为 PKI 应用量身设计的。

USBKEY 是一种 USB 接口的智能卡，小巧的体积便于使用者随身携带。它支持 Internet Explorer、Outlook、Outlook Express、Netscape Communicator 以及其它任何基于 MicrosoftCAPI 或 PKCS#11 标准的软件产品的 PKI 应用。USBKEY 可进行电子邮件加密、数字签名、安全证书、安全网络登录和访问 SSL 安全网络，为使用者提供身份认证、身份识别和信息加密服务。Pass2000 身份认证锁 USBKEY 可在 Windows98SE/Me/2000/XP 及其它多种操作系统下使用。它可在内置的智能卡上运行功能强大的加密运算。

USBKEY 具有广泛应用：安全网络登录；安全 Email 通讯；安全远程访问服务认证；安全 VPN 访问；安全访问内部网和外部网；保护个人电脑；电子商务应用：网上银行、网上交易、医疗保健、在线订阅杂志或报纸；收费：远程订票、通行费、停车场收费。

7.3.2.5 数据加密组件

数据加密可采用各种密码设备和加密方案，从而应用系统要面临与各种密码方案的接口。使各种加密方案对应用接口统一、使用透明是电子政务工程实践中要解决的问题。电子政务系统通过数据加密组件解决对各种密码方案的封装和统一的问题。数据加密组件是一套基于可扩展体系结构以组件形式提供服务的用于对信息进行加密保护的安全组件产品。

数据加密组件对各种对称的和非对称的加密方案进行封装，为应用提供统一透明的加密、解密接口，从而使应用在具有不同密级要求的环境下具有广泛的适应性。

数据加密组件采用分布式组件技术，以组件的形式提供数据加密接口和服务，为 B/S、C/S 结构的应用提供数据加密和解密功能，用于解决电子政务应用中的数据保密性问题，可用于 B/S 应用以及智能客户端 C/S 应用中。

数据加密组件可提供的加密方案包括绝密加密方案、机密对称加密方案、机密非对称加密方案等，密码设备根据方案的不同，可支持核密PCI卡、商密硬件密码机和智能密码钥以及商密PCI加密卡等。

数据加密组件按照标准化、模块化、系列化的原则，集中管理各种不同加密方法，为应用系统提供与具体设备无关的高效、统一、通用、灵活的密码作业支持。

1. 设计要求

数据加密组件由客户端加密组件和服务端加密组件构成。数字签名组件主要为应用系统提供数字加密和数据解密的功能。

客户端加密组件集成于客户端中，用于客户端的加密和解密，客户端可配备的密码设备有USB智能密码钥匙和USB密码机、PCI加密卡等。

服务端加密组件集成于应用服务端中，用于服器端的数据加密和解密，服务端可配备的密码设备有服务器密码机和PCI加密卡等。

客户端加密组件和服务端加密组件可单独部署也可联合部署；客户端单独部署可解决本地加解密问题。客户端加密组件和服务端加密组件二者联合部署可按照相应的密码方案实现数据的加密传输问题。

图7-3和7-4分别为数据加密组件的部署结构和逻辑结构。

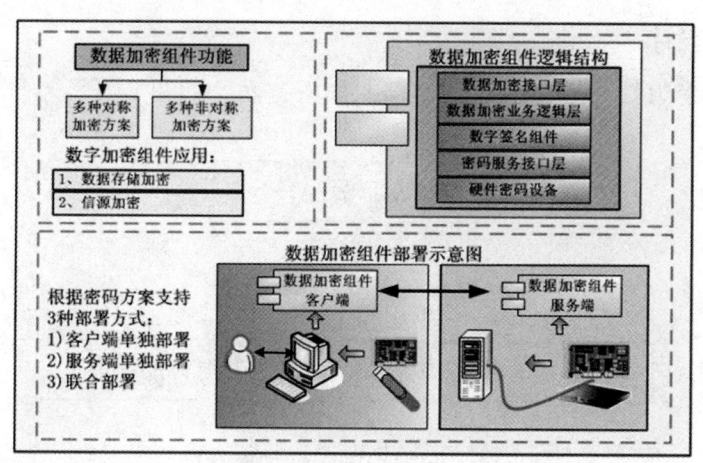

图7-3　数据加密组件部署结构

数据加密组件由数据加密接口层、数据加密业务逻辑层、数字签名组件、密码服务接口层、硬件密码设备等部分构成。

数据加密接口层对外提供加密、解密接口。

数据加密业务逻辑层对各种密码方案进行封装,支持多种对称和非对称加密方案。

数字签名组件对非对称密码方案提供支持。

密码服务接口层对各种密码设备进行封装,提供底层加密、签名等密码服务。

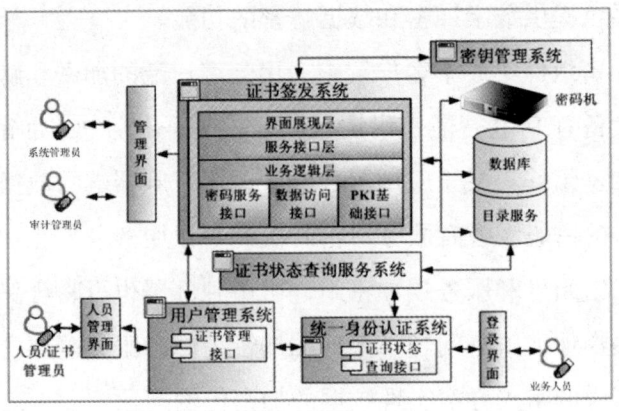

图 7-4　数据加密组件逻辑结构

2. 功能设计

数据加密组件一般包括两种类型的加密方案,如图 7-5 所示。

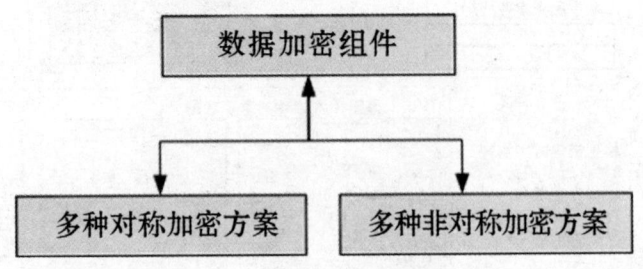

图 7-5　数据加密组件加密功能

（1）对称加密方案

提供多种基于对称密码理论的加密方案。

（2）非对称加密方案

提供多种基于非对称密码理论的加密方案。

7.3.3 密钥管理系统

密钥管理是电子政务中的一个非常重要的问题。密钥管理系统是对电子政务系统中的密钥的产生、发放、存储、更换和销毁进行管理的系统。密钥管理系统是信任服务系统中的一个重要组成部分，为密码技术和产品的大规模应用提供密钥支持。密钥管理系统提供密钥的产生、存储、更新、分发、查询、撤消、归档、备份及恢复等管理服务，对密钥的生命周期进行管理。

7.3.3.1 设计要求

密钥管理系统由密钥管理服务器、管理界面、密码服务等子系统组成。密钥管理服务器为密钥的托管、恢复、查询、撤消和证据管理等提供完善的管理服务。图7-6为密钥管理系统的逻辑结构。

密钥管理服务系统与密码服务系统相连，负责对密钥进行管理，包括密钥的生成、分发、恢复、查询、统计等，同时提供权限管理和审计管理的功能。

密钥库包括备用密钥库、在用密钥库、归档密钥库，负责加密存放备用密钥、在用密钥和归档密钥。备用库存储了还没有被用户使用的密钥对；在用库存储了已被用户使用的密钥对；当用户进行更新、注销操作后，其密钥对则转入归档库。

密码服务系统提供基础的加密、密钥生成等密码服务。

密钥管理服务系统对外与公钥基础设施连接，为公钥基础设施提供密钥服务。

管理界面为密钥管理人员提供密钥管理的操作界面。提供密钥生成、密钥查询、密钥恢复、统计、签发机构管理、权限管理和审计功能等。

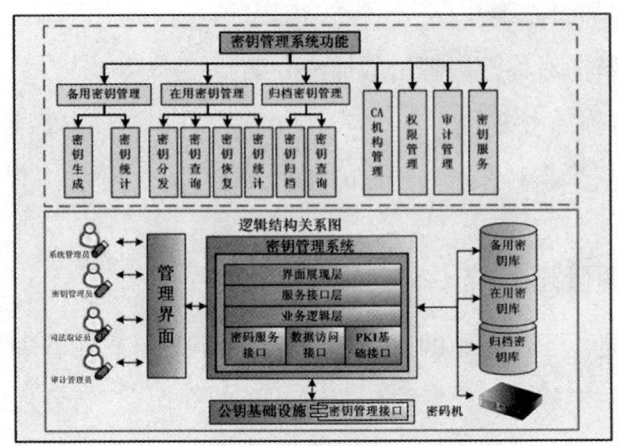

图 7-6 密钥管理系统逻辑结构图

7.3.3.2 功能设计

密钥管理系统是为证书签发系统提供用户加密密钥的生成及管理服务。系统支持符合 PKCS#11 标准的加密设备，支持高强度的密钥及加密算法。通过 PKCS#11 接口直接硬件加密，实现了黑盒管理，系统密钥不出主机加密服务器，拥有高强度的安全性和保密性。

1. 备用密钥管理

在密钥管理系统中，只有拥有密钥管理角色的管理员才能进行密钥管理的操作。密钥管理主要包括密钥产生，在用密钥的查询、统计与备份等。

（1）密钥产生

密钥产生分为定时预产生密钥和即时产生密钥两种方式。

定时预产生密钥。管理员可以通过此功能管理密钥产生计划，用于在系统运行不繁忙的时候预先产生密钥以作备用，在证书签发系统申请密钥的时候可以提高密钥管理系统的工作效率。计划根据执行时间和在数据库中保存的最大数量来决定是否每天执行。管理员可以执行添加、删除计划的操作。

即时产生密钥。管理员可以通过即时产生密钥功能随时产生所需要的一定数量的密钥对。管理员可以设置需要产生的密钥的类型和长度，以及产生数量和计划执行时间等参数。

（2）备用密钥统计

对系统中所有的备用密钥进行统计。根据统计条件，统计备用密钥的数量。

2. 在用密钥管理

（1）在用密钥查询

证书签发系统向密钥管理系统申请密钥并为用户签发证书成功后，申请的密钥对保存在密钥管理系统的在用密钥库中。设置输入某些查询条件可以查询出符合条件的在用密钥的详细信息。

（2）在用密钥统计

对系统中所有的在用密钥进行统计。根据统计条件，统计在用密钥的数量。

（3）密钥恢复

密钥管理系统可以通过密钥恢复操作来提供司法取证服务。在密钥管理系统中，只有拥有密钥管理角色的管理员才能进行密钥恢复操作。多方司法取证员到后，密钥管理员启动密钥恢复操作进行司法取证过程，分别验证每个司法取证员的身份是否和系统中设定的司法取证员相符，验证通过后选择密钥恢复方式，进行密钥的保存。

1）密钥恢复

密钥恢复可以从密钥管理系统的数据库中提取出欲恢复密钥（私钥）并进行保存，密钥管理系统提供了 2 种密钥保存方式，基于文件的保存方式和基于智能卡的保存方式。

文件方式。如果选择基于文件的保存方式，密钥管理系统可以提供 2 种文件格式：PKCS#1 格式和 PKCS#12 格式。PKCS#1 格式只保存私钥，PKCS#12 格式采取将私钥与证书用保护口令加密的方式保存。

智能卡方式。基于智能卡的保存方式可以将欲恢复的密钥保存在智能卡内。

2）司法取证

司法验证过程中，密钥管理系统根据在系统初始化阶段设定的 M/N 值（N 个人中最少 M 个人到场）进行司法取证员的身份验证，需要选择每个司法取证人员证书进行签名,在 M 个司法取证人员的签名操作完成后,系统验证司法取证人员的合法性(司法取证员必须为系统中注册过的司法取证人员),验证通过后进行密钥恢复。

3. 归档密钥管理

(1)密钥归档

从在用密钥库中,根据归档条件,查询满足归档条件的密钥,并将密钥归档保存到归档密钥库。

(2)归档密钥查询

从归档密钥库中查询出已归档的密钥。

4. CA 证书颁发机构管理

密钥管理系统可以对多个证书颁发机构提供密钥管理服务,并可以对多个证书颁发机构进行统一的管理。证书颁发机构管理分为证书颁发机构注册、证书颁发机构查询、证书颁发机构冻结、证书颁发机构解冻、证书颁发机构更新五部分。只有具有证书颁发机构管理角色的管理员才能进行证书颁发机构管理的操作。

(1)证书颁发机构注册

证书签发系统向密钥管理系统申请密钥前必须先在密钥管理系统中注册并得到密钥管理系统的授权,否则证书签发系统无权向密钥管理系统申请密钥。

(2)证书颁发机构查询

管理员可以查询到当前密钥管理系统已经注册的全部证书颁发机构的详细信息。

(3)证书颁发机构冻结

管理员可以根据需要将某些已经在密钥管理系统中注册的证书颁发机构进行冻结,冻结后的证书颁发机构将不能再向密钥管理系统申请密钥,直至被解冻为止。

(4)证书颁发机构解冻

管理员可以将已冻结的证书颁发机构解冻从而恢复其申请密钥的权限。

（5）证书颁发机构更新

管理员可以更新已经在密钥管理系统中注册的证书颁发机构的注册信息。

5. 权限管理

在密钥管理系统中，对管理员采用基于数字证书的身份验证机制，管理员的管理权限与其证书进行绑定。系统采用分布式的基于角色的权限管理，管理员间权限分离，某一管理员只管理某一部分功能并受其他管理员监督。

密钥管理系统的权限管理包括对司法取证员的权限管理和对管理员的权限管理两部分内容。

（1）司法取证员权限管理

司法取证员是为进行密钥恢复操作而设置的人员。在进行密钥恢复时，需要由几位特定的司法取证员共同到场，依次验证权限才能进行操作。

司法取证员权限管理主要包括司法取证员注册、查询和删除等。

1）司法取证员注册

只有注册后的司法取证员才能进行司法取证操作，注册的司法取证员人数不能超过系统允许的司法取证人员总数，不能重复注册同一司法取证员。

2）司法取证员查询

管理员可以查询当前系统中已经注册的司法取证员的详细信息。

3）司法取证员删除

管理员可以删除已经在系统中注册的司法取证员，被删除的司法取证员不能再进行司法取证操作。

（2）管理员权限管理

密钥管理系统通过为管理员分配管理角色来指定管理员可以进行哪些操作，密钥管理系统中包含的管理角色有：密钥管理角色、证书颁发机构管理角色、权限管理角色和审计管理角色。一个管理员可以被授予一个或多个管理角色，以分权的形式对整个系统进行有效管理。

只有具有授权管理角色的管理员才能进行相应的授权管理操作。

（3）注册管理员

注册后的管理员具有被赋予的管理角色，可以进行相应的操作。

（4）授权管理员

注册后的管理员的权限可以被修改或删除。

6. 审计管理

只有具有审计管理角色的管理员才能进行审计管理操作。审计管理主要是对系统的业务日志进行查询，查询条件包括操作者、证书主题、证书序列号、证书模板名称、密钥类型、密钥长度、业务类型、业务结果、起始日期和时间、结束日期和时间等，查询结果按业务操作时间排序。

7.3.4 文件加密系统

通过数据加密和认证来保护数字资产，是防止未经授权泄漏重要电子信息的手段。保存有机密数据的移动设备非常容易丢失或被盗窃，这会给敏感数据带来巨大风险。文件加密系统软件是有效防止数据窃取的重要手段，可为笔记本、台式电脑、服务器及移动设备存储和传输敏感数据提供强大保护。

7.3.4.1 设计要求

文件加密系统的功能、逻辑和应用如图 7-7 所示。

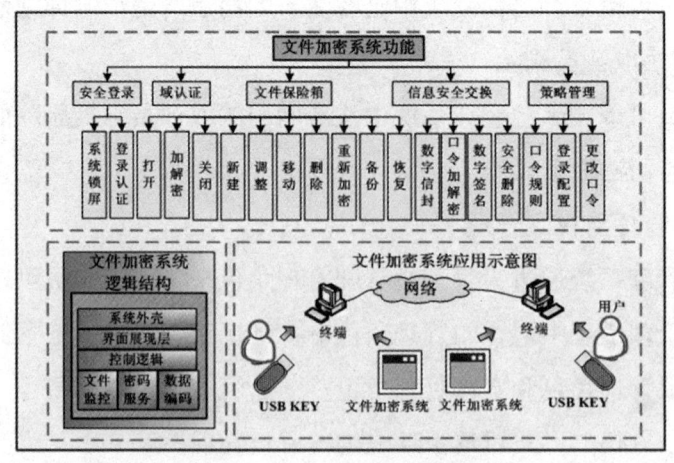

图 7-7　文件加密系统示意图

文件加密系统包括安全登录模块、文件安全保险箱、个人信息安全交换模块和安全控制中心模块。

安全登录模块替换掉了操作系统的登录，实现基于双因子验证及硬件绑定的操作系统安全登录。

文件安全保险箱模块为用户提供一个虚拟的加密磁盘，是对操作系统的文件系统的增强与扩展。

个人信息安全交换模块的主要功能包括信息加密和解密、制作和发送数字信封、文件安全删除、邮件发送，等等。

7.3.4.2 功能设计

1. 操作系统安全登录功能

替换操作系统现有口令登录模式，采用双因子登录方法实现增强的操作系统登录安全。使用安全登录，用户必须将 USBKEY 插入计算机并输入正确的密码，方可登录到操作系统获得计算机的使用权。当 USBKEY 拔下时，计算机自动进入锁定状态，必须再次插入 USBKEY 并输入口令方可继续使用。

2. 文件保护功能

文件加密系统通过文件保险箱的方式在桌面环境中建立一个对其内部文件自动进行加密保护的安全文件存储区，用户可通过拖拽的方式，将文件放入保险箱进行加密或从保险箱拖拽出去，进行解密，加密解密过程自动完成。

用户在保险箱上的操作应与真实文件系统保持高度一致，支持文件的复制、剪切、粘贴、查找；支持文件拖拽。同时，应采用双因子验证，与硬件 KEY 绑定，使用 KEY 和口令保护保险箱，实现对保险箱的"即插即用"。

"安全保险箱"实际为一个虚拟磁盘设备，用户也可随时更改保险箱文件的存放路径。安全保险箱持备份（即导出）与恢复功能，采用对称加密算法及由硬件加密设备产生的对称密钥来加密文件内容。

3. 信息安全交换

（1）口令加密、解密

文件加密系统可实现文件的高强度对称加密解密功能。可对用户选择的文件以用户指定的口令加密。口令加密解密有强度高、速度快，占用系统资源少等特点。口令加密、解密支持在后台的操作，并支持对目录的操作。

（2）数字信封封装和解封

文件加密系统提供用公开密钥制作数字信封的功能。数字信封最适合网上的安全传输，接收方只要同样安装了文件加密系统，在接到文件后执行"打开数字信封"功能，就可以解密数字信封文件，并且可以验证发送人的身份及文件是否被篡改，这里所做的一切对用户来说都是透明的。

（3）制作和验证文件签名

有些文件并不需要保密，但是却需要发送者的身份认证，例如一个普通的管理命令，虽然内容很简单，但却不是每个人都可以做出的，这时便需要文件签名。文件签名就是用自己的证书对文件作一个标记，可以用这个文件来认证发送者的身份和权限，以防止其他人的身份伪装。数字签名不只可以防篡改，同时在事后也拥有不可否认性。"制作文件签名"功能很适合网上的安全传输，可以把文件签名后发送给其他人。验证文件签名功能就是在收到其他人的文件签名以后，用来认证其身份和权限的，还可以验证文件在传输过程中是否被篡改。

4. 外壳扩展功能

文件加密系统对系统的资源管理器外壳进行扩展，加入由文件加密系统提供的安全操作功能。当右击计算机上的某个文件或目录时，会弹出已加入文件加密系统扩展功能的菜单。扩展出的功能包括：以登录口令加密、以登录口令解密、以指定口令加密、以指定口令解密、制作数字信封、制作数字信封并发送、打开数字信封、制作签名文件、验证签名文件、安全删除文件等。

5. 其他辅助功能

（1）安全删除

由于操作系统对文件的删除操作实际上并不是真正地将文件从磁盘上清除，只是将文件分配表上做一个空的标记。那么，用户可以使用磁盘恢复软件对磁盘进行恢复，从而找出以前删除，现在还没有被覆盖的文件。这对于用户而言是很不安全的，因此，文件加密系统提供安全删除功能。使得用户在删除文件的时候，清空文件分配表的同时还进行磁盘重写操作，彻底杜绝非法用户使用某些工具类软件恢复已删除的文件。

（2）邮件发送

文件加密系统可以自动调用邮件程序帮助以附件形式发送加密后的文件。一般来说，文件加密系统首先采用对称或非对称加密算法对指定文件或目录进行加密或签名，之后自动调用邮件程序将处理过的文件以附件形式发送给其他人。在文件加密系统中，并没有整合入邮件发送的软件程序，通常情况下文件加密系统是调用系统中缺省的邮件发送程序。文件加密系统的作用是应用自己的加密机制来保证发送的附件内容的安全性，使邮件附件内容不能被冒充，而且即使被窃取也无法读取或篡改附件中文件的内容。

7.3.5 磁盘加密系统

通过数据加密和认证来保护数字资产，是防止未经授权泄漏重要电子信息的手段。保存有机密数据的移动设备非常容易丢失或被盗窃，这会给敏感数据带来巨大风险。磁盘加密系统软件是有效防止数据窃取的重要手段，可为笔记本、台式电脑、服务器及移动设备存储的敏感数据提供强大保护。图7-8为磁盘加密系统的应用示意图。

7.3.5.1 设计要求

磁盘加密系统安装部署在客户机或服务器上，同时需要配备用于认证和存储密钥的USBKEY。

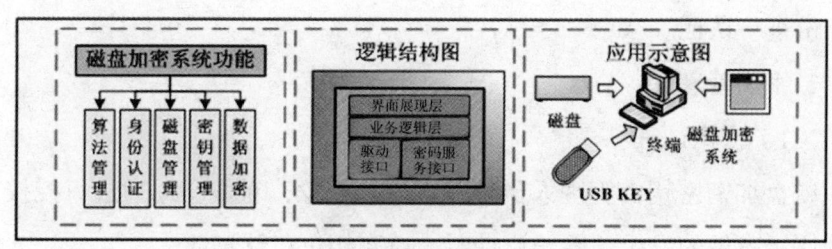

图7-8　磁盘加密系统应用示意图

磁盘加密系统由界面展现层、业务逻辑层、驱动和密码服务接口构成。

界面展现层与用户进行交互，进行磁盘管理相关界面的展现。

业务逻辑层对磁盘操作相关业务逻辑进行处理，执行认证、密钥管理、磁盘管理等业务逻辑。

驱动提供对文件操作的监控，并与密码接口交互，执行数据的加密和解密处理。

密码服务接口层提供加密、解密等密码运算。

7.3.5.2 功能设计

存储设备加密系统功能如图7-9所示。

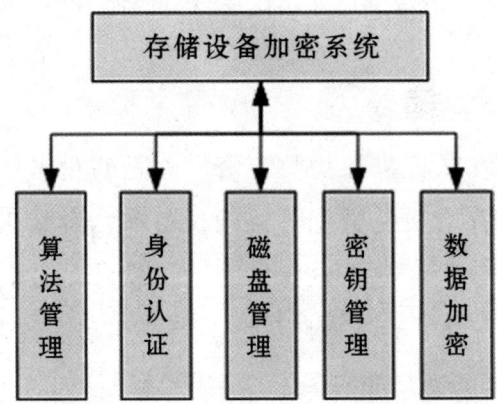

图7-9　存储设备加密系统功能图

1. 身份认证

身份认证是加密的基础，系统采用USBKEY和口令双因素形式对用户的身份进行认证。

2. 密钥管理

（1）密钥认证

磁盘加密密钥由管理人员统一管理和配发，对使用用户进行授权，防止违规使用事件的发生。系统启动时，对密钥进行认证。

（2）更换密钥

更换加密磁盘所使用的卷密钥。

3. 算法管理

（1）设置加密算法

在建立加密分区时进行加密算法的选择和设置。

（2）设置摘要算法

在建立加密分区时进行摘要算法的选择和设置。

（3）更改摘要算法

更改加密分区所使用的摘要算法。

4. 加密磁盘管理

（1）创建新加密分区

创建的加密分区，可以使用多种加密算法保证数据的安全性，同时可以选择加密分区所使用的密钥，设置加密算法、分区格式等。

（2）加载分区

将加密分区进行加载，使用户在资源管理器中可以看到使用此盘符的磁盘分区，并可以正常访问。

（3）卸载分区

将加载成功的加密分区进行卸载，在资源管理器中将看不到刚才已经加载的分区，加密磁盘变为不可访问的受保护状态。

5. 加密与解密

用户在加密磁盘上创建文件、管理文件时，系统进行自动透明的加密和解密，保存后的所有的信息都处于加密状态，在加密磁盘未加载时能够确保拒绝一切形式的非授权访问。

加密磁盘分区也可以用来作为数据库管理系统的数据存储区域，确保数据库中数据的安全。

加密磁盘分区可以作为存储和运行程序文件的环境，当加密磁盘未加载时，不能用其他手段获得这些可执行的文件并运行之。

7.3.6 虚拟专用网

VPN 的关键技术包括安全隧道技术、信息加密技术、用户认证技术和访问控制技术。隧道技术使得各种内部数据包可以通过公网进行传输；信息加密技术用于加密隐蔽传输信息；用户认证技术用于认证用户身份、抗否认等；网络访问控制技术用于对系统进行安全保护，抵抗各种外来攻击。

VPN 的实现可采用二层隧道技术和三层隧道技术。VPN 系统采用的是标准的 IPSec 协议。IPSec 是目前最流行、最完备的三层隧道技术，它是 IETFIPSec 工作组为了在 IP 层提供通信安全而制订的一整套协议标准。它为 IP 及上层协议（如 TCP 和 UDP）提供了安全保证。

7.3.6.1 设计要求

电子政务系统虚拟专用网（VPN）系统基于主流的 IPSec 协议，支持国家密码管理局鉴定通过的密码算法，为电子政务构建虚拟专用网络提供了一整套安全的解决方案。VPN 系统包括以下几个组成部分：VPN 加密网关、VPN 客户端软件包、VPN 安全策略管理中心软件包。

1.VPN 加密网关

VPN 加密网关是符合工业标准的硬件设备，集 VPN 和防火墙功能于一身，主要用于局域网络之间的互连。它的内部采用国家密码管理局鉴定通过的 VPN 专用密码芯片，以实现大流量、高速数据传输的要求，保证用户在网上传递信息的机密性、完整性和有效性。用户可以通过 Windows 风格的控制台界面对加密网关进行设置和管理，采用智能 IC 卡进行用户身份认证和数字证书的管理。

加密网关内置了防火墙功能模块，能够为电子政务多层次应用环境构筑一套完整的立体的网络安全解决方案。防火墙功能模块采用了状态检测的包过滤技术，可以对多种网络对象进行有效的访问监控；为网络提供高效、稳定的安全保护。

2.VPN 客户端软件包

VPN 客户端安装在移动用户的笔记本电脑或桌面 PC 机中，建立起单机到 VPN 加密网关的安全隧道，实现移动用户或单机用户安全访问网络。VPN 客户端需要智能密码钥匙作为数字证书的载体，使用它作为用户的证书载体安全可靠、携带方便。

3.VPN 策略管理中心软件包

在大型应用中，需要对不同节点之间建立 VPN 隧道的策略进行集中的配置和管理，将策略信息下发给指定的加密网关，从而更新该加密网关的策略信息；同时防止由于各个加密网关单独进行配置而可能引起的策略不一致。

策略中心是一个独立的软件包，安装在具有静态 IP 地址的 VPN 加密网关上（即策略服务器）。VPN 加密网关与因特网连接后，通过到指定的策略中心服务器上进行身份认证和注册，即可从策略服务器上获得本网关最新的隧道信息。

VPN 产品采用基于 PKI 体系结构的"集中认证，分布协商"的密钥管理方案，支持 X.509 体系的身份鉴别认证机制。由电子政务系统公钥基础设施颁发机构签发合法证书的 VPN 加密网关或 VPN 客户端，都会被这个 VPN 网络环境中其它的通信实体认为是可信任的。一个 VPN 应用环境中的任意两台加密网关建立安全隧道之前通过出示数字证书来相互确认身份，其内容包括接受认证申请、审查申请人的资格、生成并发放数字证书。

电子政务系统公钥基础设施是用于 X.509 证书或证书链发放、认证及证书管理功能的软件包。系统不仅可以自主发放证书，也可生成证书的 PKCS#10 请求，认证请求由一个可区分的名字、一个公钥和一个可选的属性集，再加上认证请求实体对上述信息的签名共同组成。认证请求被发送给 CA 中心，由中心将请求转换为一张 X.509 公钥证书。

电子政务系统公钥基础设施发放的数字证书和私钥文件一般存放在智能 IC 卡或者智能密码钥匙中。这两种硬件介质中存放的数字证书可以被读取，而私钥文件不能读取，从而保障了证书持有者进行证书应用的安全性。

7.3.6.2 功能设计

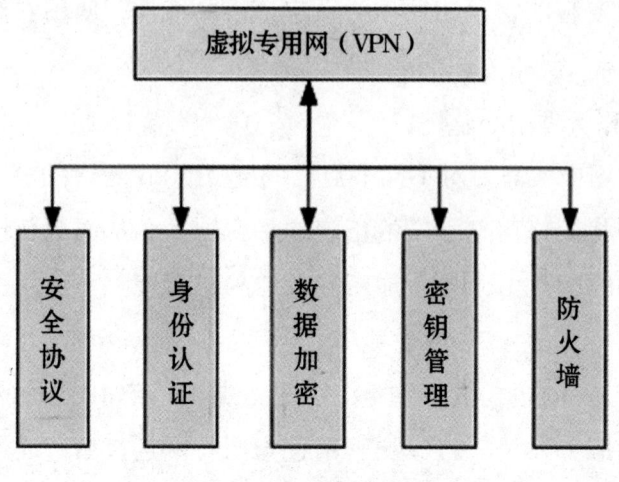

图 7-10　虚拟专用网

VPN 支持局域网到局域网、单机用户到局域网、单机用户到单机用户的连接方式，其功能如图 7-10 所示。

1. 安全通讯协议

VPN 加密网关完整实现了标准 IPSec 协议族，支持 IP 网络的数据传输机密性和数据完整性、抗重播、数据源验证等安全机制，保证了数据传输本身的安全性，能够有效抵御外界的攻击。

2. 身份认证

VPN 系统采用基于数字证书的强认证机制，VPN 加密网关之间或加密网关与 VPN 客户端之间通过 IKE 协议进行身份验证。

3. 数据加密

采用国家密码管理局鉴定通过的专用密码芯片，对传输数据进行加密。专用硬件的使用，使得 VPN 加密网关更安全并有高的数据通信速度。多块密码卡的并行使用使 VPN 加密网关中的加解密部件不再成为速度的瓶颈。

4. 证书和密钥管理

VPN 加密网关证书和 VPN 客户端证书公钥基础设施中心统一配发。

5. 防火墙功能

支持基于包过滤的防火墙功能，支持网络访问控制，防止外部用户攻击。

7.3.7 公钥基础设施软件

公钥基础设施（Public Key Infrastructure，简称 PKI）是采用非对称密码算法和技术，来实现并提供安全服务，并具有通用性的安全基础设施，是一种遵循标准的密钥管理平台。它能够为所有网络应用透明地提供采用加密和数字签名等密码服务所必需的密钥和证书管理。PKI 体系实际上就是计算机软硬件、权威机构及应用系统的结合。它采用数字证书的形式管理公钥，通过 CA 把用户的公钥和用户的其他标识信息（如名称、身份证号码、E-mail 地址等）捆绑在一起，实现对用户身份的验证；它将公钥密码和对称密码结合起来，通过网络和计算机技术实现密钥的自动管理，保证机密数据的保密性和完整性。

公钥基础设施（PKI）在网络安全中的重要工作是管理密钥和证书。通过 PKI 对密钥和证书的管理，一个组织可以建立并维护可信赖的网络环境。PKI 使加密和数字签名服务得到广泛的应用，实现信息的保密性、完整性，并完成身份鉴别以确保不可抵赖性。

数字证书颁发机构（CA，Certification Authority）是 PKI 的核心组成部分，通常被称为认证中心，它是数字证书的签发机构，在电子政务中，数字证书颁发机构为唯一提供证书签发功能的服务器。

公钥基础设施（PKI）服务系统的关键问题是如何实现密钥管理，目前较好的解决方案是引进数字证书机制来实现。在公钥机制和电子政务应用环境中，安全保密部门必须有一个可信的机构来对电子政务的任何一个主体的公钥进行公证，证明主体的身份以及它与公钥的匹配关系。安全保密部门可通过 CA 进行，它的职责归纳起来有：验证并标识证书申请者的身份；确保用于签发证书的非对称密钥的质量；确保整个签证过程的安全性，确保签名私钥的安全性；证书资料的管理（包括公钥证书序列号、颁发机构标识等）；确定并验证证书的有效期限；确保证书主体标识的唯一性；发布并维护证书注销列表；对整个证书签发过程作日志纪录；为用户签发数字证书。

数字证书是由证书颁发机构签发的，以加密技术对网络上传输的信息进行加密和解密、数字签名和签名验证，确保网上传递信息的机密性、完整性，以及操作实体身份的真实性，签名信息的不可否认性，从而保障网络应用的安全性。数字证书用于电子政务中可进行用户身份的识别、信息的加密、行为操作的抗抵赖性。

数字证书通常包含有唯一标识证书所有者的名称、唯一标识证书发布者的名称、证书所有者的公开密钥、证书发布者的数字签名、证书的有效期及证书的序列号等。

X.509标准是国际电话与电报咨询委员会（CCITT）规定的一种行业标准。在这个标准中提供了一个数字证书的标准格式，规定数字证书必须包含的一些信息：如版本号、序列号、签名算法、有效期限等。凡是符合 X.509 格式的证书都是 X.509 证书。

电子政务系统数字证书认证系统是结合电子政务应用的特点研制开发的。数字证书认证系统支持通过挂接密钥管理中心来管理用户加密密钥，从而提高了用户加密密钥的安全性和可恢复性。通过支持证书模板，提高了签发各类型证书的灵活性。此外数字证书认证系统还支持硬件加密设备和多种数据库平台。数字证书认证系统产品组件配置灵活，可以根据用户的不同需求进行选择性配置，为用户量身打造一套安全、稳定、实用、快捷的数字证书管理平台。

7.3.7.1 设计要求

电子政务系统数字证书认证系统是用于数字证书的申请、审核、签发、注销、更新、查询的综合管理系统。由签发服务器颁发的数字证书遵循 X.509 规范。在证书有效的情况下，保证公钥能与确定的实体唯一对应。该系统满足作为一个具有世界先进水平的 CA 认证中心系统软件的全部需求。通过使用签发服务器发行的数字证书可以为用户提供信息安全的全面服务：保密性——保证信息是秘密的；完整性——能检验信息未被篡改；身份鉴别——检验个人或机构的身份；不可否定性——确保信息或操作不能被否认。

数字证书认证系统应用国际相关标准，拥有高强度的加密算法，高可靠性的安全机制及完善的管理及配置策略，提供自动的密钥和证书管理服务。

数字证书认证系统由以下几个核心组件组成：

公钥基础设施模块（签发服务器），数字证书认证系统的核心，负责签发并管理证书和证书注销列表。

证书状态查询系统，为应用提供证书状态查询服务。

证书管理服务开发包，作为独立的开发工具包向外提供，允许用户根据自己的需求开发定制证书管理系统，实现证书管理服务。

目录服务器，用于数字证书的发布。

数字证书认证系统产品为保证系统的高安全性和稳定性，采用分层的安全体系结构为系统提供多层次的安全保障。整个安全体系分为：技术支撑层、服务层、应用访问层。

技术支撑层：系统底层所使用的安全技术是建立在加密算法（主要是公钥加密体制），数字签名，CA 安全认证和密钥管理、安全应用协议，以及 X.509 数字证书等国际标准基础上的。

服务层：系统内部的服务层基于角色实现权限管理机制和访问控制策略。系统内将权限管理点进行细致的拆分，并基于角色将相应的权限点与管理员公钥证书进行绑定，可以方便地实现安全访问控制策略。

应用访问层：系统基于 B/S 模式开发，在应用访问层中，使用符合国际标准的 SSL 安全通信层协议，基于 X.509 证书实现双向认证的安全 WEB 访问，保证交互数据的安全性和完整性。

7.3.7.2 功能设计

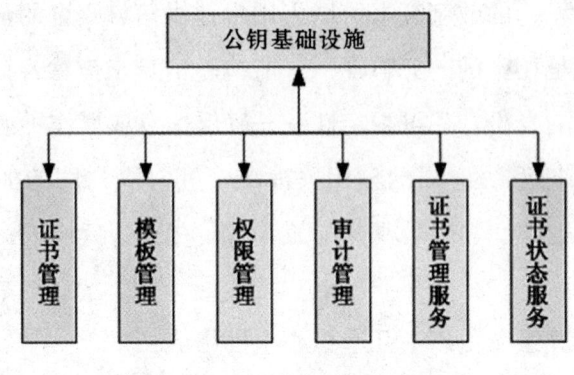

图 7-11　公钥基础设施

公钥基础设施的功能如图 7-11 所示。

1. 证书管理

在签发服务器系统中，只有拥有证书管理角色的管理员才能进行证书管理的操作。证书管理主要包括证书的申请、下载、发布、申请并下载、更新、更新并下载、冻结、解冻、授权码更新、证书查询、证书实体查询及证书撤销列表的发布等操作。

（1）证书申请

系统提供基于 WEB 的申请方式，简单易用，帮助用户方便、安全、快捷地进行证书申请。用户可以根据自己的需要选择相应的证书模板进行证书申请操作，如果申请成功，系统将返回下载证书所需的凭证。

（2）证书签发

对于通过审核的证书申请，签发服务器可以为其签发证书。签发的证书符合相关标准，并且支持扩展。签发时使用的系统密钥得到高强度的安全保护，系统支持硬件主机加密服务器及 PKCS#11 接口。

（3）证书发布

对于签发好的证书，系统进行自动发布，发布方式可以为文件方式或者目录服务方式。系统支持所有符合 LDAP 标准的目录服务，支持主/从目录服务器机制。

（4）证书下载

证书申请通过审核之后，用户可以通过下载凭证安全地下载证书。系统提供基于 WEB 的下载方式，支持多种加密算法和密钥长度，支持文件、智能卡、USBKEY 等多种存储介质。

（5）证书申请并下载

申请并下载证书是为了方便用户，将申请证书和下载证书两项操作一步完成的功能。

（6）证书更新

系统提供证书更新功能，用户可以根据需要对正在使用中的证书进行有效期的更改，更新成功后，用户可以下载新的证书。

（7）证书更新并下载

证书更新并下载是为了方便用户，将证书更新和下载更新后的证书两项操作一步完成的功能。

（8）证书查询

系统提供证书查询功能，用户可以通过查询条件查询出符合条件的证书信息，支持精确查询。

（9）证书下载凭证更新

对一些申请成功但是没有下载的证书，签发服务器可以为用户重新生成下载凭证，用户使用新的下载凭证进行证书下载。

（10）证书注销

用户可以对一些不再使用的证书进行注销操作，注销后的证书不可恢复。

系统对于有下列情况之一的用户进行证书注销：密钥泄密、CA 泄密、从属关系变更、证书被取代、操作终止、证书注销列表发布。

签发服务器可以根据发布策略定期签发标准格式的证书注销列表，发布方式可以为文件方式或者目录服务方式，发布周期可以由管理员灵活定制。

证书注销列表的发布采用分布点策略，保证证书注销列表的大小在指定的范围内，方便用户查询和下载。

（11）证书冻结

用户可以对一些短期内不会使用的证书进行冻结操作，在冻结期间内证书被限制不可使用。被冻结的证书可以通过解冻操作恢复使用。

（12）证书解冻

证书解冻操作是相对于证书冻结操作的，此操作将冻结的证书解冻，使得证书可以重新使用。

（13）证书实体查询

系统支持证书实体查询功能，用户可以通过查询条件查询出符合条件的证书，并可将证书（公钥证书）保存到本地。

2. 模板管理

系统引入了证书模板概念，极大地增强了签发不同类型证书的灵活性。系统内置有十几种标准证书模板及标准证书扩展域，能够满足大多数的证书签发需求。系统同时支持自定义证书模板和自定义扩展域，用户可以灵活定制各种证书模板，可以选择各种不同需要的证书（如代码签名证书、智能卡登录证书等）。

证书模板用于定义证书的类别，每一个证书模板定义这一类证书的共同特点。包括证书的有效期限制、密钥类型和密钥长度、是否需要发布和发布的方式以及证书中该包含的扩展域和扩展域的值等信息。

可以自定义各种类型的证书模板，并对其加以管理。

（1）浏览模板

列出当前系统中定义的所有证书模板的详细信息。

（2）添加模板

为系统增加一个证书模板的定义。

（3）修改模板

修改系统中已经存在的一个证书模板。

（4）删除模板

删除一个已经定义好的但是还没有被使用的证书模板。

（5）注销模板

注销已经被使用过的一个证书模板，该证书模板以后将不能再使用。

3. 自定义扩展域管理

用户可以根据自己的实际需要自定义证书扩展域，并应用于证书模板之中。

（1）浏览自定义扩展

列出当前系统中定义的所有自定义扩展域，并可以查看详细信息。

（2）添加自定义扩展

为系统增加一个自定义扩展域的定义。

（3）修改自定义扩展

修改已经存在的一个自定义扩展域。

（4）删除自定义扩展

删除一个已经定义好的但是还没有被某个证书模板使用的自定义扩展域。

（5）注销自定义扩展

注销已经被使用过的一个自定义扩展域，以后创建证书模板的时候将不再使用该扩展。

4. 权限管理

在签发服务器系统中，对管理员采用基于数字证书的身份验证机制，管理员的管理权限与其证书进行绑定。系统采用分布式的基于角色的权限管理，管理员间权限分离，一个管理员只管理某一部分功能并受其他管理员监督。

每个管理员的权限信息都包含两部分内容，一部分是管理角色权限，指定管理员可以进行哪些操作，在签发服务器中，系统包含的管理角色有：证书管理角色、模板管理角色、权限管理角色和审计管理角色。一个管理员可以被授予一个或多个管理角色，以分权的形式对整个系统进行有效管理。另一部分是管理范围权限，指定管理员可以对哪些证书进行管理。

只有具有权限管理角色的管理员才能进行权限管理的操作，才能有权限进行下面三个（授权管理员权限、修改管理员权限和查询管理员权限）操作。

（1）授权管理员

只有未被授权的管理员证书才可以进行"授权管理员权限"操作。授权包含管理角色权限和管理范围权限两方面的授权。当一个管理员证书进行"授权管理员权限"操作成功后，就会成为系统的正式管理员，他的权限可以通过"修改管理员权限"操作进行修改。

（2）修改管理员

只有被成功授权的管理员才能进行"修改管理员权限"操作。修改管理员权限时，可以修改管理员的管理角色权限，也可以修改管理员的管理范围权限。

（3）查询管理员

进行"查询管理员权限"操作查到的管理员包括已经成功授权的管理员和未被授权的管理员。

5. 审计管理

只有具有审计管理角色的管理员才能进行审计管理操作，审计管理包括查询业务日志和统计证书。

（1）查询业务日志

系统支持查询业务日志功能，提供丰富的查询条件与简单易用的查询界面，支持多条件复合查询，查询结果支持按业务操作时间排序。

（2）证书统计

系统支持证书统计功能，提供丰富的统计条件与简单易用的统计界面，支持多条件复合统计。

6. 证书管理服务

可通过二次开发接口，提供证书管理服务，与统一用户管理系统接口。

7. 证书状态查询服务

可为应用系统提供证书状态的查询服务，从而确定身份状态。

7.3.8 身份识别控制

身份认证是对网络中的主体进行验证的过程，用户必须提供他是谁的证明。认证的标准方法就是弄清楚他是谁，他具有什么特征，他知道什么可用于识别他的东西。比如说，系统中存储了他的指纹，他接入网络时，就必须在连接到网络的电子指纹机上提供他的指纹，这就防止他以假的指纹或其他电子信息欺骗系统，只有指纹相符才允许他访问系统。通常有下列三种方法验证身份：一是只有该主体了解的秘密，如口令、密钥；二是主体携带的物品，如智能卡和令牌卡；三是只有该主体具有的独一无二的特征或能力，如指纹、声音、视网膜或签字等。

用户在使用各种应用系统的时候，需要按要求输入对应系统中的用户名和口令，而用户需要登录系统不断地增多，用户需要记忆许多的用户名＋口令，增加了记忆的复杂度，同时也增加了出错的可能性。而如果用户忘记了口令，不能执行任务，就需要请求管理员的帮助，并只能在重新获得口令之前等待，造成了系统和安全管理资源的浪费，降低了生产效率。为了避免这种尴尬，用户一般会简化密码，或者在多个系统中使用相同的口令，或者创建一个口令"列表"，用户名＋口令这种管理方式存在着多种安全风险，大大降低了系统的可用性。

针对以上情况，电子政务系统需要解决网络用户可以基于最初访问网络时的一次身份验证，即可对所有被授权的网络资源进行访问的问题，即所谓的"单点登录"需求。

身份认证系统是这样一套提高用户安全等级，实现"单点登录"，统一多个业务系统认证策略的软件。

7.3.8.1 设计要求

电子政务系统身份认证系统基于开放标准设计，具备良好的兼容性和可扩展性。系统支持PKI技术和标准，能够与PKI/CA（公钥基础设施）系统无缝连接，支持连接多个证书颁发机构挂接。面向多个应用系统，提供集中、统一的安全认证服务，形成统一的、高安全的身份验证中心。

当 B/S 应用为主体时，系统的部署如图 7-12 所示：

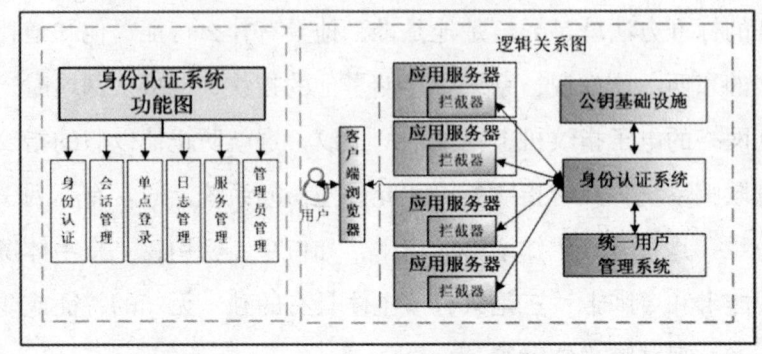

图 7-12　身份验证系统部署示意图

整个系统的部署分为身份认证系统和代理两个部分，其中身份认证系统与公钥基础设施系统交互，通过验证用户提交的数字证书是否可信实现对用户身份的认证。代理部署于各个应用系统，负责截获用户的请求，验证用户是否通过了身份认证系统的验证，对于没有通过身份认证系统验证的请求自动重定向到身份认证系统服务器。整个系统的部署非常简单，管理方便，可以非常方便地实现"统一认证、单点登录"。

当智能客户端（C/S 应用）为主体时，整个系统的部署分为身份认证系统和身份认证接口两个部分，其中身份认证系统与统一用户管理系统和公钥基础设施系统交互，通过验证用户提交的数字证书是否可信实现对用户身份的认证。身份认证接口部署于各个应用系统，负责检查用户请求中的令牌，验证用户是否通过了身份认证系统的验证，对于没有通过身份认证系统验证的请求自动重定向到身份认证系统服务器。整个系统的部署非常简单，管理方便，可以非常方便地实现"统一认证、单点登录"。

身份认证系统自身具备身份验证管理、日志管理、会话管理、服务管理、单点登录支持模块以及 Web 管理等模块，用来完成以身份验证为核心的安全服务。系统可以和 PKI 系统的目录服务器结合，通过配置完成后自动实现和 PKI 目录服务系统的连接，在验证用户身份时，通过访问 LDAP 验证数字证书的有效性。

身份认证系统除了自身的功能外还能够通过标准的接口连接其他系统，比如访问控制系统、安全审计系统等，以完成一些扩充的功能。整个系统的使用比较简单，可扩展性很强。

7.3.8.2 功能设计

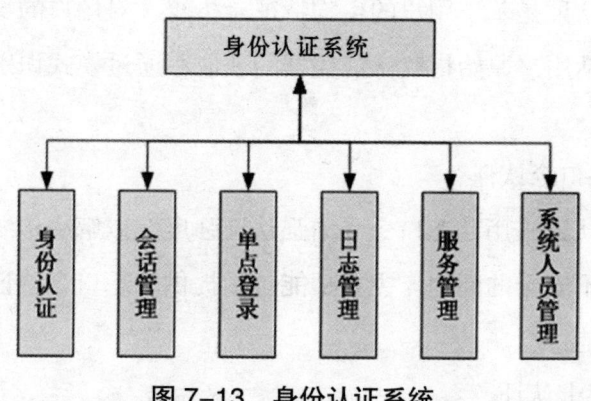

图 7-13　身份认证系统

身份认证系统的功能如图 7-13 所示。

1. 身份认证

（1）口令认证

支持传统用户名/口令认证，实现基于口令的单点登录。

（2）数字证书认证

数字证书认证是基于 PKI 技术，通过用户的数字证书来对用户的身份进行认证，是现在比较常用和比较安全的一种身份认证方式。

数字证书认证基于公钥基础设施提供的数字证书查询、下载、状态验证等服务，可以对证书进行完整的验证，主要包括：对用户是否是私钥的拥有者进行验证；对证书是否被篡改作出校验；对证书是否被信任作相应的校验；对证书的有效期进行验证；对证书是否撤消进行验证，系统通过配置可以自动的定时下载 CA 系统发布的证书注销列表实现对证书是否被注销的校验；对证书状态进行验证，支持与公钥基础设施各级目录服务器和

OCSP（在线证书状态协议）服务器的接口，可以配置通过 OCSP 系统来适时校验用户的数字证书是否被注销；支持离线认证方式，避免公钥基础设施和网络故障造成的单点失败，提高可用性；支持多证书链验证；支持多种认证协议。

（3）指纹识别认证

指纹识别认证是基于用户的生物特征（指纹）对用户的身份进行认证。主要的功能包括用户原始指纹认证凭据的获取和通过模式识别对用户的指纹进行认证。

（4）动态口令认证

动态口令认证采用动态口令来增强认证强度，以解决传统的单一口令保护措施单薄、不安全的问题。主要功能包括提供动态口令认证服务和动态口令令牌维护功能。

（5）智能卡认证

智能卡认证是基于物品进行认证的方式。主要功能包括智能卡的维护管理和智能卡的认证服务。

2. 会话管理

管理员可以通过管理界面对会话进行管理，主要的管理功能包括查看会话状态、终止会话，等等。

3. 日志管理

身份认证系统本身具备安全审计功能，系统将审计信息分类记载，主要包括管理员日志、系统日志、访问日志和调式日志，审计信息十分全面。

4. 服务管理功能

管理员可以通过管理界面对系统进行管理，包括服务的通讯方式（是明文还是密文）、通讯端口，等等。

5. 系统人员管理

管理员可以通过管理界面查看管理员的证书信息，同时还可以更换新的管理员证书。管理员证书支持主流的证书格式，比如 PKCS#12 或者 X509 的证书格式。

7.3.9 访问控制网关

在通常应用模式下，应用的服务地址和端口会直接暴露给内部用户或远程用户，从而给入侵者以可乘之机去了解应用系统的内部结构，进而采用入侵手段进行攻击。

网关是提供对数据包的过滤和转换的技术，形成相关的网络区域，保障内部应用安全。网关根据处理的协议不同，可分为网络级网关和应用级网关。访问控制网关属于应用级网关。

访问控制网关是一套对应用服务进行管理、控制和序化的安全保障软件。访问控制网关提供应用代理功能，对所有应用的服务进行代理，应用服务的地址和端口不直接暴露给内部用户或远程用户，而是将网关的地址暴露给用户，用户对应用的访问必须经过网关才能进行，从而屏蔽了内部应用服务的细节，可有效减少网络监听和网络入侵的发生。

7.3.9.1 设计要求

访问控制网关在设计上要求面向各种不同的应用系统和协议，将用户和应用服务划分成两个域，应用服务域和用户域。访问控制网关部署在应用系统的前端，用户对应用的访问需要经过网关的过滤、转换和认证，从而使应用得到有效的保护。

形成了一个统一的安全门户系统，用户要访问后面的应用就首先必须通过前端的访问控制网关和经过统一身份认证系统进行登录，从而形成认证、安全传输、访问控制、审计等整体解决方案。整个部署方案不改变应用的使用流程，对应用透明。

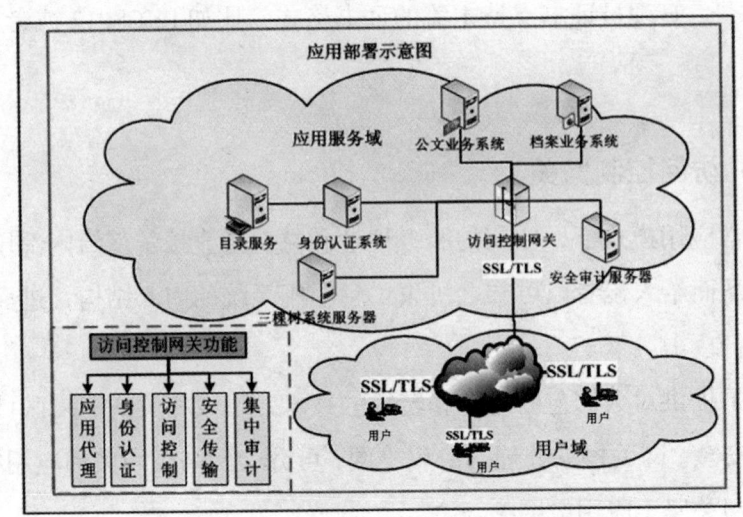

图 7-14 访问控制网关部署结构

电子政务系统访问控制网关在 HTTP 通讯协议层进行地址过滤和转换，并可与身份认证系统、安全传输、访问控制等系统结合，采用基于数字证书的身份认证和基于角色的安全授权机制，将用户身份与资源访问权限有机统一，为各应用系统提供应用代理、统一身份认证、集中式访问控制、日志记录和审计、系统维护管理服务（图 7-14）。

电子政务系统访问控制网关以统一用户管理、统一权限管理、统一信息分类"三棵树"应用框架为依托，面向应用系统，提供地址、过滤和转换功能，与安全传输、身份验证、访问控制、安全审计等形成整体安全支撑服务。

7.3.9.2 功能设计

1. 应用支撑

（1）对 B/S 应用的支持

访问控制网关对 B/S 的应用提供了强大的支持，包括安全传输、身份验证、安全审计以及访问控制，同时还能通过 J2EE 的标准把证书信息传递给应用，便于应用系统基于证书做更细微的控制或二次开发。

（2）对 C/S 应用的支持

访问控制网关除了能够保障 B/S 类应用外也提供了解决 C/S 应用安全加固的方法，而且与其它公司安全代理服务器不同的是解决 C/S 应用也不需要修改应用并且无需客户端程序，真正做到了"零客户化"。

（3）对应用透明

在解决 B/S 或者 C/S 应用问题时，访问控制网关真正做到了应用透明，不需要用户修改自身的程序即可完成安全加固，而且对用户的使用习惯也没有很大变动，很好地保障了系统的零客户化、安全、简单。

（4）同时支持多个应用系统

一套访问控制网关系统可以支持多个应用系统，从而形成一个安全门户的方案，在对应用系统进行安全加固的同时有效地整合了客户的资源。

（5）应用代理功能

访问控制网关提供代理的机制，各应用系统不直接暴露于用户，访问控制网关外的访问只有通过访问控制网关代理才能到达。这样通过网关安全有效地隔离用户和应用系统，并为集中访问控制提供基础。

（6）应用系统的注册功能

应用提供对外服务时必须先在访问控制网关上注册，访问控制网关实现相应的地址映射，通过代理机制访问应用资源。网关提供应用资源注册功能。

（7）提供可插入的和独立服务的代理模式

可以以独立服务的形式或各种应用代理的形式提供服务。

（8）提供用户注册管理功能

提供用户相关信息注册和维护功能。

2. 身份认证

（1）提供统一的基于证书的身份认证

使用符合 X.509 标准的证书作为用户证书。通过公钥基础设施提供的标准的实时的证书验证服务对用户证书进行身份认证，统一对用户进行认证和管理。

（2）使用身份认证服务系统提供的身份认证接口

在与身份认证服务系统配合使用的应用场合中，访问控制网关不直接进行身份认证，而是从身份认证服务系统中取得用户的身份信息来确认用户的身份。

（3）提供按时间策略认证功能

系统定制一定的时间安全策略，用户使用数字证书，通过相关的安全的签名机制，进行身份验证。

（4）单点登录

在安全策略时间内无需重复进行验证身份，通过使用用户证书标识即可访问该证书用户所有被授权的应用系统资源。

（5）独自完成身份验证功能

访问控制网关自身可以独自完成基于证书的身份验证功能。验证时对客户的私钥、客户证书的信任域、有效期、是否被废弃、证书状态等信息进行完整的验证，保障验证的完整性和高安全性。

（6）连接验证服务器完成身份验证功能

访问控制网关不但自身可以完成基于证书的身份认证功能，还可以通过和身份验证系统的连接来完成身份验证功能。可以与其他系统使用统一的身份验证服务器，从而构建统一身份验证方案。

（7）支持标准证书格式

服务器自身支持PKCS#12标准的证书和私钥；客户端支持各种具备标准CSP的智能卡，从而保障了用户使用的简单和高安全性。

（8）支持双向身份验证

系统支持双向的身份认证功能，即不但客户端验证服务器的证书，同时服务器也验证客户端的证书，从而使系统的认证机制更加完善和安全。

（9）支持多证书链

系统能够同时支持多个证书颁发机构颁发的证书，只需要通过简单的配置即可完成，功能十分强大，使用却很方便。

（10）支持多种数字证书

系统基于开放标准开发，能够支持多种来自不同证书生产厂商的证书。

3. 访问控制

（1）提供独立的授权功能

提供应用授权维护，如增加、删除应用授权等功能。

（2）提供集中式访问控制

在授权管理系统和授权策略的支持下，用户对注册在网关的所有资源的访问请求都将调用授权系统的裁决服务进行访问控制，所有的应用资源必须在权限管理基础设施进行集中的授权。

（3）基于 ACL 的访问控制

访问控制网关自身集成了基于 ACL（即访问控制列表）的访问控制，管理员可以对后面受保护的业务系统的静态资源（即网页）进行权限设置，最终用户在访问时系统将根据相应的权限信息来决定是否允许访问，从而达到访问控制的结果。

4. 安全传输

用户在访问 B/S 的业务系统时，可以通过 SSL 协议进行安全访问。

（1）高强度加密

产品可以和浏览器（或者标准 SSL 客户端产品）之间建立高强度的 128 位 SSL 连接，保障了数据在浏览器（或者标准 SSL 客户端）和访问控制网关服务器之间传输时的安全性。

（2）灵活的 SSL 类型

此外程序可以通过设置来把服务器设置成强制双向的 SSL，非强制双向的 SSL 和强制单项的 SSL。强制双向 SSL 指的是客户端必须出示证书，如果没有证书服务器将不建立安全通道；非强制双向指的是服务器端要求客户端出示证书，客户端如果选择合法的证书则可以建立双向的 SSL 连接，客户端如果不选择证书，服务器也允许和客户端建立单项的 SSL 连接；强制单项 SSL 指的是服务器将不会要求客户端出示证书，两者之间自动建立单项的 SSL 连接。用户可以根据自己的需求来选择合适的情况。

5. 集中审计

（1）自身审计功能

访问控制网关自身具备完备的审计功能，审计信息分级管理，对用户（包括系统管理员）的所有请求和访问，都做日志记录，包括管理员日志、系统日志、操作日志、调试日志等，提供对日志记录的查询和管理功能。提供日志的报表、打印和统计功能，能够充分满足用户对审计信息的需求。

（2）连接安全审计服务器完成集中审计功能

访问控制网关除了自身具备完备的审计信息外，还可以通过配置轻松地把审计信息发送给安全审计服务器，以实现集中审计功能。

6. 系统管理功能

提供 GUI 界面的系统维护和管理功能。

7.3.10 可信时间戳系统

分布式系统中各种服务器和客户端之间时间统一问题是一个亟待解决的问题。防范对某种行为本身的抵赖，还要防止对行为操作时间的抵赖，即要证明某种行为是在某一时间发生的，或某种数据在某一时间（之前）是存在的。

上述两个问题通常可借助于时间戳来解决。

电子政务系统可信时间戳系统是一套基于开放标准的时间戳系统，基于公钥密码技术，为电子政务平台提供标准时间和可信时间戳服务。

电子政务系统可信时间戳系统的主要功能是提供可靠的时间信息，并可证明某份文件（或某种信息）在某个时间（或以前）存在，防止用户在这个时间前或时间后伪造数据进行欺骗活动，以及防止用户对某种操作行为的抵赖。

7.3.10.1 设计要求

电子政务系统可信时间戳系统可以采用精确的时间源为电子政务的各种服务器和客户端提供标准精确的时间服务。电子政务系统可信时间戳系统与电子印章系统的结合可增强对电子政务中进行抵赖的安全威胁的防御，电子政务系统可信时间戳系统与安全审计系统的结合可为行为审计提供抗抵赖证据。

电子政务系统可信时间戳系统对时间戳请求、时间戳应答以及时间戳采用标准的编码格式，支持标准的时间戳协议。

可信时间戳系统由时间戳服务器、时间戳管理端、时间戳服务接口、时间源、密码机等构成（图7-15）。

时间戳服务器基于公钥密码技术和时间戳标准，提供标准时间和时间戳服务。通过时间源获得标准时间，并通过时间戳服务接口向应用系统分发。密码机用于签发时间戳。时间戳管理端可对时间戳服务器的相关配置进行管理。

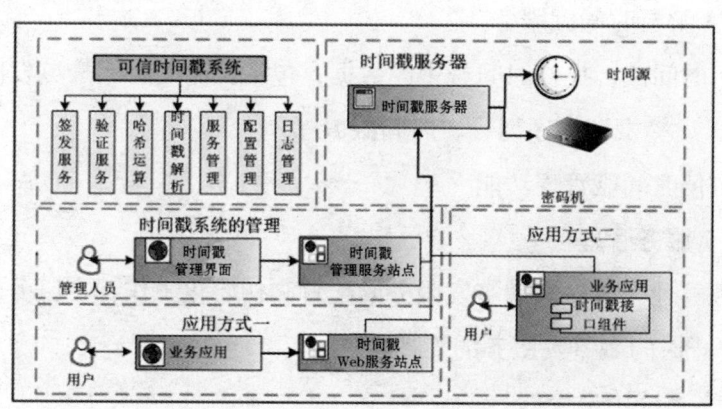

图7-15　可信时间戳系统体系结构

7.3.10.2 功能设计

1. 标准统一时间服务

可信时间戳系统通过时间戳服务接口可为应用提供标准时间服务。

2. 可信时间戳服务

（1）时间戳请求编码

将用户的数据进行编码形成符合 rfc3161 或 PKCS#7 标准的 BASE64 编码请求包。

（2）请求签发时间戳

将用户的请求发送到时间戳服务器端，请求时间戳，并返回时间戳应答。

（3）解析时间戳应答服务

对时间戳服务器返回的时间戳应答包进行解析，分析时间戳签发结果，如果时间戳应答正确则输出时间戳和时间戳中的时间值。

（4）验证时间戳

请求时间戳服务器对用户的时间戳进行验证，并输出时间戳中的时间值。

（5）Hash 函数

对用户数据进行 Hash 运算。

（6）解析时间戳服务

解析时间戳，提供时间戳中的数据，包括：时间、用户签发内容（数据 Hash 值）、签发证书序列号、时间戳 ID。

3. 可信时间戳管理功能

（1）服务管理

服务管理完成时间戳签发服务的配置和初始化工作；在服务创建后提供启动/停止时间戳签发服务的管理功能。

（2）系统用户管理

在时间戳系统中只有唯一一个主用户具有系统的管理权限，主用户通过口令登录服务器，负责系统的日常管理工作，该主用户在系统初始化时创建；系统在初始化完成后主用户可以登录服务器更新其口令。

（3）日志管理功能

为了便于对系统操作进行控制和管理，时间戳系统记录系统操作日志，并提供系统操作日志的管理功能,主要是对已有的日志进行查询和日志归档。主用户在管理终端输入查询条件(事件类型、事件名称、操作时间等),向服务器发送查询请求,服务器端将查询结果返回给管理终端,并在管理终端显示。

(4)配置管理

系统配置管理主要完成对系统各种配置信息的配置及更新等功能;系统配置信息包括主用户口令配置、数据库配置、通讯配置、安全协议配置、申请书配置、密钥配置等。

(5)证书管理

主要是时间戳签发证书和通讯证书的管理,包括证书的导入和证书的更新功能。导入的主要过程是:通过录入申请书信息产生申请书;用该申请书到CA签发证书,然后导入证书;证书更新的过程与导入的过程相同。

7.3.11 电子印章系统

电子印章系统,采用公钥密码技术、图像处理与数据隐藏技术,与国产兼容涉密字处理、图形文档、电子表格办公套件紧密结合,实现了数字签名技术在电子文档中的应用。解决了电子公文应用中的公文盖章人身份的确认性、电子公文的信息完整性、公文盖章人盖章操作的不可抵赖性,并结合传统印章的图章效果,提供给用户一个透明的、安全的、简便的电子印章应用。

7.3.11.1 设计要求

电子印章系统包括印章管理和印章应用两个子系统。

印章管理子系统为印章管理人员提供印章制作、印章授权、印章载体管理等功能。印章管理人员可通过印章管理系统进行印章的制作、为印章的使用人员进行授权。

印章管理子系统包括印章管理界面和印章管理服务。印章管理界面是印章管理人员的操作界面。印章管理服务在后台提供印章管理相关服务。印章管理界面通过权限管理服务的支撑实现印章的授权。

印章管理子系统采用国产的具有加密芯片的USB电子钥匙作为电子印

章的载体，印章管理人员通过印章制作功能产生电子印章钥匙。

印章应用子系统以电子印章组件为核心，与国产兼容涉密字处理、图形文档、电子表格等紧密结合，在印章管理服务和权限服务的支撑下，为印章使用者提供加盖印章、印章复审、印章删除、印章验证等使用功能（图7-16）。

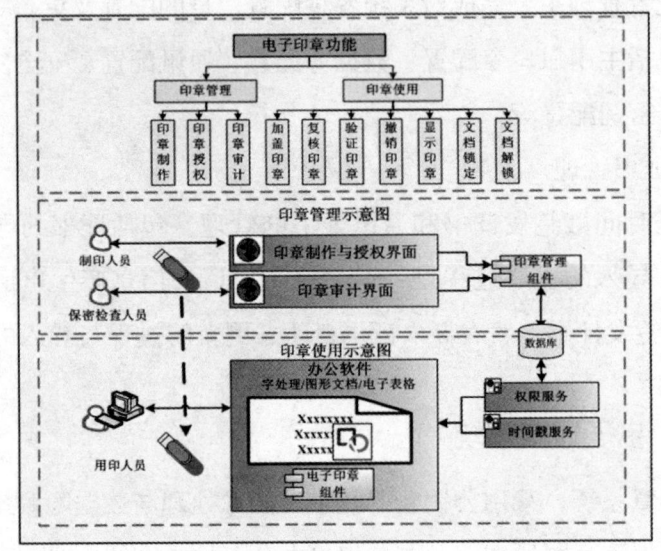

图 7-16　电子印章系统的功能设计

7.3.11.2　功能设计

电子印章系统的功能设计主要包括印章制作、印章授权、印章审计、加盖印章、验证印章、撤销印章和文档锁定的内容（图 7-17）。

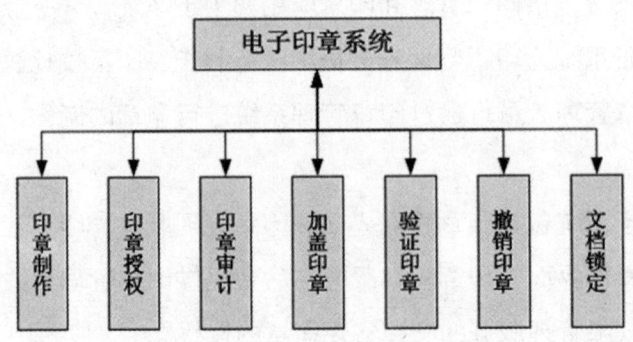

图 7-17　电子印章系统

1. 印章制作

支持印章的申请、审批、图像制作、审核等。

2. 印章授权

支持签章和验章的授权。只有经过授权的人员才能签章和验章。

3. 印章审计

跟踪电子印章的使用，记录何人在何时在何处使用电子印章。

4. 加盖签章

能与国产兼容涉密字处理、电子表格、图形文档无缝结合，在国产兼容涉密字处理、电子表格、图形文档任意地方加盖图章，可以达到纸质盖章或纸质手写签名相同的效果。支持多个单位或个人的会签。

5. 验证印章

主要验证文档内容是否被篡改并显示证书和印章信息。授权阅读文件的人可以对文档的完整性进行验证。如果签署后的文档发生了变更，验证时则会提示文档验证不通过。验章分为脱机验证和联机验证两种，同时查看签章证书。

6. 撤销印章

撤销选定的签章，使该签名对文档的效用消除。

7. 文档锁定、解锁

文档一旦加盖了签名或印章，文档即自动锁定，不可编辑。可以设置锁定密码；文档锁定后，由锁定者本人可以解锁。解锁时首先检测锁定人的身份，然后要求输入解锁密码，方可以解锁。

7.3.12 数字签名

7.3.12.1 设计要求

在常规的政务活动中，活动的双方进行现场交流，可以确认活动双方的身份。利用各种凭证收据，无须担心发生纠纷和无法可依，但通过网上进行电子政务设计时，由于活动的双方并不在场，因此，无法确认双方的合法身份，同时交换的信息是双方的秘密，在网上传输时必须保证安全性，防止信息被窃取；双方的活动是非现场的，一旦发生纠纷，必须能够提供仲裁。所以，在电子政务安全服务系统中，数字签名技术有着特别重要的作用，在电子政务安全服务的源鉴别、完整性服务以及不可否认服务中，都要用到数字签名技术。

数字签名技术是一种用一组字符来代替书写签名或印章，起到与书写签名或印章同样法律效用的安全技术。通过数字签名能够实现对原始报文的鉴别和不可抵赖性的验证。

通过数字签名技术可以实现下列目标。标识信息的发送者、接受者、第三者不能操纵该信息；发送者不能否认所发送的信息。

目前应用最广泛的数字签名方法主要有三种：RSA 签名、DDS 签名和 Hash 签名。这三种算法可单独使用，也可综合在一起使用，数字签名是通过密码算法对数据进行加、解密变换实现，用 RSA、DSS 和 Hash 都可实现数字签名，但这三种技术各自都有自己的缺陷，而且目前尚没有成熟的标准。

网络上没有纸面上的签名，所以必须采取相应技术手段避免用户对责任行为的抵赖。

数字签名组件是一套基于开放标准的数字签名系统，主要用来协助用户保障网络信息的完整性、私密性以及不可否认性（图 7-18）。

数字签名组件采用分布式组件技术,以组件的形式提供安全接口和服务，为 B/S、C/S 结构的应用提供数字签名、数字信封等功能，用于解决电子政务系统的数字签名、数字加密、身份认证、抗抵赖等问题，可用于 B/S 应用以及智能客户端 C/S 应用中。

数字签名组件可应用在电子政务的重要业务环节中。可在一个环节一个或多个域的敏感信息进行数字签名，而在另外一个环节进行签名的验证，从而，既可保证信息的完整性，又可实现抗抵赖。

数字签名组件可用于电子政务的后台业务服务系统中，用于保障后台业务数据的完整性，防止信息被非法从后台进行篡改。

数字签名组件可用于电子政务系统中的信息安全交换。数字签名组件提供数字信封的功能,通过数字信封可实现从信息发送者到信息接收者的信息安全交换,从而既可保障信息的机密性,又可保障信息的完整性。

数字签名组件由客户端签名组件和服务端签名组件构成。

客户端签名组件集成于客户端中,用于客户端的数字签名和数字信封的制作等,客户端可配备的密码设备有 USB 智能密码钥匙和 USB 加密机等。

服务端签名组件集成于应用服务端中,用户服务器端的数字签名和数字信封制作等,服务端可配备的密码设备有服务器密码机和 PCI 加密卡等。

客户端签名组件和服务端签名组件可单独部署也可联合部署:客户端单独部署可解决抗抵赖和数字签名等安全问题。服务端单独部署可解决后台本地数据完整性的问题。二者联合部署可解决身份认证和信息安全交换等问题,可根据实际情况灵活应用。

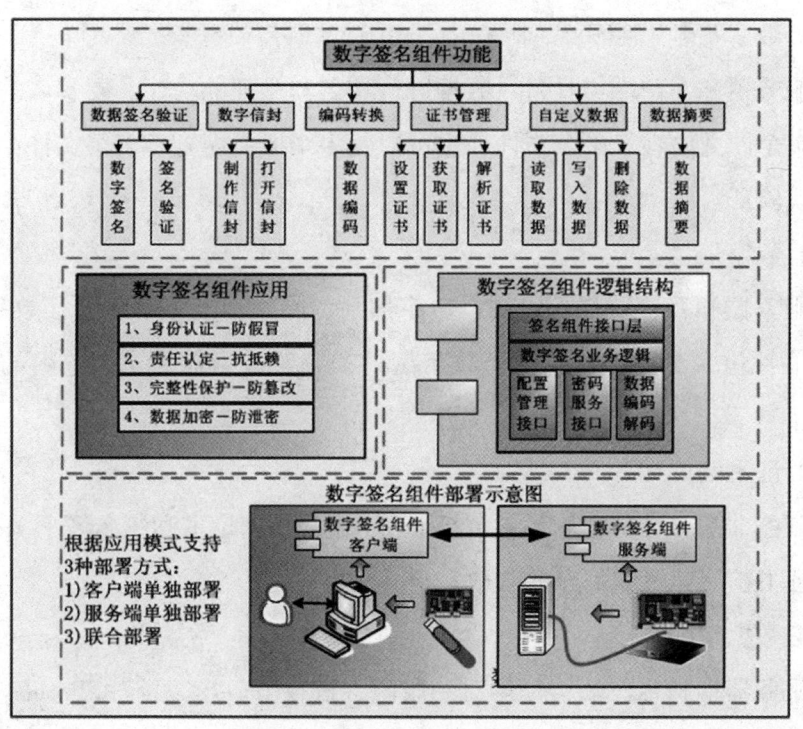

图 7-18　数字签名组件

7.3.12.2 功能设计

数字签名组件功能设计主要包括数字签名验证、数字信封、证书解析、数据编码、数据摘要、获取原文和获取文件等（图7-19）

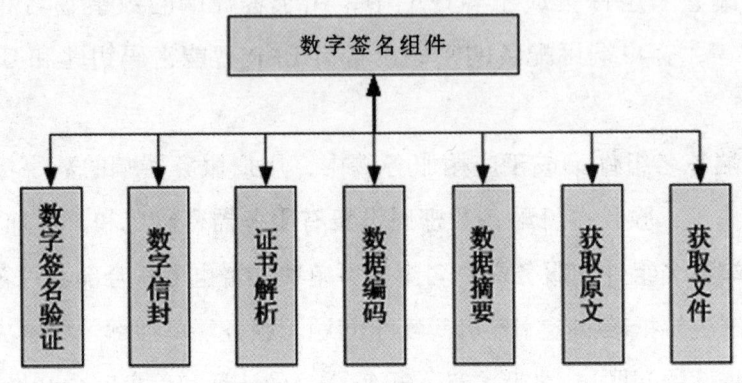

图7-19　数字签名组件

1. 数字签名/验证

服务器和客户端均具备对数据进行签名和验证的功能。要签名的数据可以是单个原文内容、单个文件，也可以是多个原文内容、多个文件；支持证书在线验证。

2. 数字信封

服务器和客户端都可以制作数字信封，同时都能够解析验证数字信封。数字信封包含2种形式：普通数字信封和完整数字信封（带签名的数字信封）。

3. 证书解析

服务器端和客户端均具备解析证书（包含加密证书和签名证书）的功能；支持证书扩展项标识信息的获取。

4. 数据编码

服务器端和客户端均提供对一段内容进行Base64编码和Base64解码的功能。

5. 数据摘要

服务器和客户端均提供对一段内容进行摘要的功能。

6. 获取原文

验证签名后或者解数字信封后，服务器和客户端均提供从签名包或者数字信封中获取原文内容的功能。如果有多个原文可以依次获取。

7. 获取文件

验证签名后或者解数字信封后，服务器和客户端均提供从签名包或者数字信封中获取文件内容的功能。如果有多个文件可以依次获取。

7.3.13 数据完整性验证系统

数据完整性验证系统用于对数据库中的数据进行完整性保护。系统提供对数据库服务，数据库、数据表的管理功能，依此制定每个数据表的完整性策略，数据完整性策略通过代理发送到代理端，代理端可依据策略进行数据库记录的标记和鉴别，从而保证数据库记录的完整性。

数据完整性验证系统用于防止数据库表中的数据被非法篡改，可以对篡改的数据进行检测和报告，并为管理维护人员提供手段重新计算数据完性鉴别码。

7.3.13.1 设计要求

数据完整性验证系统由管理界面、完整性验证服务器、策略代理、完整性认证接口构成（图7-20）。

管理员通过管理界面对数据完整性策略进行管理，进入管理界面需要经过 USBKEY 的身份认证。

数据完整性服务器对数据库服务、数据库、数据表、数据字段等数据对象以及数据完整性策略进行管理。

策略代理用于获取数据对象信息和发布数据完整性策略。

数据完整性认证接口与应用集成，完成数据记录的标记和校验。

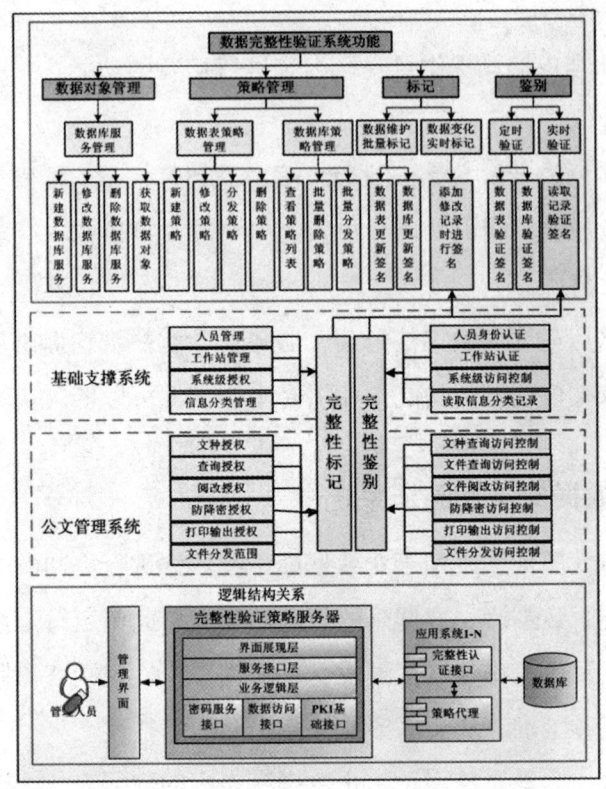

图 7-20　数据完整性验证逻辑关系图

7.3.13.2　功能设计

数据完整性验证功能设计包括数据对象管理、策略管理、完整性标记、完整性鉴别、管理员管理和审计管理（图 7-21）。

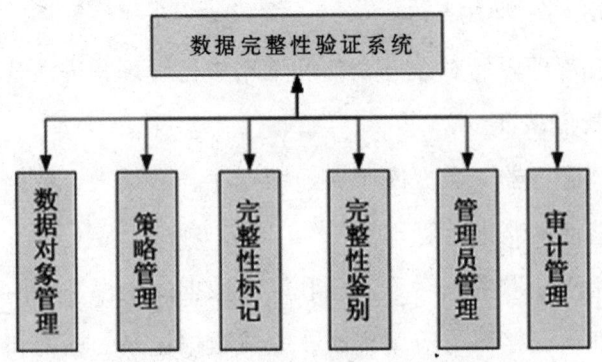

图 7-21　数据完整性验证功能图

1. 数据对象管理

（1）数据库服务管理

数据库服务指为某一数据库用户提供的服务。一般一个用户可访问多个逻辑数据库，因此一个数据库服务可包括多个逻辑数据库。

数据库服务管理用于建立访问数据库的基本信息，如数据库地址、数据库用户名、密码等，通过数据库服务管理可进一步获取逻辑数据库和数据表以及数据库字段的信息。

对进行完整性保护的数据库进行管理。包括新建数据库服务、修改数据库服务、删除数据库服务等功能。

1）新建数据库服务

新建数据库服务用于管理数据库的连接配置信息和代理服务信息，从而可进一步获取数据库服务提供的数据对象，为制定数据完整性策略创造必要的条件。数据库服务管理的信息包括数据库服务的名称、数据库的类型、数据库的 IP 地址和端口、数据库的用户名和密码以及代理服务地址信息。代理服务用于下发数据库完整性策略，需要为每一个数据库服务配备一个数据库完整性代理服务。

2）修改数据库服务

修改数据库服务功能用于修改已经建立的数据库服务信息，当数据库服务信息发生变换时使用。

3）删除数据库服务

当数据库服务不再使用时，可通过删除数据库服务功能进行数据库服务的删除。

4）获取数据对象

数据完整性策略是以数据库字段的描述为基础构成的，因此建立数据库服务信息后，系统具备访问相关数据库服务的条件，可进一步获取相关数据对象信息。数据对象包括数据库对象、数据表对象以及数据字段。

2. 策略管理

数据完整性策略是用于描述对某个数据表的哪些字段进行数据完整性保护的控制数据文件，同时包含数据完整性验证方式信息。数据完整性验证方式包括不验证、实时验证和定时验证。不验证指暂时不对该数据表进行验证，在必要时可对其进行启用。实时验证指应用在对该数据表进行读取时即对数据字段的完整性进行验证。定时验证指数据库完整性系统在某一时刻对数据表进行扫描验证。数据表策略管理用于产生、分发数据完整性策略。

（1）新建策略

新建策略用于对某一需要保护的数据表建立数据完整性策略。数据完整性策略包括两部分信息，一是对哪些数据字段进行完整性保护，二是验证所采用的方式。

（2）修改策略

当对某一数据表的数据完整性策略需要变化时，如所需要进行完整性验证的数据字段有增加或减少，或者验证方式发生改变时，可使用修改策略功能对数据库完整性策略进行修改。

（3）分发策略

当数据完整性策略建立后，需要通过分发策略将策略信息传送到代理端，从而代理端组件可根据策略信息，进行数据的标记和鉴别。

（4）删除策略

当数据完整性策略不再使用时，可通过删除策略功能删除数据库和策略代理端的策略信息。

（5）数据库策略管理

数据库策略管理用于以数据库为单位，向代理端批量进行策略信息的分发或批量删除策略信息。

1）策略列表显示

系统提供按照数据库为单位的策略列表显示功能，用于查看数据库中已建的完整性策略列表。

2）批量分发策略

当数据完整性策略信息变换较大时，可对数据表策略修改后，批量进行策略的分发。

3）批量删除策略

当策略变化较大，需要大量删除时，可采用批量删除策略功能。

3. 数据完整性标记

（1）数据表更新签名

系统通过数字签名技术对数据库记录进行完整性标记。系统提供更新签名功能，用于在初始时建立数据记录的完整性标记。

（2）数据库更新签名

数据库更新签名功能为批量进行数据表签名的功能，以数据库为单位对数据库包含的数据表根据策略进行数字签名。

4. 数据完整性鉴别

（1）数据表验证签名

数据表验证签名功能用于手动对数据表完整性进行检查和鉴别。

（2）数据库验证签名

数据库验证签名功能用于手动、批量地对某一数据库所属数据表签名进行验证。

5. 管理员管理

管理员管理用于对访问本系统的管理员进行限定。系统在初始化时默认设定一个管理员，此管理员可登录本系统进行相关管理操作。此管理员可进行管理员的任命和解除。管理员的身份认证采用数字证书方式。

（1）新建管理员

新建管理员用于向系统添加一个管理员，添加到系统后，管理员可访问本系统，进行相关操作。

（2）修改管理员

当管理员信息录入有错误，或选择了错误的数字证书时，可通过修改管理员功能对管理员信息进行修改。

（3）删除管理员

当管理员管理职能变更时，根据管理要求不再允许某些管理员进入系统时，可通过删除管理员，对管理员信息进行删除。

6. 日志管理

系统提供日志查询和日志查看功能，以便管理员进行日志审计。

（1）日志查询

系统提供日志查询功能，用户可根据查询条件进行日志查询，返回满足条件的日志列表。

（2）查看日志

查看日志功能提供日志列表的显示功能，包括向前、向后翻页和跳转到指定页面功能。

7.4 安全管理中心

7.4.1 设计目标

电子政务安全不仅仅是一个技术问题，更是一个管理问题。信息安全的目的是通过预防安全事件和使安全事件的影响最小化来保证业务的连续性并使业务的损失最小化，而信息安全管理的目的就是在实现信息充分共享的基础上，保证信息和其他资产得到保护。

安全管理中心（SOC）是一种集中安全管理的形式，包含集中安全设备管理、安全事件收集、事件关联分析、状态监视、分析报表等重要技术组件。

电子政务网安全管理中心的建设,就是要建立一个电子政务安全的基础设施——通过安全管理中心的信息收集和处理作用将不同位置、不同安全系统中分散且海量的单一安全事件进行汇总、过滤、收集和关联分析,得出全局角度的安全风险事件,并形成统一的安全决策对安全事件进行响应和处理,实现现代的安全管理技术平台。

安全管理中心主要管理电子政务网中城域网、广域网骨干网的主要网络设备、安全设备、主机、操作系统、数据库和业务系统等的安全事件。电子政务网络安全管理平台应具备监控、预警、响应、追踪等功能。其基本框架如下:

7.4.1.1 安全监控

安全监控主要包括资产管理、事件收集与管理两个主要模块。

1. 资产管理

资产管理是信息安全管理的基础,要做到信息系统的安全管理,必须了解系统中资产情况及其状态。网络中各种设备、安全产品、应用都可以看作是资产。

资产管理并不是为了简单的统计,而是在统计的基础上,对这些设备进行评估和安全检测,发现资产的安全状况,并纳入到平台的数据库中,真正做到对资产进行统一的管理。

2. 事件收集与管理

网络与安全事件监控对象涵盖网络设备、主机系统和安全系统,安全产品包括防火墙系统、漏洞扫描系统、防病毒系统、网络安全审计、身份认证系统等,网络产品包括路由器、交换机,主机系统包括操作系统、数据库系统等。在信息系统的运行过程中,各种安全对象等都会产生大量的警报信息,这些安全对象是异构的,警报信息的格式和意义也都不尽相同。如何有效收集、标准化、过滤、分析这些警报信息,并且根据警报信息动态调整系统的安全策略和技术防护手段,执行不同的应急预案,是事件管理的主要任务。

通过日志文件读取、SYSLOG、SNMP、ODBC、部署安全代理工具(Agent)

等方式进行日志和事件的采集，在所管理的骨干网络、不同的承载业务网及其相关支撑网络和系统上的不同安全信息采集点（防病毒控制台、入侵检测系统控制台、漏洞扫描管理控制台、身份认证服务器和防火墙等，安全管理中心监测点的代理及引擎部署），通过安全通讯方式进行收集，实现针对全网的安全事件的集中收集和处理。

安全管理中心通过对统一采集的事件进行过滤、冗余处理，以及根据预先定义的分类规则对事件进行归纳分类，并根据事件路由规则，把事件转发到各种事件处理服务器上或者直接转存到事件数据库中进行数据归档。

7.4.1.2 安全预警

安全预警是一种有效预防措施，电子政务网络安全管理中心的一个重要作用就是构建基于全网安全事件的预警体系。由于各种攻击行为都会在不同的网络设备及安全设备中留下蛛丝马迹，导致事件的产生，但是单一的设备事件却难以有效地分析攻击行为及网络中的实时威胁。采用关联分析可将原始的设备报警进一步规范化并归纳为典型安全事件类别，在大量事件（甚至是误报事件）中提取有用的信息，从而协助使用者更快速地识别当前威胁的性质。

安全预警系统对于来自于不同威胁事件和漏洞状态信息，根据规则进行事件关联分析、漏洞关联分析，得到威胁事件和漏洞的分布情况、受影响的程度等信息，并对潜在风险进行分级，及时通过 Web、Mail、短信等方式发布预警信息和安全通告。

7.4.1.3 安全响应

安全响应作为安全管理中心系统的一个重要环节，与其它模块间有着丰富的数据交互，通过与安全监控、关联分析、安全预警等系统的接口，接收这些系统产生的预警信息，启动安全响应处理流程处理预警通知。在确认响应以后，通过响应接口——邮件、短信、图形界面、工单、snmptrap 等方式通知接收者。工单被接收者响应处理并经审批以后的历史工单可以导入到安全知识库的案例库中去。

安全响应主要包括安全报表和工单管理两个主要模块。安全报表模块可对资产、风险、脆弱性、事件和设备的分布和趋势，以及用户使用平台情况形成或定制报表，以图表形式向用户直观地展现。主要有安全态势报表、工单处理报表、资产情况报表、通告信息报表等几类。工单管理模块可通过在用户特定规则下使安全事件可以直接自动触发对应工单流程或手工自定义触发对应的工单流程的方式触发工单。处理过程中，派单人和责任人可以对现象描述、原因分析、处理意见、处理结果中增加内容，但不能修改之前输入的内容。系统需记录增加的时间和责任人。在显示工单时，会显示所有的修改记录。

7.4.1.4 安全追踪

安全追踪主要包括安全审计和攻击定位两个功能。

1. 安全审计

安全审计功能就是对安全管理中心收集的各种事件信息进行深度分析，找出可疑的行为，同时生成详尽的统计和分析报表。审计分析的对象包括安全产品、应用系统、操作系统的事件信息。

2. 攻击定位

安全管理中心通过资产管理、关联分析、专家系统分析等有效手段，能检测到攻击，并定位攻击源。随后，系统会自动对目标进行扫描，并将扫描结果告知管理员，并会提示管理员查询知识库，最终对攻击源进行追踪控制。

7.4.2 安全管理制度要求

7.4.2.1 管理制度制定原则

管理系统化原则：安全管理制度体系是自上而下、自下而上，基于过程、基于状况、基于资源、基于活动的文件化管理，是电子政务安全保密工作的重要控制和保障。因此，所有的制度都不是单独设立的，而都是制度体系的一部分。包括电子政务网络所属各个组成部分的岗位责任制、各项管理制度、报告制度、内部审计制度，以及应急预案制度等在内形成一整套完整的安全管理制度体系。

活动程序化原则：安全管理制度是规范和指导电子政务全部安全活动的一整套完善、严密、纵横联系的程序和方法，以确保人人各司其职，各尽其责，忠于职守，勤奋工作，各项信息安全活动做到规范化、高效率化，并在各职能部门和环节之间分工、协调地展开。

保障机制化原则：信息安全管理制度的建立使电子政务信息安全管理具有自稳、自组功能。即形成这样一种信息安全保障机制：电子政务网络内部和外部各种动态信息根据信息内容迅速按规定的流程进入责任系统，由相应的责任人启动相关程序采取对应措施，动用各种资源（包括应急资源）及时处理和解决问题，并根据问题调整信息安全管理制度。

7.4.2.2 管理制度框架

政务网络安全管理制度体系是规范和指导政务网络安全管理全部活动的一整套完善、严密、纵横联系的程序和方法，以确保人人各司其职，各尽其责，忠于职守，勤奋工作，各项信息安全活动做到规范化、高效率化，并在各职能部门和环节之间分工、协调地进行，从而建立起全网安全保障机制。

其中，主要安全管理规章制度如下：

1. 物理与环境安全管理制度

（1）场地与设备安全管理制度。包括：防火、防水、防盗、防雷击、机房保护、出入控制等管理制度。

（2）设备、线路、电源管理制度。包括：设备的采购、保管、使用、保养、维修制度。

（3）存储介质管理制度。包括：涉密的媒体管理、媒体数据管理制度。

2. 系统安全管理制度

（1）防火墙安全管理制度。包括对防火墙的设置、调整和审计进行管理等。

（2）虚拟专网管理制度。根据业务、区域划分VPN，对VPN的设置、调整和运行进行管理。

（3）软件系统管理制度。包括操作系统、数据库管理系统、数据共享库监控、应用软件系统和网络管理软件的运行、维护管理制度。

（4）网络资源备份管理制度。包括对网络所有资源进行冗余备份管理等。

3. 网络运行安全管理制度

（1）入侵监控管理制度。对网络进行实时监控，并定期升级。

（2）计算机病毒防治管理制度。包括：全网统一防杀病毒、定期升级病毒库等制度。

（3）信息备份管理制度。对信息资源进行备份，包括双机热备、异地备份、自动备份、人工备份等制度。

4. 信息安全保密管理制度

（1）身份识别和密钥管理制度。包括：用户登录管理制度（电子钥匙和电子令牌管理、指纹库管理等），用户身份识别管理制度（对上网用户进行身份验证，并根据用户权限发放电子证书等），等等。

（2）访问权限管理制度。对用户权限进行管理。

（3）安全审计管理制度。对用户操作进行审计，记录重要的和违规的操作等。

（4）内部评估制度。定期对网络进行安全漏洞扫描，对漏洞进行修补，并定期升级漏洞库等。

（5）人员管理制度。包括用户行为规范、岗位职责规范、管理人员的聘用与解聘、岗前培训与上岗制度、安全宣传教育管理制度。

第 8 章 政府门户网站设计

门户（Portal），《现代汉语词典》上喻指"出入必经的要地"。在互联网世界，门户的概念，首先是从门户网站开始的，门户网站是指为了提供有关信息服务而与综合性互联网信息资源相互连通的应用系统。AOL（美国在线）对门户网站的定义为"门户网站是一种 WWW 站点或 WWW 服务，它提供了一系列丰富的资源和服务，诸如电子邮件、论坛、搜索引擎、在线购物等"。政府门户网站是各级政府建立在互联网上，在线向社会公众提供信息和服务的，具有统一的连接各部门网站的入口的政府网站。

在我国，自 1999 年开始实施"政府上网工程"以来，政府门户网站已逐渐成为政府信息公开的主要方式。2008 年 5 月 1 日《中华人民共和国信息公开条例》的实施，标志着我国政府信息公开工作已经迈入了一个新的阶段。公众可以通过访问政府门户网站，方便快捷地获得政府信息服务。另一方面，迅猛发展的信息技术为政府门户网站开展信息公开提供了技术支持。网络传播的及时性、快速性、全面性等特点也为公众广泛参与政府管理创造了良好的外部环境。公众可以通过政府门户网站对政府部门实施监督，为政府决策建言。信息化时代的公民民主参与得到了充分的体现。

8.1 政府门户网站性质

8.1.1 政府门户网站的功能

8.1.1.1 政府门户网站的功能

政府门户网站的功能，是指网站能够提供的信息、资源和服务。政府门户网站的功能可以概括为以下几个方面：

1. 信息公开

政府门户网站既是一个信息公开的平台，也是一个政府和民众互相交流的渠道。政府及职能部门通过门户网站在互联网上发布政务信息和执政措施，向社会公众公开政府的工作，引导公众的社会参与和公共监督，这是政府门户网站的最主要的功能。政府门户网站发布的信息主要包括政府部门的构成以及各自的职能、职权划分和责任分工、法规和规章、政府的近期工作安排和做出的重大决策等。同时，全面介绍本地区基本概况（地理气候、生态环境、自然资源、历史沿革、行政区划、基础设施、旅游资源、地域风情、经济发展、对外开放、科教文卫体、社会事业等）。

2. 在线办事

政府门户网站的在线办事是政府提供公共服务的重要形式，电子政务建设的不断深入和完善将使得公众、企业能够直接通过互联网办理相关的申请或事务。在线办事成为推动政府改革和管理创新的内生动力。在线办理内容和形式上包括了办事项目的名称、依据、程序和要求；申请下载、业务咨询和办理指南；在线申请受理、状态查询和结果反馈等。同时，政府门户网站可以设置各种不同的栏目和频道实现在线办事的差别化和个性化服务，提高政府的管理能力和公共服务水平。

3. 公众参与

公众参与是我国政府网站的三大功能定位之一，是政府部门通过网站引导公民进行有序政治参与的积极实践，政府网站公众参与的开展，可以增进政府与公众的沟通理解，有效保障公民的知情权、表达权、参与权和监督权，是推动公共决策和公共管理民主化、科学化、透明化的重要途径，对于构建民主政府、透明政府、责任政府和服务型政府具有重要意义。与传统公众参与途径相比，政府网站公众参与具有形式多样、氛围良好、沟通开放、表达真实、贴近生活、方便快捷的独特优势，能够打破时间、空间、人数和身份的限制，在政府网站建设中具有重要地位。政府网站公众参与栏目主要包括咨询投诉、实时交流、民意征集和公众论坛等五大类。[1]

4. 信息导航

与其他政府网站不同，在政府门户网站中除可以得到该政府所能提供的所有信息服务外，还应提供其他政府网站和有关机构网站的权威链接和便于获得的入口。链接各相关政府网站，可以使政府机关最终通过网络实现无纸化办公，不同政府机关之间可以通过网络交换信息、下达文件和指示，实现政府机构的网上电子办公。同时，提供国家各部门、全国各主要省市的链接，可以在纵向和横向上扩展政府的公共服务范围，形成一个相互支持的功能齐全的强大的政府网站信息系统，向公众提供更加完善的公共信息服务。

8.1.1.2 政府门户网站的组成

我国政府网站的构建包括四个层级，属于"金字塔"型行政层级体系结构。[2] 中央人民政府网站是处于最顶层的政府网站，它是中华人民共和国对外发布信息的统一门户，具有唯一性和权威性。处于第二层的是各省级以上地方政府网站、国务院部委及直属机构网站（简称部委网站），这一层级的网站直接保障了顶层的内容。各地市（州、盟）政府网站以及地方政府组成

---

[1] 郑天鹏：《地方政府网站公众参与的实践与建议》，载《中国信息界》2012年第8期。

[2] 张向宏,张少彤：《服务政府与政府网站建设》，清华大学出版社2010年版。

部门、直属机构、垂直部门网站都属于第三层级的政府网站,它的中间层级将为上一层级政府网站提供内容保障,为下一级政府网站提供指导。处于最底层的政府网站是县级政府网站、地市级政府组成部门及直属机构、垂直部门网站,这些网站将为公众提供直接的在线事务办理和信息服务。

在政府层级网站体系中,下层级网站对上层级网站提供内容保障,有责任、有义务做好上层级网站的支撑工作;上层级网站对下层级网站提供规范要求,要加强指导,促进资源共享,推动下层级网站的发展。同时,不同层级网站既相互影响又各司其职,实现共同发展。同时,政府网站的层级体系中还包含政府门户网站和部门网站两类。政府门户网站集中于发布权威的政务信息、宣传对外形象。在公共服务方面,侧重于政策信息的解答。而部门网站则主要处理具体的在线办事事项、对用户的意见和建议选择采纳。不管怎样,门户网站和部门网站都是集中利用这一平台提高政府的办事效能、实现为民服务的功能。

8.1.2 政府门户网站的特征

8.1.2.1 信息发布的权威性

政府门户网站就是政府在互联网络上的直接载体,政府工作的严肃性决定了政府门户网站的客观性。因此,政府依法在政府门户网站上发布的信息必须确保内容准确、及时、全面,具有严肃性、权威性、完整性。这与各类商业性网站和娱乐性网站有着明显的区别。同时,网站版面风格应简洁、庄重、大方,体现出政府形象的庄严和权威。

8.1.2.2 管理职能的集群性

政府门户网站与各部门网站是"门户"与"房间"的关系。政府门户网站近似于一个有组织有纪律的网站群,各级政府应分层次规划政府门户网站的建设,合理构建政府门户网站体系。后台整合是政府门户网站区别于其他网站的关键所在,通过政府门户网站的建设,将联合各所属子网站,构建成一个系统的政府服务网络平台,并能非常方便地实现资源共享,为公众提供更好、更便捷的服务。政府门户网站不仅是政务信息发布平台和业务处理平台,而且也是资源信息加工平台、辅助行政决策平台、知识获取平台的集成。

8.1.2.3 服务提供的公益性

政府依法履行行政职能为社会、为公众提供公共服务,这就决定了政府门户网站为公众的服务不同于商业性网站,必须是公益性的,网站信息应允许被下载引用,同时应尽可能多地发布为社会公众服务的各类信息。不断完善政府网站功能,实现一体化的在线办理服务,不断凸显服务型政府的职能,努力实现全心全意为民服务的服务型政府网站。

8.1.2.4 政府门户的唯一性

政府门户网站在电子政务系统中具有相当重要的地位,是电子政务建设的核心工程。一个国家或地方的政府门户网站是该级政府在互联网上唯一的、合法的在线政府形式。这要求政府门户网站采取"一站式"的服务方式来面向全体公众进行管理和提供服务。

8.1.3 建设政府门户网站的重要意义

8.1.3.1 有利于提高行政效率,优化政府信息资源配置

政府是最大的信息拥有者和管理者。政府门户网站作为政府信息搜集、发布和管理平台,为政府行政执行和决策过程提供了一个有效的信息交流平台和信息传递通道,促使政府信息传播体系由以往的多层级、垂直化向扁平化转变,方便政府与社会、政府与企业、政府与公众之间的信息交流,改善政府各部门之间的业务协同,减少办事环节,缩短办事时间,提高办事效率。互联网具有容量大、速度快、易扩散、低复制成本的特点,也使得政府门户网站建设能够减少政府信息的传输成本,对于政府信息资源配置效率及政府行政效率的提高具有积极的意义。

8.1.3.2 有利于落实政府政务公开,保障公民知情权

政府网站是政府电子政务体系的重要组成部分,作为政府部门与公众和

企业的沟通渠道，利用互联网信息的渗透性，可以打破时间、空间对政务活动的束缚，推动政务信息公开和社会监督在更大范围、更深层次上展开。政府网站具有信息公开成本低、公开内容全面、获得途径便利、互动性强等特点。通过政府信息资源的公开共享，公民利用政府门户网站了解政务信息、参与政府决策过程，以此增加政府工作的透明度。因此，政府网站建设有利于转变政府的工作作风，创新服务方式，保障公众的知情权、参与权、表达权和监督权。

8.1.3.3 有利于阳光政府、廉洁政府建设

政府门户网站不仅能够使政府行政手续简化，提高行政效率，而且减少了一些不必要的机构管制，明确了政府职能范围和公务人员的业务职责，使政府置于阳光下，一定程度地减小暗箱操作空间。通过政府门户网站实现的政府信息公开，削弱了政府对信息的垄断、封锁，消除或减少了政府与公众之间的信息不对称。同时，通过政府网站的信息公开能够实现政府行政管理和公共服务的执行、流程的可视化，为公众参与及监督政府工作提供了方便。因此，政府网站有利于公众对政府工作的监督，有利于加强政府的廉政建设。

8.1.3.4 有利于推动政府工作作风的转变

首先，公众通过政府门户网站可以方便、快捷地获知政府政务信息，了解政府工作，办理个人事务，监督政府工作人员，增强工作人员的责任感和服务意识，有助于透明、阳光政府的创建；其次，政府网站的建设将促进各级政府管理方式的变革，实现政府工作手段的网络化、工作程序的标准化以及管理工作的科学化，从而提高政府工作效率，有助于打造高效的政府；第三，政府网站的建设将加快各级政府行政模式的转变，使政府网站成为方便政府与公众交流的渠道，成为政府与公众沟通的桥梁，使各种利益主体通过这一平台畅所欲言，最大范围地满足不同利益主体的需求，这将有助于扩大公共政策的合法性生成。

8.2 各国／地区的电子政务门户

8.2.1 国外典型电子政务门户网站的发展

从全球的电子政务发展情况来看，20世纪90年代，是各国电子政务发展起步和不断深化的时期。电子政务的发展是一个国家经济水平发展的重要标志，通过电子政务开展公共服务可以为公众的日常生活带来便利，大大地提高了政府的办事效率。目前，美国、英国、新加坡、中国香港等国家和地区的电子政府发展水平处于世界领先的地位，其电子政务系统功能日益完善、信息整合的能力日趋强大，公共服务水平处于领先地位。

发达国家都把政府门户网站作为提供在线服务的重要工具。政府门户网站通过将各种服务集合到一起并进行一定的整合，来为公众提供所需要的服务。这样，公众就不再对政府的具体组织结构和各自的职能产生困惑，因为通过政府门户网站公众可以明确地知道各种问题的答案。

8.2.1.1 美国

美国是全球率先启动电子政务建设的国家之一，1993年，美国政府首次提出实现政府信息化的目标，掀起了世界范围的政府信息化热潮。同年，美国总统克林顿建立了"国家绩效评估委员会"并提出构建"以顾客为中心的电子政务系统"。1994年，美国"政府信息技术服务小组"提出以顾客为导向，通过技术手段实现政府机构间的资源共享，力求为公众提供一站式的个性化服务。2000年9月，美国政府建立了第一个官方政府门户网站——"第一政府网"[1]。图8-1为美国政府门户网站。2002年12月，布什总统签署了《电子政府法》，要求联邦政府利用基于互联网的信息技术，增强公民获取政府信息的能力。同时，为进一步推进电子政务的建设，布什总统全

---

[1] 网址 http://www.firstgov.gov，2007年1月更名为 http://www.usa.gov。

方位地加大资金投入改善美国民众的上网条件，极大地促进政府与民众的进一步交流。美国正是通过集成联邦各政府部门横向及纵向的资源，采用了层级分明的门户整合方式，为公众提供内容全面、获取便捷的网络信息服务。

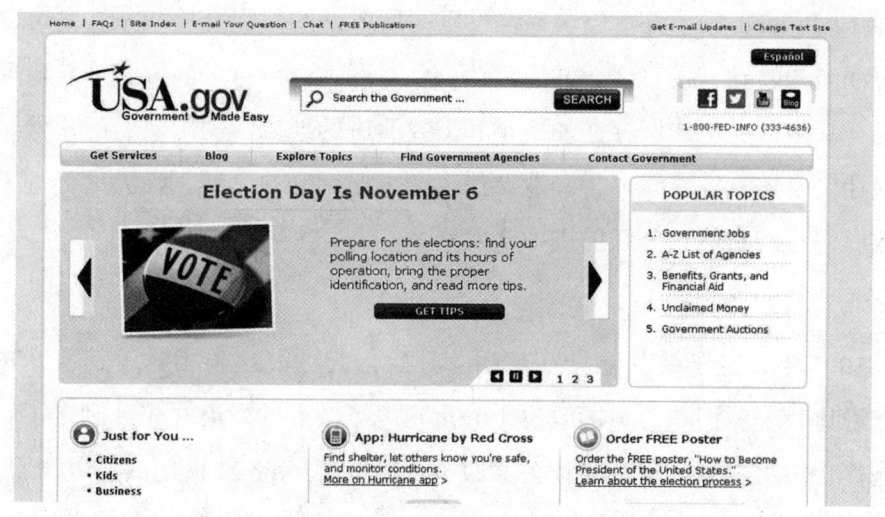

图8-1 美国政府门户网站（http：//www.usa.gov）

美国政府门户网站坚持"以人为本"的服务理念，网站的信息涵盖范围广，内容丰富，分类清晰，力求为公众提供丰富而周全的信息服务。改版后的美国政府门户网站，按其横向标题栏可将内容分为在线服务、新闻、探索性主题、寻找政府机构、联系政府等五个主题模块，在这五个主题模块内，还包涵着丰富的子目录信息，这些信息配有丰富的图片，以图文并茂的方式给人以更生动的展示。网页主菜单的标题栏还设有其他栏目。对公众关心的热点问题如政府的工作动态、资金信息等方面进行了聚焦，方便公众对所感兴趣的信息进行查询。在为公众的服务栏里，把服务对象划分为市民、旅游者、联邦雇员、企业等多种不同的类别。在每一主题栏目打开二级页面后，出现按24个英文字母排列顺序将信息排列归类的界面，这种信息分类具有清晰易用、方便查找的特点。便于不同身份、不同目的的用户进行操作，为他们快速地选择自己所需的信息服务类别节省了大量的时间。

在选择服务方式和内容上，美国政府门户网站始终坚持从满足公众的需求出发来进行规划和设计,简化网站结构,整合各州政府部门的信息资源,为公众提供便捷的在线服务模式。美国政府门户网站注重同公众进行交流互动,在网站首页下方提供多种公众与政府互动的方式,比如电话、Blog、Twitter、E-mail等手段。公众不仅可以同所咨询的部门直接联系,更可以同政府部门的领导直接对话。并通过让公众对网站进行打分的方式来获取反馈信息,找出自身工作所存在的不足和需要改进的地方。美国政府门户网站充分地让公众体验到在线办事和获取信息的方便性和快捷性,极大地促进了美国政府门户网站信息公开的进一步发展。

8.2.1.2 英国

1994年,电子政务建设在英国才开始兴起,其起步相对于其他发达国家来说比较晚。但是,英国政府十分重视电子政务的发展并先后制定了《政府现代化白皮书》、《信息时代公共服务战略框架》和《21世纪政府电子服务》等一系列的规划。2001年9月,英国的宽带家庭覆盖率已经达到60%。2002年4月,有63%的政府机构开通了互联网服务。2001年,英国正式开通了政府门户网站(www.gov.uk),如图8-2所示。英国政府门户网站同样始终体现了"以公众为中心"的理念,按照公众的需求来设置政府在线服务

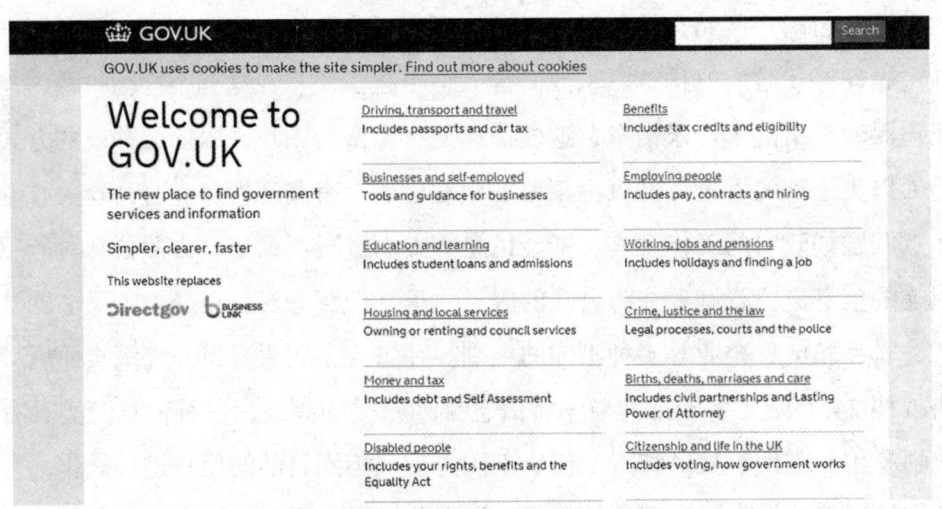

图8-2　英国政府门户网站(http://www.uk.gov)

机构。同时，英国政府通过组成公众代表团的方式，充分地汲取公众对电子政务的意见。2010年，英国首相布朗推进了一个新项目，政府将为每名公民开设个人专属网页，在未来的四年内，实现"无纸化社会"的互联网战略。公众将可以足不出户，通过网络，办理个人的医疗、卫生、教育和找工作等一系列事务。按照计划，无纸化社会将分两步建成。首先，在一年时间内，政府将为每名公民建立个人专属网页。公民可通过个人网页查找当地各项公共服务并与政府部门进行沟通。经身份认证后，公民可在家中通过网络为子女申请入学、预约医生、申领福利、缴纳税款、申请护照和办理车牌等。接下来三年里，这一网站将增设互动服务，成为类似Facebook的社交网站，人们可在网上与孩子的老师取得联系，或是向医生寻求治疗建议。同时，政府进一步加大对宽带网络等信息基础设施的建设，通过"互动服务"模式，力求通过互联网方便公众的日常生活，并且进一步加强公众之间、公民和政府之间的互动交流。通过自己的专属网页，办理子女入学、申请护照、注册车牌、预约医生和找工作等业务。

8.2.1.3 韩国

20世纪90年代，韩国政府实施"信息化促进及21世纪电子韩国发展计划"标志着韩国的电子政务建设开始起步。2001年1月，韩国总统金大中发表关于建设基于知识的信息社会的韩国国家发展远景报告，与此同时，韩国成立由著名专家和政府高级首脑（政府重要部门的副部长级官员）组成的电子政务专门委员会，指导和规划韩国的电子政务建设。面向未来，韩国已制定出IT政策议程"Smart Korea"（智能韩国）的基本蓝图。"Smart Korea"由三大体系构成，分别是Smart Life（普及未来网络、智能服务等）、Smart Economy（软件、广播通信、IT主力产品、培育IT综合产业等）、Smart Planet（绿色增长、绿色IT）等，即实施综合IT战略，以改善社会基础设施、经济、产业、国民生活等方面。

在全球各国电子政务绩效评估中，韩国电子政务服务水平名列前茅。韩国电子政府网站还具有较高水平的个性化功能，提供丰富的信息和服务。韩国政府网站与用户的互动特色也非常显著。每个政府站点都在显著位置包含访客留言或论坛。在设计上,韩国网站色彩丰富的按钮对于导航的提示明确。总体上,韩国网站在保持以访问者为中心的基础上,具有丰富的互动特色,如图 8-3 所示。韩国政府通过构建"唯一视窗电子政府"（Single Window E-Government）服务平台,为公民在线提交政府服务申请文件、查询政府信息服务提供了有效、简易的方式,从而极大地提高了政府服务质量和公民的满意度。民众可以选择电子方式获取政府发布的各类文件,同时,在"唯一视窗电子政府"服务平台上,政府和各公共服务机构通过网络系统共享各类相关重要信息,大大减少了冗余的行政流程。在具体措施上,实现主要政府服务系统（居民登记、房地产服务、交通车辆管理等）之间实现信息共享。建立社会保险信息共享系统,为医疗保险、养老金保险、失业保险、工伤事故赔偿保险提供广泛的信息支持和信息共享。建立家庭税务服务系统,实现在线税务填报、电子票据、电子支付税收咨询、相关税务信息及税务电子证书的发放。建立电子政府采购系统,以实现政府采购的透明化。

图 8-3　韩国政府门户网站（http://www.Korea.go.kr）

8.2.1.4　新加坡

新加坡是世界上较早发展电子政务的国家,也是目前电子政府建设水平处于领先地位的国家之一。2000 年 6 月,新加坡启动了首个电子政务行动计划，该计划的实施，改变了新加坡公共服务的方式，通过互联网便可以办理所有的公共事务，极大地提高了政府的办事效率，并加强了政府、企业和公众的相互交流，方便了用户日常事务的办理。2011年，新加坡推出"智慧国2015"计划。在这个为期十年的信息通信产业发展蓝图框架下，新加坡提出了两个阶段的电子政务规划，也就是当前的整合政府2010（iGov2010）计划和下一阶段2011年至2015年的电子政务总体规划。

新加坡政府门户网站（http://www.gov.sg），被认为是世界上发展最为成熟和先进的政府门户网站，如图8-4所示。按照服务对象分为政务频道、市民频道、企业频道和外国人频道。其中，政务频道主要有最新政务新闻、焦点、政府部门列表、出版发行书籍、政策信息、领导人介绍、每日摘要和热点专题等栏目。公众可以了解相关的政务新闻和信息，访问政府各部门的网站。市民频道以为市民提供服务为主要内容，包括热点、政府服务、市民建议、在线服务帮助、市民验证、快速通道、登陆电子公民中心和新加坡护照等栏目。作为公民的各项有关内容都可以在这里找到，主要有办事办证和向政府提议等活动交流。企业频道以为企业服务为主要目标，设有新闻、事件、时事通讯、资源库、网上服务、询问、政府部门列表等子频道。根据政府为企业经营服务所提供服务的性质进行栏目分类，主要有：筹集资金、商业课题、政府项目、本地企业、起步公司和退出策略等栏目。针对每个栏目又按照企业运营所需的主题进行细分，在每个主题栏目下面设置了索引、查询、电子服务、资料库和案例等服务。外国人频道按照外国人来新加坡的目的进行栏目划分，主要为访问新加坡的人、移民新加坡的人、在新加坡工作的人、在新加坡学习的人、在新加坡做生意的人，为外国人在新加坡工作与生活提供了极大的方便。

图 8-4　新加坡政府门户网站（http://www.gov.sg）

8.2.2 我国政府门户网站发展回顾

我国政府门户网站建设起步于 20 世纪 90 年代，1999 年 1 月，全国多个部委的信息主管部门共同倡议发起"政府上网工程"，并提出在当年实现 60% 以上的部委和各级政府部门上网，到 2000 年实现 80% 以上的部委和各级政府部门上网，标志着政府门户网站发展全面推进。在国家政策层面上，2001 年，国家信息化领导小组提出了"中国建设信息化政府要先行"；2002 年，《国家信息化领导小组关于我国电子政务建设指导意见》（中办发〔2002〕17 号文）发布，明确了政府网站的地位；随后，《国家电子政务总体框架》（国信〔2006〕2 号）、《国务院办公厅关于加强政府网站建设和管理工作的意见》（国办发〔2006〕104 号）、《中华人民共和国政府信息公开条例》等文件相继出台，为我国政府网站的快速发展提供了政策保障。

2006 年 1 月 1 日，中央人民政府网站（http://www.gov.cn）的正式开通，成为国务院和国务院各部门，以及各省、自治区、直辖市人民政府在国际互联网上发布政务信息和提供在线服务的综合平台。如图 8-5 所示。

中国政府网设置了政务信息区、办事服务区、互动交流区和应用功能区等四个区域。政务信息区主要是按照政务公开的要求，公布政府重大决策部署、行政法规、规范性公文以及工作动态。办事服务区主要是整合各地区、各部门网上办事服务项目，面向公民、企业和外国人提供网上办事服务。互动交流区主要是建立方便、高效的渠道，增进政府与公众的沟通交流，方便公众建言献策，便于政府直接了解社情民意。应用功能区主要包括检索、导航等网站辅助功能。其中，中文简体版和繁体版目前开设了"今日中国、中国概况、国家机构、政府机构、法律法规、政务公开、政务互动、工作动态、政府建设、人事任免、新闻发布、网上服务"等12个一级栏目。网站英文版开设了"今日中国、中国概况、外籍人士服务、商务中国、政府出版物、法律法规、专题专栏"等7个栏目。中国政府网由国务院办公厅牵头并负责内容规划、组织和综合协调，新华社负责运行维护、内容发布更新和技术建设及保障，各地区、各部门共同进行内容保障。

图8-5　中华人民共和国中央人民政府门户网站（http://www.gov.cn）

经过多年的努力，我国已逐步形成了覆盖中央、部委、省、市、县及其所属部门的政府网站层级体系。截至2010年底，副省级以上地方政府网站的拥有率达到100%；各省级地方所辖的地（市、州、盟）政府网站的拥有率达到 99.7%；直辖市、计划单列市及省会城市所辖的县（市、区、旗）政府网站的拥有率达到 98.6%。总体上看，各级政府网站已基本完成了初级建设阶段，在政府信息公开、网上办事、政民互动等方面取得了重大进展，政府网站与政府业务的融合程度越来越高，面向社会公众服务的成效越来越明显，迈向深化应用阶段的基础已经具备。随着互联网应用的日益普及和宽带网络、无线移动网络迅速发展，在新媒体技术强有力的支持下，公民政治参与意识和参与热情不断增强，网络问政已成风气，政府管理者通过网络的形式，满足群众的知情权、监督权与参与权，这不仅可以扩大政府的公信力，还能减少对第三方网络平台的依赖，政府门户网站逐步成为沟通社会、服务公众的重要平台。

8.2.3 国外电子政务门户网站发展的启示

国外政府门户网站的发展表明，政府在通过建设门户网站满足公众和社会的需求时，要倡导以客户为主的服务方向，政府部门内部和政府部门之间无缝隙的合作和整合现有的应用系统，以使用者价值为主的服务及中央和地方政府联结为导向的服务，指向无所不在的计算机化环境下提供无所不在的服务，通过多种服务通道提供以使用者为主的选择服务和个性化、智能化的服务。从国外门户网站的建设经验来看，政府门户网站的建设必须注重以下几个环节。

8.2.3.1 政府高层强力支持与清晰的发展目标是电子政务成功的重要经验

处于领先的政府门户网站国家研究表明，政府的首脑或者高层对电子政务和门户网站的支持和领导是推动此项工作的重要动力，使本国或者本地区的政府门户网站的发展目标和发展方向更加清晰、明确，确保政府制定的目标和政策能够完整地执行和实现。

8.2.3.2 突出以"顾客为中心"的管理理念

政府门户网站的建设首先要服从公众的需要，从公众的视角来看门户网站应该提供什么样的信息和服务，从面向政府部门为主的服务，以及政府工作的部分自动化,向面向公民为主的服务以及部门之间的无缝隙合作和系统间联动与整合转变。并且要使公众能轻易地进入网站,减少等待时间。

8.2.3.3 强化政府门户网站的主导地位

政府门户网站要将现实世界中政府和公民的关系真实地再现于虚拟世界中,实现现实和网络的真实对照。从电子的服务发展到无所不在的服务,也就是说,从过去的单一服务通道、以供应者为主的一方服务以及共有服务,向多个服务通道,以使用者为主的选择服务,以及个人化和智能化的服务转变。

8.2.3.4 注重信息的集约化和网站的导航服务

由于政府的科层性和官僚化特征,政府门户网站要突破传统层级和离散的管理机制,各级政府、各部门整体化,相辅相成。具备交互功能,上下级政府之间、同级政府之间以及各部门之间应该组成必要的联盟,发挥对部门职能的整合作用。要加快基于业务和信息流程,结合政府传统行政服务中心,进行功能的整合,逐渐建立标准规范、运转协调、透明高效一站式办公和整合式服务。

8.3 政府门户网站设计原则

随着互联网技术的深入发展和应用,电子政务水平将不断提高,政府门户网站的功能和结构也会有很大的演进。表现在各个门户网站的分类逐渐模糊,最终达到相互融合,实现以用户为中心的目标。这样,用户就能够非常方便和快捷的获取信息和服务。政府门户网站的完善和改造依赖于政府内部业务流程的重组,以达到未来电子政务发展要求,即实现跨政府跨部门的信息流的无缝对接,综合政府门户网站的所有应用功能、信息资源和公众服务,为用户提供全面的、高效的且个性化的服务。因此,对今后政府门户网站的设计提出了更高的要求。

8.3.1 政府门户网站的发展趋势

8.3.1.1 政府门户网站趋于统一化和标准化

随着电子政务应用不断深入，为满足公众和社会对政府网站服务需求呈现多样化、差别化和自主性特征，要求各级政府门户网站在内容提供上丰富详尽，栏目清晰；在访问地址上具有统一的入口，网址模式相同，各站点之间的关系明确；在信息获取上，具备方便快捷的检索和下载功能；在信息网络保障上注重网站的安全和用户的隐私。

8.3.1.2 提供一站式在线服务

政府网站分为政府门户网站和职能部门网站两类。其中门户网站最为重要，是提供"一站式"公共服务和整合发布政务信息的窗口，其发展必须基于区域内职能部门网站资源的整合。公众只要进入一个政府门户网站，便能链接到所有的接口，便可解决所有需要解决的事项。政府门户网站可以一天无间断的向用户提供服务。互联网技术在公众间的普及，使得公众对政府门户网站的期望值不断提高，不仅仅是网站质量方面，还有服务的类型和方式以及所需要的程序都能够得到完善。一站式或无站式服务能够更好地满足用户的需求，将是我国政府门户网站的发展趋势。

8.3.1.3 逐步提高在线业务和服务率

早期政府门户网站的建设和设计多是出于对外宣传、展示形象的需要，在表现形式上多以单向信息发布为主。下一步政府门户网站将围绕"信息公开、在线办事、公众参与"这三大功能定位展开，不断整合资源，细化子功能，完善服务方式，改进互动方法，调整栏目格局，优化网页总体布局，强化技术的服务功能，提高在线服务率和网上业务能力，实现功能定位的精确化和政府管理的人性化。

8.3.1.4 强化网络安全与信息安全的保障

网络的发展为用户提供便利，同时也带来威胁，目前来自计算机和互联网领域的各种非法行为和犯罪方式层出不穷，政府门户网站页面安全防范的任务越来越重，存在众多的安全隐患问题，需要全面的检查。政府门户网站作为一个特殊的网站，有其特殊的功能，安全性必须达到一定的高度。

8.3.2 政府门户网站的建立原则

建设完善的政府门户网站将提升政府的社会管理能力和公共服务水平，促进政府向服务型政府的转变，增强政府工作的透明度和民主性，改善政府的形象。在设计和建设政府门户网站时，除了应该遵守国家的相关法律制度和上级部门管理规定外，需要遵循下述的几点原则。

8.3.2.1 政府门户网站信息公开的原则

1. 全面迅速

坚持"以公开为原则，不公开为例外"。不仅要公开政府的基本信息，也要公开政府的过程性信息，如工作计划、工作结果等，尤其要公开社会公众较关心的敏感性信息，如财务信息和人事信息等。

2. 更新及时

政府网站应时刻跟随政府动态，及时发布最新、最具时效性的政务信息，做到经常性的工作按期公开、阶段性的工作逐步公开、临时性的工作随时公开。

3. 真实准确

政府网站所发布的信息是政府权威性的体现，必须要在真实性、准确性、可靠性方面建立相关制度去规范，尤其是在核心事件和关键事项上务必起到"以正视听"的作用。

4. 信息完整

政府网站公开的信息不仅要发布基本性的政务信息，也要发布深度政务信息，还要发布关键敏感类信息。在发布信息时，不仅要发布过程类信息，也要发布结果类信息，针对一项政府工作形成一套完整的体系，从而提高政府网站信息内容的价值。

8.3.2.2 政府门户网站服务原则

1. 依法服务

依法服务即政府网站应依照法律法规、政策文件的要求和部门职能，通过合适的形式手段向公众、企业提供服务内容。依法服务的原则体现在两个方面：一是政府网站服务不能不到位，即各级政府网站应当按照公众、企业的合法需求，提供相应的办事服务，不能以不正当的理由拒绝或回避向用户提供服务；二是政府网站服务不能越位，即网站不能超越政府部门的职能职责，向用户提供职能范围以外或职能范围内的涉密内容信息。

2. 普遍服务

普遍服务即政府网站的服务应实现对用户以及用户需求的有效覆盖。普遍服务的原则也体现在两个方面：一是从服务对象而言，政府网站的服务内容应满足多数用户的需求，即政府网站服务对象尽可能覆盖更多的用户，网站服务内容应满足不同年龄、职业、收入、地域的公众，以及满足不同性质、行业、发展阶段的企业的服务需求；二是从服务内容而言，政府网站应满足相应用户的绝大多数需求，即上述用户的绝大多数具体需求能够得到政府网站的满足。

3. 公平服务

公平服务即政府网站的服务应实现对所有用户群体的有效覆盖，能够满足不同用户的服务需求。公平服务的原则，首先表现在政府网站的服务应实现对弱势群体需求的满足上，即政府网站的服务内容应覆盖老人儿童、残障人士等各类弱势人群的需求，同时也应从功能手段上方便弱势人群使用以获取服务；其次表现在对处于不同应用环境中的用户需求的满足上，鉴于上网设备、网络环境对获取网上服务的影响，各级政府应通过传统互联网门户网站、WAP网站、政务微博、推送信息等形式实现公平服务。

4. 优质服务

优质服务即政府网站的每一项服务应切实、顺利地满足公众、企业的办事需求。优质服务的原则表现在两个方面，一方面是服务内容应实用，即政府网站针对用户的需求能够提供最切实有效的服务，如针对公众的就医需求，政府能够提供预约挂号等服务内容；另一方面是服务内容应规范易用，即政府网站的服务内容形式应容易为用户获取、理解和使用，如通过专题专栏的方式向公众集中提供就业相关的政策信息、咨询解答等服务内容。

8.3.2.3 政府门户网站建立原则

1. 信息透明、准确、全面原则

政府部门应严格按照《中华人民共和国信息公开条例》的规定，及时准确地发布信息，本着"公开为原则，不公开为例外"的要求，应该公开必须公开的信息，让公众通过政府的门户网站获取详尽的信息。政府部门在开展工作时，一定要保证政务信息公开透明和完整规范，按规定应该公开的信息必须及时公开，确保人民群众在第一时间获知相关的信息。公众参与是指公众与政府公开交流，政府在做出重大决策之前积极参考公众的意见。门户网站的建设为公众参与提供了一个良好的平台，政府部门应该在门户网站上设置多种公众参与的渠道，大力建设公众参与专栏，积极与公众在网上互动，从而能够倾听人民群众的心声,保证群众的意见和诉求及时得到反馈和处理。

2. 事务办理人性化的原则

政府门户网站服务的对象是公众，其功能不单展示政府形象的平台，更主要的是通过互联网实现政府职能，服务公众和社会。政府门户网站的建设要以公众为中心，网站上所设置的栏目也都必须符合公众的需求。以公众为视角建设政府门户网站也是国际上的宝贵经验，国际上许多发达城市的门户网站也是以公众为视角建立的。政府门户网站尤其是基层政府的门户网站是公众直接接触的平台。建设公众满意的政府门户网站，把公众的需求作为建设政府门户网站的出发点和落脚点。同时，还应遵守公众使用方便的原则，积极开展在线办事、互动交流等各种便民措施，满足用户的各种需求，特别是特殊人群的需求，比如针对某些拥有民族语言的少数民族，网站上应该设置不同的语言版本，开发一站式的服务系统，更好地为人民群众服务。

3. 公共服务多元化的原则

政府门户网站的建设目标之一是为用户提供一站式的、多元化的服务，将政府网站上的服务方式与后台的办事程序结合起来,为不同类型的用户群体提供全面的、多元化的信息资源和服务。政府门户网站的功能是用户能够最大限度地共享信息和整合资源,包括政府资源、社会资源、企业资源和公共服务。随着时代的发展和社会的进步,公众的见识和修养不断提高,对政府这个为人民服务的组织的要求也有了很大的变化。公众对政府的要求不再是单一的和被动的,而是多方面的和主动的,会主动要求政府在某些做得不足的方面进步和完善。

8.4 政府门户网站集群管理

8.4.1 网站集群管理——突破政府门户网站发展的瓶颈

政府门户网站作为电子政务的核心组成部分,是电子政府与其服务对象间最为高效的交流平台。随着初期各级政府门户网站的逐步建立和投入使用,门户网站的"深度问题"和"广度问题"日益成为制约电子政务发展和政府在线服务完善的瓶颈,建设中深层次的问题不断显现,比如信息不能充分共享、不能统一管理、不能统一升级网站后台、业务协同无法开展、不能做到整个网站群的联合全文检索等,都将直接影响国家电子政务战略的整体发展。

因此,政府门户网站群建设成为政府信息化与电子政务发展一个新趋势。网站集群管理系统是建立在统一业务规范和信息构架基础之上,通过分级管理、分级维护,实现政府信息共享和政务服务协同的网站集合。利用网站群内容管理系统,统一规划、统一实施或分步实施,所有的网站运行在同一个网站群内容管理平台上,可以统一管理、数据集中存储、智能化。[1] 政府门

---

[1] 郭建中,郭虎:《关于如何建好政府网站群的思考》,载《电子政务》2008年第21期。

户网站集群建设目标就是在上级政府部门的统一部署下将各站点连为一体，支持全部站点的统一管理，将现有的各职能部门的信息联系起来，使得同一组织内各个站点之间不再互相孤立。以统一的门户协同为用户提供全方位、差别化服务。站点群管理是实现统一权限分配、统一导航和检索、消除"信息黑洞"和"信息孤岛"的基础。统一开发供各部门共享共用网站集群的软、硬件资源，共享共用的网站管理系统、互动交流系统。

8.4.2 政府门户网站集成的原则

政府门户网站集群集成了政府门户网站及职能部门业务网站，将以一个整体形象出现在公众面前。政府门户网站集群建设按照"统一规划、协同建设、分级管理"的建设模式为政府各部门提供统一的系统平台。从技术实现的角度来讲，政府门户网站的集成建设和管理要结合政府自身的实际情况，整合现有管理机制和技术环境，政府门户网站集成管理遵循如下几点原则：

8.4.2.1 稳定性

为保证政府网站系统正常运行，在软硬件平台选型、性能参数要求、应用软件开发等方面充分考虑系统高效与稳定指标的平衡与协调。系统应在高效性基础上保证系统的稳定性。

8.4.2.2 开放性

在系统构架、采用技术、选用平台等方面都有较好的开放性。选择产品和服务都是开放平台，既有自己独特优势，又能与多家优秀的产品组合，共同构成一个开放的、易扩充的、稳定的、统一的系统。系统构架充分考虑与现有系统的连接，考虑应用系统的扩展。

8.4.2.3 可移植性

选择开放的应用平台，采用互联网主流技术开发，实现跨平台跨操作系统，以标准的接口与各种数据库相连。系统网络结构、硬件设备选型、技术架构设计、软件平台选型、开发工具软件选型均应体现业内共识，并符合技术发展潮流的先进技术产品和平台，保障系统的先进性。

8.4.2.4 安全性

综合考虑网站集群在网络安全、信息安全和数据完整性等层面的需求，在管理体制和授权机制上明确责任分工，形成立体化全面安全管理与控制体系。

8.4.3 政府门户网站集群设计

从规划设计理念角度来讲，政府门户网站集成建设融入了集中、规范、清晰的管理理念，从管理制度的完善上保证政府门户网站的深入推进。网站集群建设就是将各站点连为一体，支持全部站点的统一管理，将现有的各职能部门的信息联系起来，使得同一组织内各个站点之间不再互相孤立。以统一的门户协同为来访者提供服务，用户可以方便地通过一站式服务平台获得信息和服务。

8.4.3.1 完善集约化的内容管理

随着政府门户网站的长期运行，存量信息内容的管理任务越来越重，集约化内容管理能实现网站内容发布、内容同步和内容集成的整合。因此，在信息发布上需要提供政府及各部门发布政务信息的网络技术平台，支持远程信息审核发布和内容重复性过滤；在内容同步上要根据用户的需求自动同步相关各子网站的政务信息并自动整合到门户网站信息采集库，为门户网站更新人员提供丰富的信息源和素材；在业务集成上实现门户与分站职能部门的信息采集、传播、管理、存储、查询的管理平台。可以考虑基于组件化的设计使得动态网站的开发从程序开发层面提升到应用层面，可在较短时间内建成各部门网站，可以协调部门建设网站步伐。

8.4.3.2 开发网站集群管理系统

网站集群管理系统对分布式部署的各网站进行集群式管理，网站信息维护简便，降低了对技术要求，即使制作人员交替也不会对网站群的维护和管理产生很大的影响。统一开发供各部门共享共用网站集群的软、硬件资源，共享共用的网站管理系统、互动交流系统。站点群管理是实现统一权限分配、统一导航和检索、消除"信息黑洞"和"信息孤岛"的基础，可以降低网站的运维成本。

8.4.3.3 网站集群管理角色配置

在大型门户网站集群的后台支撑管理中，需要明确规范管理人员的角色与职责，根据站点建设和管理维护过程中对人员的分工及要求，可将系统管理用户划分为站群管理、站点管理、站点设计、内容审核等角色。整个系统权限由管理中心统一分配和管理，各部门按照统一要求分别发布和管理相应不同部门的网站。通过站点维护与内容管理权限的分配，使得管理规范化，实现集群化管理。

8.4.3.4 实现全站查找与检索

政府门户网站的全站检索系统设计可以方便地实施网站集群内搜索引擎功能。全站检索系统可以周期性地监控网站上的信息变化情况，对发生变化的信息自动建立索引，能够实现针对网页内容的全文检索以及针对网页各类专题的检索。将站点群中各个分散的站点链接为一个有机整体，以统一的门户形象呈现在浏览者面前，通过搜索技术实现网站群内跨库检索、模糊检索等功能，实现整个门户网站群的快速查找。

8.5 政务网站导航系统

8.5.1 政府门户网站的导航机制

网站导航是网站内容架构的体现，网站导航是否合理是网站易用性评价和用户体验的重要指标之一。为了更好地提升用户体验，更好地对用户进行引导和消费转化，导航设计的科学性成为网站框架构成的重中之重。

政府门户网站并不是单一的存在，其背后是整个政府有效运行体系的共同支撑，他们组成一个整体共同提供信息和服务。由于政府门户网站信息内容丰富、分类复杂，在网站的设计与建设过程中需要作出有效指引和导航。需要把一个多维的纵深导航系统压扁，让用户更快地找到自己需要的内容。

构建网站的导航机制要求运用全局导航、辅助导航、站点地图等技术手段，对用户的访问进行引导，体现门户网站的框架结构和服务模式。正确的网站导航要做到便于用户的理解和使用，让用户对网站形成正确的空间感和方向感，不管来到网站的哪一页或者任意栏目，都很清楚自己所在的位置。

8.5.1.1 全局导航

又称主导航。设置网站的每一个页面上一组通用的导航元素，以相对固定的外观出现在网站的每一页，指引用户访问的方向。全局导航通常包括三个基本设计要素：一是站点标识（logo），logo必须加载返回首页的链接；二是回首页，每个全局导航条左边位置同样出现回首页的提示及连接；三是全站基础栏目（一级栏目）通常以呈现在页面顶端的导航条表现，它可以直接连向重要的区域和功能，无论用户处在网站的哪个层次。

8.5.1.2 辅助导航

又被称作层级菜单，表现为内页的"当前位置"提示。辅助导航的作用是无论用户身处站内何处，均不会迷路，尤其当网站的栏目层次较多的时候，正确的辅助导航的设置尤为重要。它从另一个层面反映了网站的结构层次，是对全局导航的有效补充。辅助导航设计时主要考虑。（1）出现的位置在全局导航之下、正文内容之上的过渡空间。（2）层级关系体现正确，用户通过当前页面可以依次返回上一页，直至首页，不出现缺链、错链的情况。（3）形式采用文本链接，而不是图片。辅助性导航系统包括索引、指南和搜索。这些是网站基本等级系统以外的东西，可以提供辅助性的方式寻找内容和完成任务。

8.5.1.3 网站地图

将网站内深层次的链接关系以一个扁平的页面呈现出来，用户可以对网站的内容与结构全局快速了解。比如网上政务服务大厅指示图要求对各个子功能区划分具体位置有明晰的界定和提示。结构合理的网站地图，不但能让浏览者对整个网站的结构内容有个初步印象，同时也是对搜索引擎友好的表现。网站地图设计时一方面要强化信息层次，使用户熟悉网站内容的组织方式；另一方面要避免让用户承担过于冗繁的枝节信息，能够直接找到预期的目标。

8.5.2 政府门户网站的链接标识

标识系统是门户网站建设的重要组成部分，网站链接标识的目的是有效传递信息，它负责信息内容的表述，为网站的内容确定名称。政府门户网站在与其他政府网站链接时，要具有更加快速的渠道和更好的服务。政府门户网站要设置专用的服务链接、查询链接和友情链接等，使用户可以进入各级政府的网站和各部门的网站。

网站上的标识使用方法有两种，一种可以称为链接标识，是链接到其他页面的大块信息的标识；另一种可以称为标题标识，是同一页面上大块信息的标题。严格来说，网站标识主要是指链接标识。标识系统给予每个确定的类一个合适的名称，即标识用词。标识用词不仅要符合人们的使用习惯，还要能够概括在该类下的所有项目的含义，区分其他类的所有项目，让人们能够准确找到所需信息。因此，一套用词简洁、含义明确、逻辑层次清晰、便于用户理解的标识系统，对政府门户网站建设是十分重要的。

8.5.2.1 语境链接标识

语境链接标识是嵌入在网页正文里的文本链接，依赖着它所处的语境来传达信息一般不用于访问率高的关键内容。

8.5.2.2 索引标识

索引标识是指对信息内容按某类索引进行分类,通过关键字、描述性元数据、分类目录、控制词表或索引项等提供搜索或浏览的项目标题。一般在后台为内容建立索引标识,方便站内浏览,增加文档被搜索引擎检索到的频率。

8.5.2.3 标题标识

标题标识即分类内容的标题。标题标识表示信息内容的主题和涵盖的范围,是网站内容的一种层级结构表现形式。标题标识运用字体、颜色等视觉设计方法,将网站的信息内容分类呈现在用户眼前,帮助用户区分不同的信息类别和相关的网页链接。标题标识一般选择符合用户习惯的、不会产生歧义的图标标识表达常用的概念。

8.5.2.4 导航标识

网站导航系统的一种表现形式,为整个网站的信息内容提供一个总体的概括。网站内一个统一规范和完整的导航标识为用户提供一种易于浏览的导航环境。导航标识主要应用于导航系统,合理的导航标识让用户理性地作出导航链接的选择。导航标识实质上就是方向信息与位置信息的有机结合体。

8.5.3 政府门户网站导航系统设计

网站的基本模式是基于超链接技术实现从一个网页到另一个网页,或者从一个网站(栏目)到其它站点的网站集成。在其中承担"导向"职责,完成"传导"角色的则是导航系统。它通过为用户提供路径方向和标志,让用户知道自己当前所处的位置、浏览过的网页和下一步可以获得的服务。也就是说,导航系统需要回答用户的三个问题:"我在哪?""我去过哪里""我还可以去哪?"[1]导航系统服务是衡量政府网站便利化程度高低的重要标准之一。政府门户网站导航系统设计涉及组织、标识、导航和搜索功能的设计,目的是帮助用户成功地发现和管理信息,更好地展示和解释信息,更好地理解信

---

[1] 李志更,秦浩:《政府网站构建与维护》,中国人事出版社2011年版。

息。提高导航系统的便利程度将改善政府网站网页的浏览速度，增加网页的浏览量。在设计过程中主要考虑：

第一，直接展现政府门户网站的信息架构。

采取能帮助用户快速学习和获取网站内容的网站架构组织方式，使用户形成很好的位置感、层次感，而不是密密麻麻地堆砌链接。网站最佳导航方式是采用文本链接方式，若无必要，尽量避免使用 flash、移动的图片等技术手段作为导航指引，而应简洁、明了地标明网站导航和指引。因为使用 flash 往往不容易找到可点击的区域；移动的图片常会使浏览者产生挫折感；导航折叠或者藏起反而让人无法发现点击位置等。

第二，让用户了解目前所处位置，以及当前页面在整个网站中的位置。

当公众打开政府网站的链接时，各个政府网站栏目和职能部门服务链接对象将打开，用户可以快速浏览到网站关联内外的信息。因此，政府网站在具体的形式设计方面，要充分考虑链接标识的合理使用，以便用户能够方便地获取信息资源的准确位置，保证信息内容的真实有效和准确。

第三，提供返回各个层级的快速入口，方便用户操作。

政府门户网站的形式一般通过页面风格、版式布局、导航标识和链接系统来体现，政府网站公布信息、上网办事、提供服务和公众参与则是通过信息发布、在线办事和政民互动三大功能来实现。一是快速加载页面，减少不必要的链接。二是主要采取文本链接方式，减少图片和其它多媒体的呈现形式。三是呈现的层次不宜过多，也不宜过少，一般呈现到主导航下的二级菜单。

第四，选用符合政务规范的标识用词。

应该尽量采用那些政务工作业已约定成熟的标识用词，或者其它已经被公众所熟知的名词。根据有关研究成果，标识用词的网页等级分布应该尽可能满足如下要求：一是到达主页的访问者都应该在快速浏览后就能够看到网站所提供的信息。二是每个页面的内容应该代表一个逻辑信息模块，表现一个主题，既方便用户获取信息，又容易更新内容。

8.6 典型案例分析

8.6.1 商务部

8.6.1.1 基本情况

商务部是我国中央人民政府所属职能部门当中较早建设和发展政府门户网站的部委之一。商务部网站建于 2003 年 4 月，在原来的外经贸部网站的基础上建立。网站具体工作由商务部电子商务和信息化司归口管理。在网站建设过程中，始终结合自身实际，充分吸收国内外政府网站先进经验，形成了具有自身特色的网站建设管理模式。图 8-6 为商务部网站首页。

图 8-6 中华人民共和国商务部门户网站

网站开通运行 10 年来，坚持"以服务社会、服务公众为宗旨，以政务公开为核心"，其建设的目标是"新闻发布的窗口，政务公开的平台，官民互动的桥梁，公共服务的门户"，在建立服务型政府、开拓政务公开为民服务方面进行了积极探索。在 2011 年中国政府网站绩效评估中，商务部蝉联部委网站第一名（见表 8-1，部委网站评估结果）。

表 8-1 2011 年中国政府网站绩效评估——部委网站绩效评估领先网站

排名	部委网站	总分	信息公开指数	在线办事指数	公众参与指数	日常监测用户调查指数
1	商务部	79.87	0.85	0.75	0.86	0.68
2	质检总局	75.12	0.79	0.83	0.80	0.53
3	交通运输部	74.83	0.86	0.76	0.70	0.60
4	海关总署	73.48	0.70	0.75	0.77	0.74
5	发展改革委	72.25	0.84	0.65	0.80	0.50
6	工业和信息化部	71.10	0.81	0.66	0.68	0.64
7	农业部	70.17	0.80	0.59	0.74	0.60
8	公安部	69.73	0.69	0.77	0.72	0.63
9	科技部	68.30	0.83	0.73	0.52	0.56
10	林业局	67.40	0.70	0.66	0.63	0.69

（资料来源：中国软件测评中心）

8.6.1.2 主要功能与应用特点

商务部网站共有主站与子站 345 个，其中主站共有八类 61 个综合栏目和 25 个专题栏目，子站共有司局子站 32 个、驻全国各地特派员子站 16 个、驻外经商机构子站 207 个、省区市地方商务之窗 32 个，主站和子站每日更新信息万余条。形成了资源共享、优势互补、上下联动、协调配合的网站体系。

1. 信息发布与政务公开

为了进一步提升网站的应用能力和服务能力，制定了访问量定期通报、内容更新提醒、公众留言处理、内容审核把关等管理制度。依照《政府信息公开条例》把信息发布与政务公开的内容分解到各职能部门和业务处室。图 8-7 为商务部网站信息公开栏目截图。

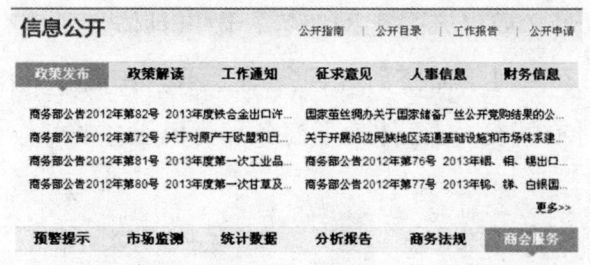

图 8-7 商务部门户网站——信息公开

2. 在线办理与公共服务

商务部通过整合相关职能部门和业务受理单位的工作流程和运行机制，为公众和企业提供了政务大厅和场景式的在线办事支持。如图8-8所示。

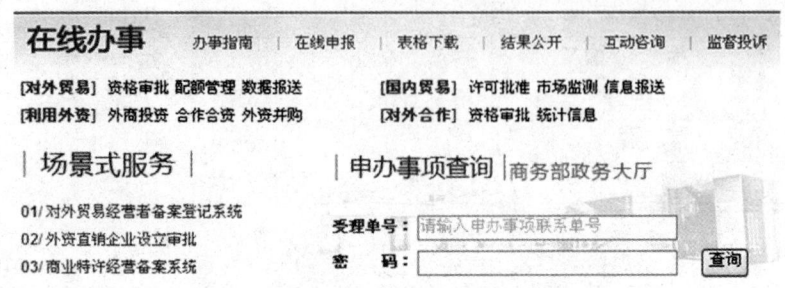

图8-8　商务部门户网站——在线办事

商务部网站作为公共商务信息服务体系中最重要的服务形式，根据公众需求，结合商务工作的中心业务，分别设立了中国商品、新农村商网、全球法规、各国税制、单位指南、环球会展、投资指南等一系列专栏（子网），形成了独具特色的业务指南体系。如图8-9所示。

图8-9　商务部门户网站——公共服务指南体系

3. 交流互动

公众可以通过网站提出各类意见、建议和咨询。对这些公众留言，商务部建立专门制度，指定专人负责，对能够解答的问题当天就予以解答；通过开设"部长接待日"专栏，由分管部领导分别仔细阅看公众留言并亲自审定答复意见，或者亲自上网解答，做出具体批示；有些具体意见由司局长直接回答。对于需要研究回复的，承诺在五个工作日内提供答复意见，做到件件有回复，充分体现了商务部为民服务的好作风。如图8-10所示。

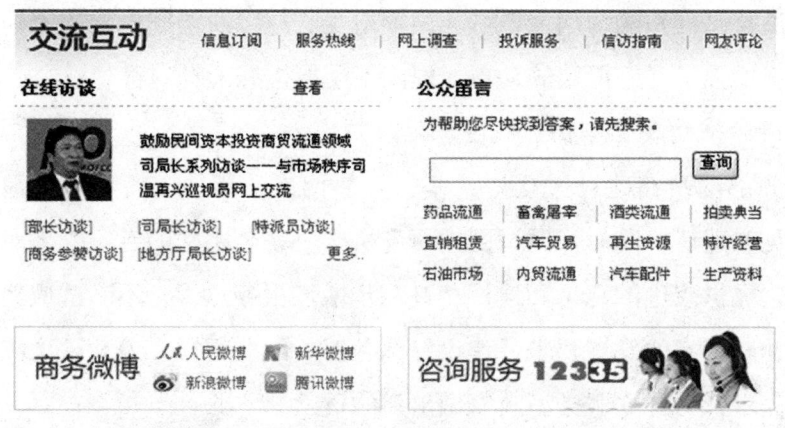

图 8-10　商务部门户网站——交流互动

8.6.1.3　网站建设与管理的经验

1. 领导重视，定位准确

商务部党组对网站工作高度重视，将门户网站建设作为一项统领全局的综合性工作来看待，多次研究部署。主管部领导更是亲自指挥和领导。在网站定位上，明确网站工作的对象是国内外从事商务工作的社会公众，核心内容是政务公开，工作的宗旨是服务大众。

2. "单位建站、网站组栏"的网站集群内容组织模式

采用"单位建站、主站组栏"的内容组织模式。"单位建站"就是商务部机关各单位、驻各地特派员办事处、驻外经商机构等单位根据总体部署组建各自子站，分别发布信息；"网站组栏"就是在"单位建站"基础上，网站主站统一设立相应栏目，如"政策发布"、"统计资料"、"重要专题"等，对子站的内容加以归集，以方便社会公众的浏览。这种模式应用集中管理与分散管理相结合，规范并确定各单位的网站管理专员，实现由少数人办站变成了全部协作共同办站。

3. 形成有效的绩效考评机制

要发挥各单位的积极性，提高上网内容的针对性，就需要建立一套有效的统计分析考评系统。为此，商务部网站建立访问量统计系统、上网信息统计系统、工作量统计系统等网站管理系统。通过这些系统，各个单位可以清

楚地知道自己网站的访问量、哪类内容最受欢迎以及访问者的国家地区分布等信息，增强了办好网站的动力，提高了采取措施的针对性。

4. 持续推动观念创新、制度创新、技术创新

商务部网站在建设过程中，坚持一年两次改版，坚持经常性地听取网民的意见和建议。同时，邀请国内研究机构、著名网站的专家学者对网站进行诊断，提供改进的意见和建议；进一步增强服务意识，不断适应新时期、新形势、新技术的发展要求，建设好商务部的网上窗口，最大限度满足广大公众的需求，为树立服务型政府做出新的贡献。

8.6.2 首都之窗

首都之窗（http：//www.beijing.gov.cn）是北京市国家机关在互联网上统一建立的网站群，于1998年7月1日正式开通。首都之窗政务门户网站由北京市信息化工作领导小组统一领导，北京市经济和信息化委员会负责组织实施，并设首都之窗运行管理中心负责日常工作。图8-11为首都之窗首页。

首都之窗设有市国家机关各委、办、局和各区县政府分站点。分站点由市政府统一组织建设，各单位自主管理，目前正在不断丰富和完善。通过这些分站点，可以进一步了解市国家机关各职能部门提供的特色信息和专门服务。

图8-11　首都之窗政府门户网站（http：//www.beijing.gov.cn）

8.6.2.1 门户网站的宗旨与发展目标

首都之窗是为了统一、规范地宣传首都形象，落实"政务公开，加强行政监督"的原则，建立网络信访机制，向市民提供公益性服务信息，促进首都信息化，推动北京市电子政务工程的开展而建立的。长期以来，其宗旨是："宣传首都，构架桥梁；信息服务，资源共享；辅助管理，支持决策。"

首都之窗发展目标：以丰富的信息服务于民，成为展示北京文化的舞台，宣传首都形象的窗口，为首都的经济发展和文化交流作出积极贡献。

8.6.2.2 首都之窗门户网站的典型做法

——在信息公开和政府信息资源开发方面：一是基本建成网上政府信息公开体系。对政府部门依法公开的信息进行了全面的梳理，逐一落实责任单位和具体发布要求。做到了"三清二明"，即公开数据清、公开职责清、公开范围清；公开状态明、利用情况明。二是实现政府信息和数据库的集中管理。将全市政府部门和社会机构提供的电子化公共服务资源进行集成整合，实现统一有效管理。三是建立地理空间资源服务体系。全市在政务外网、互联网分别统一建设了遥感影像、电子地图、地址、政务信息图层等地理空间信息数据库及其在线共享服务平台。目前该平台已支撑全市44个部门72个业务系统的建设与应用，对有地理空间应用需求的单位覆盖率超过90%，日均访问量达40万次，在2008年奥运会、国庆60周年等重大活动的应急保障中发挥了重要作用。

——不断完善"一站式服务"的行政办事和信息服务。推出移动门户和市民主页等在线服务新渠道，以市民服务为例，提供了个性化信息服务、查询服务和生活助理，如公共事业缴费、手机缴纳水、电及燃气费；实时查询路况、交通流量、车辆违章、驾驶员积分信息、车辆摇号信息等。又比如，2011年推出了"电子公共服务查找中心"，整合了全市71个政府网站的4000余项服务，包括医疗、教育、住房、休闲娱乐、企业设立变更、进出口贸易等22个领域的相关的政策、网上在线办理、查询、缴费等相关政府服务。重点领域包括以市民为中心的教育、医疗健康、就业、社会保障、住房、交通、户籍身份、公共事业等；以企业为中心的企业开办、资质认定、经营许可、产品质量鉴定、纳税服务等；有效覆盖了公众与企业服务内容的各个方面。图 8-12 为首都之窗公共服务中心截图。

图 8-12　首都之窗——公共服务查询与定位

——线上与线下相结合，推进公众参与。通过开设"在线访谈节目"、"政风行风热线"、"京友网调查平台"等形式，公众参与内容不断丰富。比如，政风行风热线由北京市纠正行业不正之风办公室和北京市经济和信息化委员会共同主办，栏目主要包括"直播间"、"留言板"和"反馈栏"三个板块。每周四下午三点至四点，将邀请政府部门和有关行业的领导在"直播间"栏目现场介绍本部门、本行业政风行风建设的举措，解答群众的咨询，接受群众的举报投诉；"留言板"栏目 24 小时接收群众对政风行风建设的咨询、意见建议和举报投诉，群众在"留言板"填写所要反映的内容，提交到"政风行风热线"，由"政风行风热线"将信件及时转往区县、部门、行业或市行政投诉中心网站办理；办理结果将在"反馈栏"中予以反馈、公示。切实做到"件件有回音，事事有着落"，以实际行动取信于民。

8.6.2.3　首都之窗门户网站建设与管理的主要经验

首都之窗上线运行十余年来，始终坚持不断完善和改进门户网站的体系和服务，适应社会信息化的发展和公众的需求，积极推动政府管理创新和电子政务建设。取得了显著的成绩,在历年的政府网站绩效评估当中名列前茅。其主要的经验是:(1)形成合力,建立良好的协作和统筹机制。各单位分工责任到人,以业务梳理为重点,以信息化手段为支撑,理顺工作机制。(2)采取专业化服务外包,充分调动市场积极性。政府网站管理机构一般在人员编制上有所限制,利用外包机制很重要。(3)加强网站集群管理,促进网站群发展建设。(4)创新管理理念、建设模式和整合与提供方式。(5)建立健全有效的制度,保障业务高效运转和推进。根据各个部门行政职权,依法梳理行政办事事项,保证每项事项都有法律依据,都有法定的办理程序、办理标准。

8.6.3 佛山市政府网

佛山市政府门户网站(以下简称"佛山市政府网")是在佛山市委、市政府指导下,各党政部门共同建设和发展起来的公众门户网站,由佛山市经济和信息化局负责具体的建设管理工作。

佛山市政府网是佛山市各党政部门在互联网上发布权威政务信息和提供在线服务的总平台,也是各党政部门网站与公众联络和交流的总窗口。网站的英文域名为"www.foshan.gov.cn",中文域名为"中国佛山",手机网站域名为"wap.foshan.gov.cn"。图 8-13 为佛山市政府门户网站首页。

图 8-13 佛山市政府门户网站(http://www.foshan.gov.cn)

8.6.3.1 门户网站的功能设计与栏目设置

目前,佛山市政府网共设有"政务公开"、"服务领域"、"互动交流"、"走进佛山"、"网站帮助"5个个性化频道,内设共130个一级栏目,设计制作各类模板400多个。主要的特色栏目有:今日要闻、信息公开目录、政府文件、网络发言人平台、网上信访、行政投诉、政务微博、对话民生、在线访谈、政风行风热线、12大服务领域、行政许可网上办理、热点专题、佛山年鉴等。佛山市政府网着力打造阳光透明的服务型政府,网站栏目设置简单、直接、实用,体现"公开透明"和"服务便民"的特色。

——政务公开:第一时间发布市委重大决策和市政府规章、规范性文件及权威信息。

——服务领域:为市民、企业、投资者、旅游者提供办事指南、网上事务受理与办理、办事状态查询等一体化服务,整合各部门的网上服务资源,并提供与生活和工作密切相关的各类公共服务和实用信息查询,打造一站式的公众服务平台。

——互动交流:网络发言人平台、网上信访、行政投诉、市长信箱、政风行风热线、12345政务咨询热线、建议提案网上应用系统、民意调查、行政投诉成为参政议政的渠道,与政府部门的沟通交流更为方便、快捷、全面。

——走进佛山:提供佛山市的历史文化、民风民俗、名优特产、旅游风光、革命史述等方面信息,向公众全面展示佛山市的民风民俗和社会人文。

——网站帮助:通过全文检索、场景式办事指南、网站导航、网站信息地图等4种方式提供不同形式的网站帮助,使用户可以根据指南快速找到需要的服务和信息,如图8-14所示。

第 8 章 政府门户网站设计

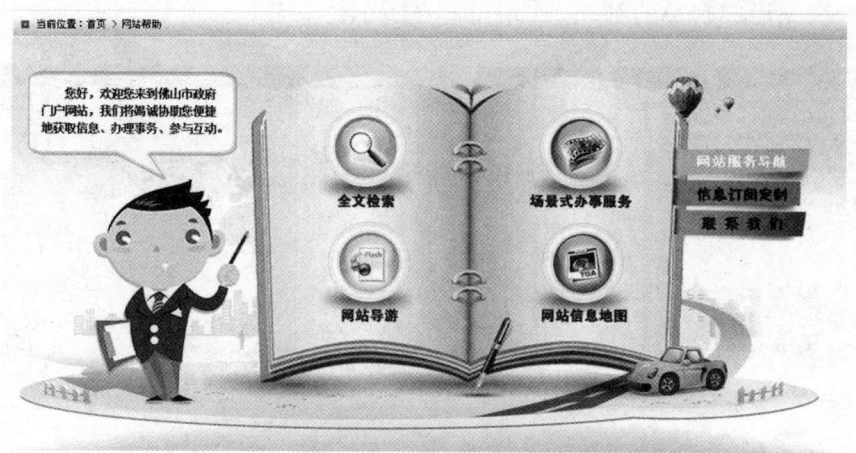

图 8-14 佛山市政府网站——网站帮助系统

8.6.3.2 佛山市政府门户网站的典型应用

1. 在线咨询与在线投诉

作为在线咨询与投诉的功能，对于政府职能部门而言，尤为重要的是要体现在回应与处理相关问题的及时性、公开性和有效性上，佛山市政府门户网站在这方面的政策支撑和业务支持的力度上是比较显著的，得到公众的普遍认可。如图 8-15 所示。

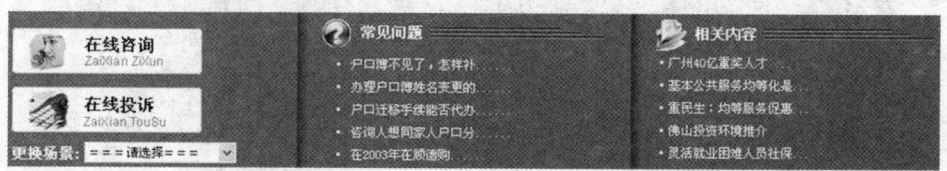

图 8-15 佛山市政府门户网站——在线咨询与投诉

2. 政务微博发布

在政务微博应用方面，佛山市政府门户网站整合了政府 41 个职能部门政务微博，涵盖了部分市、区（县）级政府和教育、科技、卫生、民政、公安、交通、文化、旅游等涉及政府公共服务的全部职能部门，使政务微博也成为政府与公众互动交流、在线参与的又一个方便、快捷的沟通平台。对政

305

府门户网站形成有益的补充。如图 8-16 所示。

图 8-16　佛山市政府门户网站——政务微博集群

3. 政府门户手机客户端

佛山市政府网根据手机客户端使用特点进行浏览和操作方面的优化，并与互联网站实现同步更新，进一步提高网站的便民性、互动性、时效性。客户端内设有政务公开、服务领域、互动交流、走进佛山四大栏目，并选取精要信息，如政府信息公开目录、十二大主题服务信息、行政审批事项办事指南、佛山简介、佛山旅游指南等，让市民可通过客户端使用市政府网服务，同时还可通过客户端进行行政投诉、参与问卷调查、向网络发言人提问等。图 8-17 为佛山市政府网手机客户端截图。

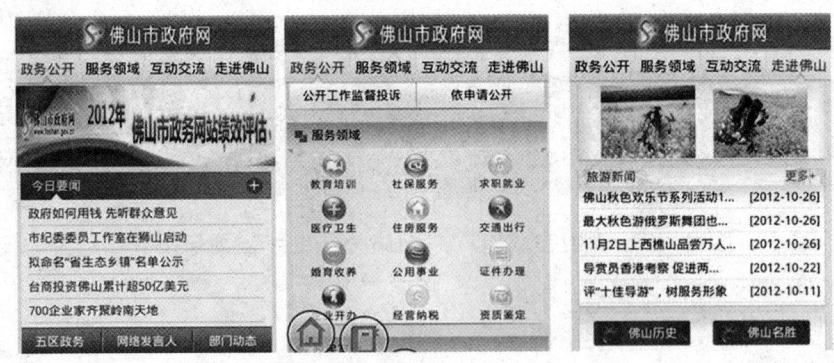

图 8-17　佛山市政府门户网站手机平台

4. 佛山市政府网站绩效评估

为进一步加强政府网站管理工作，规范和引导各区各部门政府网站建设，持续提升电子政务应用实效，促进服务型政府网站建设，佛山市制定了《佛山市政务网站管理办法》(佛办发〔2005〕102号)及《佛山市政务网站栏目设置规范》(佛信局〔2010〕70号)等政策规章和办法,持续开展全市政务网站绩效评估工作,有效地促进了政府门户网站(群)的发展。

佛山市政府网自1997年启动建设以来,始终坚持以努力建设"服务政府、责任政府、法治政府"为目标,以"为民、便民、利民"为宗旨,秉承"以人为本,以服务对象为中心"的建站理念,以发布政府信息、加强政民互动、提供便民服务和拓展网上办事为主要内容。经过多年来的建设,佛山市政府网取得了较大的进步,整体实力和公众服务能力不断增强,受到了社会各界的一致好评,在国家、省级的网站评估活动中多次名列前茅。

附录一

《2006—2020 年国家信息化发展战略》

信息化是当今世界发展的大趋势,是推动经济社会变革的重要力量。大力推进信息化,是覆盖我国现代化建设全局的战略举措,是贯彻落实科学发展观、全面建设小康社会、构建社会主义和谐社会和建设创新型国家的迫切需要和必然选择。

一、全球信息化发展的基本趋势

信息化是充分利用信息技术,开发利用信息资源,促进信息交流和知识共享,提高经济增长质量,推动经济社会发展转型的历史进程。20 世纪 90 年代以来,信息技术不断创新,信息产业持续发展,信息网络广泛普及,信息化成为全球经济社会发展的显著特征,并逐步向一场全方位的社会变革演进。进入 21 世纪,信息化对经济社会发展的影响更加深刻。广泛应用、高度渗透的信息技术正孕育着新的重大突破。信息资源日益成为重要生产要素、无形资产和社会财富。信息网络更加普及并日趋融合。信息化与经济全球化相互交织,推动着全球产业分工深化和经济结构调整,重塑着全球经济竞争格局。互联网加剧了各种思想文化的相互激荡,成为信息传播和知识扩散的新载体。电子政务在提高行政效率、改善政府效能、扩大民主参与等方面的作用日益显著。信息安全的重要性与日俱增，成为各国面临的共同挑战。信息化使现代战争形态发生重大变化，是世界新军事变革的核心内容。全球数字鸿沟呈现扩大趋势，发展失衡现象日趋严重。发达国家信息化发展目标更加清晰，正在出现向信息社会转型的趋向；越来越多的发展中国家主动迎接信息化发展带来的新机遇，力争跟上时代潮流。全球信息化正在引发当今世界的深刻变革，重塑世界政治、经济、社会、文化和军事发展的新格局。加快信息化发展，已经成为世界各国的共同选择。

二、我国信息化发展的基本形势

（一）信息化发展的进展情况

党中央、国务院一直高度重视信息化工作。20世纪90年代，相继启动了以金关、金卡和金税为代表的重大信息化应用工程；1997年，召开了全国信息化工作会议；党的十五届五中全会把信息化提到了国家战略的高度；党的十六大进一步作出了以信息化带动工业化、以工业化促进信息化、走新型工业化道路的战略部署；党的十六届五中全会再一次强调，推进国民经济和社会信息化，加快转变经济增长方式。"十五"期间，国家信息化领导小组对信息化发展重点进行了全面部署，作出了推行电子政务、振兴软件产业、加强信息安全保障、加强信息资源开发利用、加快发展电子商务等一系列重要决策。各地区各部门从实际出发，认真贯彻落实，不断开拓进取，我国信息化建设取得了可喜的进展。

——信息网络实现跨越式发展，成为支撑经济社会发展重要的基础设施。电话用户、网络规模已经位居世界第一，互联网用户和宽带接入用户均位居世界第二，广播电视网络基本覆盖了全国的行政村。

——信息产业持续快速发展，对经济增长贡献度稳步上升。2005年，信息产业增加值占国内生产总值的比重达到7.2%，对经济增长的贡献度达到16.6%。电子信息产品制造业出口额占出口总额的比重已超过30%。掌握了一批具有自主知识产权的关键技术。部分骨干企业的国际竞争力不断增强。

——信息技术在国民经济和社会各领域的应用效果日渐显著。农业信息服务体系不断完善。应用信息技术改造传统产业不断取得新的进展，能源、交通运输、冶金、机械和化工等行业的信息化水平逐步提高。传统服务业转型步伐加快，信息服务业蓬勃兴起。金融信息化推进了金融服务创新，现代化金融服务体系初步形成。电子商务发展势头良好，科技、教育、文化、医疗卫生、社会保障、环境保护等领域信息化步伐明显加快。

——电子政务稳步展开，成为转变政府职能、提高行政效率、推进政务公开的有效手段。各级政务部门利用信息技术，扩大信息公开，促进信息资源共享，推进政务协同，提高了行政效率，改善了公共服务，有效推动了政府职能转变。金关、金卡、金税等工程成效显著，金盾、金审等工程进展顺利。

——信息资源开发利用取得重要进展。基础信息资源建设工作开始起步，互联网上中文信息比重稳步上升，信息资源开发利用水平不断提高。

——信息安全保障工作逐步加强。制定并实施了国家信息安全战略，初步建立了信息安全管理体制和工作机制。基础信息网络和重要信息系统的安全防护水平明显提高，互联网信息安全管理进一步加强。

——国防和军队信息化建设全面展开。国防和军队信息化取得重要进展，组织实施了一批军事信息系统重点工程，军事信息基础设施建设取得长足进步，主战武器系统信息技术含量不断提高，作战信息保障能力显著增强。

——信息化基础工作进一步改善。信息化法制建设持续推进，信息技术标准化工作逐步加强，信息化培训工作得到高度重视，信息化人才队伍不断壮大。

我国信息化发展的基本经验是：坚持站在国家战略高度，把信息化作为覆盖现代化建设全局的战略举措，正确处理信息化与工业化之间的关系，长远规划，持续推进。坚持从国情出发，因地制宜，把信息化作为解决现实紧迫问题和发展难题的重要手段，充分发挥信息技术在各领域的作用。坚持把开发利用信息资源放到重要位置，加强统筹协调，促进互联互通和资源共享。

坚持引进消化先进技术与增强自主创新能力相结合，优先发展信息产业，逐步增强信息化的自主装备能力。坚持推进信息化建设与保障国家信息安全并重，不断提高基础信息网络和重要信息系统的安全保护水平。坚持优先抓好信息技术的普及教育，提高国民信息技术应用技能。

（二）信息化发展中值得重视的问题

当前我国信息化发展也存在着一些亟待解决的问题，主要表现在：第一，思想认识需要进一步提高。我国是在工业化不断加快、体制改革不断深化的条件下推进信息化的，信息化理论和实践还不够成熟，全社会对推进信息化的重要性、紧迫性的认识需要进一步提高。第二，信息技术自主创新能力不足。核心技术和关键装备主要依赖进口。以企业为主体的创新体系亟待完善，自主装备能力急需增强。第三，信息技术应用水平不高。在整体上，应用水平落后于实际需求，信息技术的潜能尚未得到充分挖掘；在部分领域和地区应用效果不够明显。第四，信息安全问题仍比较突出。在全球范围内，计算机病毒、网络攻击、垃圾邮件、系统漏洞、网络窃密、虚假有害信息和网络违法犯罪等问题日渐突出，如应对不当，可能会给我国经济社会发展和国家安全带来不利影响。第五，数字鸿沟有所扩大。信息技术应用水平与先进国家相比存在较大差距。国内不同地区、不同领域、不同群体的信息技术应用水平和网络普及程度很不平衡，城乡、区域和行业的差距有扩大趋势，成为影响协调发展的新因素。第六，体制机制改革相对滞后。受各种因素制约，信息化管理体制尚不完善，电信监管体制改革有待深化，信息化法制建设需要进一步加快。

经过多年的发展，我国信息化发展已具备了一定基础，进入了全方位、多层次推进的新阶段。抓住机遇，迎接挑战，适应转变经济增长方式、全面建设小康社会的需要，更新发展理念，破解发展难题，创新发展模式，大力推进信息化发展，已成为我国经济社会发展新阶段重要而紧迫的战略任务。

三、我国信息化发展的指导思想和战略目标

（一）指导思想和战略方针

我国信息化发展的指导思想是：以邓小平理论和"三个代表"重要思想为指导，贯彻落实科学发展观，坚持以信息化带动工业化、以工业化促进信息化，坚持以改革开放和科技创新为动力，大力推进信息化，充分发挥信息化在促进经济、政治、文化、社会和军事等领域发展的重要作用，不断提高国家信息化水平，走中国特色的信息化道路，促进我国经济社会又快又好地发展。

我国信息化发展的战略方针是：统筹规划、资源共享，深化应用、务求实效，面向市场、立足创新，军民结合、安全可靠。要以科学发展观为统领，以改革开放为动力，努力实现网络、应用、技术和产业的良性互动，促进网络融合，实现资源优化配置和信息共享。要以需求为主导，充分发挥市场机制配置资源的基础性作用，探索成本低、实效好的信息化发展模式。要以人为本，惠及全民，创造广大群众用得上、用得起、用得好的信息化发展环境。要把制度创新与技术创新放在同等重要的位置，完善体制机制，推动原始创新，加强集成创新，增强引进消化吸收再创新能力。要推动军民结合，协调发展。要高度重视信息安全，正确处理安全与发展之间的关系，以安全保发展，在发展中求安全。

（二）战略目标

到2020年，我国信息化发展的战略目标是：综合信息基础设施基本普及，信息技术自主创新能力显著增强，信息产业结构全面优化，国家信息安全保障水平大幅提高，国民经济和社会信息化取得明显成效，新型工业化发展模式初步确立，国家信息化发展的制度环境和政策体系基本完善，国民信息技术应用能力显著提高，为迈向信息社会奠定坚实基础。具体目标是：

促进经济增长方式的根本转变。广泛应用信息技术，改造和提升传统产业，发展信息服务业，推动经济结构战略性调整。深化应用信息技术，努力

降低单位产品能耗、物耗，加大对环境污染的监控和治理，服务循环经济发展。充分利用信息技术，促进我国经济增长方式由主要依靠资本和资源投入向主要依靠科技进步和提高劳动者素质转变，提高经济增长的质量和效益。

实现信息技术自主创新、信息产业发展的跨越。有效利用国际国内两个市场、两种资源，增强对引进技术的消化吸收，突破一批关键技术，掌握一批核心技术，实现信息技术从跟踪、引进到自主创新的跨越，实现信息产业由大变强的跨越。

提升网络普及水平、信息资源开发利用水平和信息安全保障水平。抓住网络技术转型的机遇，基本建成国际领先、多网融合、安全可靠的综合信息基础设施。确立科学的信息资源观，把信息资源提升到与能源、材料同等重要的地位，为发展知识密集型产业创造条件。信息安全的长效机制基本形成，国家信息安全保障体系较为完善，信息安全保障能力显著增强。

增强政府公共服务能力、社会主义先进文化传播能力、中国特色的军事变革能力和国民信息技术应用能力。电子政务应用和服务体系日臻完善，社会管理与公共服务密切结合，网络化公共服务能力显著增强。网络成为先进文化传播的重要渠道，社会主义先进文化的感召力和中华民族优秀文化的国际影响力显著增强。国防和军队信息化建设取得重大进展，信息化条件下的防卫作战能力显著增强。人民群众受教育水平和信息技术应用技能显著提高，为建设学习型社会奠定基础。

四、我国信息化发展的战略重点

（一）推进国民经济信息化

推进面向"三农"的信息服务。利用公共网络，采用多种接入手段，以农民普遍能够承受的价格，提高农村网络普及率。整合涉农信息资源，规范和完善公益性信息中介服务，建设城乡统筹的信息服务体系，为农民提供适用的市场、科技、教育、卫生保健等信息服务，支持农村富余劳动力的合理有序流动。

利用信息技术改造和提升传统产业。促进信息技术在能源、交通运输、冶金、机械和化工等行业的普及应用，推进设计研发信息化、生产装备数字化、生产过程智能化和经营管理网络化。充分运用信息技术推动高能耗、高物耗和高污染行业的改造。推动供应链管理和客户关系管理，大力扶持中小企业信息化。

加快服务业信息化。优化政策法规环境，依托信息网络，改造和提升传统服务业。加快发展网络增值服务、电子金融、现代物流、连锁经营、专业信息服务、咨询中介等新型服务业。大力发展电子商务，降低物流成本和交易成本。

鼓励具备条件的地区率先发展知识密集型产业。引导人才密集、信息化基础好的地区率先发展知识密集型产业，推动经济结构战略性调整。充分利用信息技术，加快东部地区知识和技术向中西部地区的扩散，创造区域协调发展的新局面。

（二）推行电子政务

改善公共服务。逐步建立以公民和企业为对象、以互联网为基础、中央与地方相配合、多种技术手段相结合的电子政务公共服务体系。重视推动电子政务公共服务延伸到街道、社区和乡村。逐步增加服务内容，扩大服务范围，提高服务质量，推动服务型政府建设。

加强社会管理。整合资源，形成全面覆盖、高效灵敏的社会管理信息网络，增强社会综合治理能力。协同共建，完善社会预警和应对突发事件的网络运行机制，增强对各种突发性事件的监控、决策和应急处置能力，保障国家安全、公共安全，维护社会稳定。

强化综合监管。满足转变政府职能、提高行政效率、规范监管行为的需求，深化相应业务系统建设。围绕财政、金融、税收、工商、海关、国资监管、质检、食品药品安全等关键业务，统筹规划，分类指导，有序推进相关业务系统之间、中央与地方之间的信息共享，促进部门间业务协同，提高监管能力。建设企业、个人征信系统，规范和维护市场秩序。

完善宏观调控。完善财政、金融等经济运行信息系统，提升国民经济预测、预警和监测水平，增强宏观调控决策的有效性和科学性。

（三）建设先进网络文化

加强社会主义先进文化的网上传播。牢牢把握社会主义先进文化的前进方向，支持健康有益文化，加快推进中华民族优秀文化作品的数字化、网络化，规范网络文化传播秩序，使科学的理论、正确的舆论、高尚的精神、优秀的作品成为网上文化传播的主流。

改善公共文化信息服务。鼓励新闻出版、广播影视、文学艺术等行业加快信息化步伐，提高文化产品质量，增强文化产品供给能力。加快文化信息资源整合，加强公益性文化信息基础设施建设，完善公共文化信息服务体系，将文化产品送到千家万户，丰富基层群众文化生活。

加强互联网对外宣传和文化交流。整合互联网对外宣传资源，完善互联网对外宣传体系建设，不断提高互联网对外宣传工作整体水平，持续提升对外宣传效果，扩大中华民族优秀文化的国际影响力。

建设积极健康的网络文化。倡导网络文明，强化网络道德约束，建立和完善网络行为规范，积极引导广大群众的网络文化创作实践，自觉抵御不良内容的侵蚀，摈弃网络滥用行为和低俗之风，全面建设积极健康的网络文化。

（四）推进社会信息化

加快教育科研信息化步伐。提升基础教育、高等教育和职业教育信息化水平，持续推进农村现代远程教育，实现优质教育资源共享，促进教育均衡发展。构建终身教育体系，发展多层次、交互式网络教育培训体系，方便公民自主学习。建立并完善全国教育与科研基础条件网络平台，提高教育与科研设备网络化利用水平，推动教育与科研资源的共享。

加强医疗卫生信息化建设。建设并完善覆盖全国、快捷高效的公共卫生信息系统，增强防疫监控、应急处置和救治能力。推进医疗服务信息化，改进医院管理，开展远程医疗。统筹规划电子病历，促进医疗、医药和医保机构的信息共享和业务协同，支持医疗体制改革。

完善就业和社会保障信息服务体系。建设多层次、多功能的就业信息服务体系，加强就业信息统计、分析和发布工作，改善技能培训、就业指导和政策咨询服务。加快全国社会保障信息系统建设，提高工作效率，改善服务质量。

推进社区信息化。整合各类信息系统和资源，构建统一的社区信息平台，加强常住人口和流动人口的信息化管理，改善社区服务。

（五）完善综合信息基础设施

推动网络融合，实现向下一代网络的转型。优化网络结构，提高网络性能，推进综合基础信息平台的发展。加快改革，从业务、网络和终端等层面推进"三网融合"。发展多种形式的宽带接入，大力推动互联网的应用普及。推动有线、地面和卫星等各类数字广播电视的发展，完成广播电视从模拟向数字的转换。应用光电传感、射频识别等技术扩展网络功能，发展并完善综合信息基础设施，稳步实现向下一代网络的转型。

建立和完善普遍服务制度。加快制度建设，面向老少边穷地区和社会困难群体，建立和完善以普遍服务基金为基础、相关优惠政策配套的补贴机制，逐步将普遍服务从基础电信和广播电视业务扩展到互联网业务。加强宏观管理，拓宽多种渠道，推动普遍服务市场主体的多元化。

（六）加强信息资源的开发利用

建立和完善信息资源开发利用体系。加快人口、法人单位、地理空间等国家基础信息库的建设，拓展相关应用服务。引导和规范政务信息资源的社会化增值开发利用。鼓励企业、个人和其他社会组织参与信息资源的公益性开发利用。完善知识产权保护制度，大力发展以数字化、网络化为主要特征的现代信息服务业，促进信息资源的开发利用。充分发挥信息资源开发利用对节约资源、能源和提高效益的作用，发挥信息流对人员流、物质流和资金流的引导作用，促进经济增长方式的转变和资源节约型社会的建设。

加强全社会信息资源管理。规范对生产、流通、金融、人口流动以及生态环境等领域的信息采集和标准制定，加强对信息资产的严格管理，促进信息资源的优化配置。实现信息资源的深度开发、及时处理、安全保存、快速流动和有效利用，基本满足经济社会发展优先领域的信息需求。

（七）提高信息产业竞争力

突破核心技术与关键技术。建立以企业为主体的技术创新体系，强化集成创新，突出自主创新，突破关键技术。选择具有高度技术关联性和产业带动性的产品和项目，促进引进消化吸收再创新，产学研用结合，实现信息技术关键领域的自主创新。积聚力量，攻克难关，逐步由外围向核心逼近，推进原始创新，力争跨越核心技术门槛，推进创新型国家建设。

培育有核心竞争能力的信息产业。加强政府引导，突破集成电路、软件、关键电子元器件、关键工艺装备等基础产业的发展瓶颈，提高在全球产业链中的地位，逐步形成技术领先、基础雄厚、自主发展能力强的信息产业。优化环境，引导企业资产重组、跨国并购，推动产业联盟，加快培育和发展具有核心能力的大公司和拥有技术专长的中小企业，建立竞争优势。加快"走出去"步伐，鼓励运营企业和制造企业联手拓展国际市场。

（八）建设国家信息安全保障体系

全面加强国家信息安全保障体系建设。坚持积极防御、综合防范，探索和把握信息化与信息安全的内在规律，主动应对信息安全挑战，实现信息化与信息安全协调发展。坚持立足国情，综合平衡安全成本和风险，确保重点，优化信息安全资源配置。建立和完善信息安全等级保护制度，重点保护基础信息网络和关系国家安全、经济命脉、社会稳定的重要信息系统。加强密码技术的开发利用。建设网络信任体系。加强信息安全风险评估工作。建设和完善信息安全监控体系，提高对网络安全事件应对和防范能力，防止有害信息传播。高度重视信息安全应急处置工作，健全完善信息安全应急指挥和安全通报制度，不断完善信息安全应急处置预案。从实际出发，促进资源共享，重视灾难备份建设，增强信息基础设施和重要信息系统的抗毁能力和灾难恢复能力。

大力增强国家信息安全保障能力。积极跟踪、研究和掌握国际信息安全领域的先进理论、前沿技术和发展动态，抓紧开展对信息技术产品漏洞、后门的发现研究，掌握核心安全技术，提高关键设备装备能力，促进我国信息安全技术和产业的自主发展。加快信息安全人才培养，增强国民信息安全意识。不断提高信息安全的法律保障能力、基础支撑能力、网络舆论宣传的驾驭能力和我国在国际信息安全领域的影响力，建立和完善维护国家信息安全的长效机制。

（九）提高国民信息技术应用能力，造就信息化人才队伍

提高国民信息技术应用能力。强化领导干部的信息化知识培训，普及政府公务人员的信息技术技能培训。配合现代远程教育工程，组织志愿者深入老少边穷地区从事信息化知识和技能服务。普及中小学信息技术教育。开展形式多样的信息化知识和技能普及活动，提高国民受教育水平和信息能力。

培养信息化人才。构建以学校教育为基础，在职培训为重点，基础教育与职业教育相互结合，公益培训与商业培训相互补充的信息化人才培养体系。鼓励各类专业人才掌握信息技术，培养复合型人才。

五、我国信息化发展的战略行动

为落实国家信息化发展的战略重点，保证在"十一五"时期国家信息化水平迈上新的台阶，按照承前启后、以点带面的原则，优先制定和实施以下战略行动计划。

（一）国民信息技能教育培训计划

在全国中小学普及信息技术教育，建立完善的信息技术基础课程体系，优化课程设置，丰富教学内容，提高师资水平，改善教学效果。推广新型教学模式，实现信息技术与教学过程的有机结合，全面推进素质教育。

加大政府资金投入及政策扶持力度，吸引社会资金参与，把信息技能培

训纳入国民经济和社会发展规划。依托高等院校、中小学、邮局、科技馆、图书馆、文化站等公益性设施，以及全国文化信息资源共享工程、农村党员干部远程教育工程等，积极开展国民信息技能教育和培训。

（二）电子商务行动计划

营造环境、完善政策，发挥企业主体作用，大力推进电子商务。以企业信息化为基础，以大型重点企业为龙头，通过供应链、客户关系管理等，引导中小企业积极参与，形成完整的电子商务价值链。加快信用、认证、标准、支付和现代物流建设，完善结算清算信息系统，注重与国际接轨，探索多层次、多元化的电子商务发展方式。

制定和颁布中小企业信息化发展指南，分类指导，择优扶持，建设面向中小企业的公共信息服务平台，鼓励中小企业利用信息技术，促进中小企业开展灵活多样的电子商务活动。立足产业集聚地区，发挥专业信息服务企业的优势，承揽外包服务，帮助中小企业低成本、低风险地推进信息化。

（三）电子政务行动计划

规范政务基础信息的采集和应用，建设政务信息资源目录体系，推动政府信息公开。整合电子政务网络，建设政务信息资源的交换体系，全面支撑经济调节、市场监管、社会管理和公共服务职能。

建立电子政务规划、预算、审批、评估综合协调机制。加强电子政务建设资金投入的审计和监督。明确已建、在建及新建项目的关系和业务衔接，逐步形成统一规范的电子政务财政预算、基本建设、运行、维护管理制度和绩效评估制度。

（四）网络媒体信息资源开发利用计划

开发科技、教育、新闻出版、广播影视、文学艺术、卫生、"三农"、社保等领域的信息资源，提供人民群众生产生活所需的数字化信息服务，建成若干强大的、影响广泛的、协同关联的互联网骨干网站群。扶持国家重点新闻网站建设。鼓励公益性网络媒体信息资源的开发利用。

制定政策措施，引导和鼓励网络媒体信息资源建设，开发优秀的信息产品，全面营造健康的网络信息环境。注重研究互联网传播规律和新技术发展对网络传媒的深远影响。

（五）缩小数字鸿沟计划

坚持政府主导、社会参与，缩小区域之间、城乡之间和不同社会群体之间信息技术应用水平的差距，创造机会均等、协调发展的社会环境。

加大支持力度，综合运用各种手段，加快推进中西部地区的信息网络建设，普及信息服务。把缩小城乡数字鸿沟作为统筹城乡经济社会发展的重要内容，推进农业信息化和现代农业建设，为建设社会主义新农村服务。逐步在行政村和城镇社区设立免费或低价接入互联网的公共服务场所，提供电子政务、教育培训、医疗保健、养老救治等方面的信息服务。

（六）关键信息技术自主创新计划

在集成电路（特别是中央处理器芯片）、系统软件、关键应用软件、自主可控关键装备等涉及自主发展能力的关键领域，瞄准国际创新前沿，加大投入，重点突破，逐步掌握产业发展的主动权。

在具有研发基础、市场前景广阔的移动通信、数字电视、下一代网络、射频识别等领域，优先启用具有自主知识产权的标准，加快产品开发和推广应用，带动产业发展。

六、我国信息化发展的保障措施

为了保持我国信息化发展的协调性和连续性，顺利部署我国信息化发展的战略重点和战略行动，提出以下保障措施。

（一）完善信息化发展战略研究和政策体系

紧密跟踪全球信息化发展进程，适应经济结构战略性调整、产业升级换代和转变经济增长方式的需要，持续深化信息化发展战略研究，动态调整信息化发展目标。

把推广信息技术应用作为修订和完善各类产业政策的重要内容。明确重点，保障资金，把工业化提高到广泛应用智能工具的水平上来，提高我国产业的整体竞争力。

按照西部大开发、东北地区等老工业基地振兴改造、中部崛起以及有关国家产业基地和工业园区的部署，把信息化作为促进区域协调发展、增进区域之间优势互补、实现区域比较优势的平衡器和助推器。

制定并完善集成电路、软件、基础电子产品、信息安全产品、信息服务业等领域的产业政策。研究制定支持大型中央企业的信息化发展政策。

（二）深化和完善信息化发展领域的体制改革

完善市场准入和退出机制，规范法人治理结构，推动运营服务市场的公平有效竞争。鼓励和推广各种形式的宽带终端和接入技术。鼓励业务创新，提供市场许可、资源分配、技术标准、互联互通等方面的支持。

研究探索适应网络融合与信息化发展需要的统一监管制度。以创造公平竞争环境和保护消费者利益为重点，加快转变监管理念。防范和制止不正当竞争。逐步建立以市场调节为主的电信业务定价体系。

（三）完善相关投融资政策

根据深化投资体制改革和金融体制改革的要求，加快研究制定信息化的投融资政策，积极引导非国有资本参与信息化建设。研究制定适应中小企业信息化发展的金融政策，完善相关的财税政策。培育和发展信息技术转让和知识产权交易市场。完善风险投资机制和资本退出机制。

健全和完善招投标、采购政策，逐步完善扶持信息产业发展的产业政策。加大国家对信息化发展的资金投入，支持国家信息化发展所急需的各类基础性、公益性工作，包括基础性标准制定、基础性信息资源开发、互联网公共服务场所建设、国民信息技能培训、跨部门业务系统协同和信息共享应用工程等。完善并严格实施政府采购政策，优先采购国产信息技术产品和服务，实现技术应用与研发创新、产业发展的协同。

（四）加快制定应用规范和技术标准

加强政府引导，依托重大信息化应用工程，以企业和行业协会为主体，加快产业技术标准体系建设。完善信息技术应用的技术体制和产业、产品等技术规范和标准，促进网络互联互通、系统互为操作和信息共享。加快制定人口、法人单位、地理空间、物品编码等基础信息的标准。加强知识产权保护。加强国际合作，积极参与国际标准制定。

（五）推进信息化法制建设

加快推进信息化法制建设，妥善处理相关法律法规制定、修改、废止之间的关系，制定和完善信息基础设施、电子商务、电子政务、信息安全、政府信息公开、个人信息保护等方面的法律法规，创造信息化发展的良好法制环境。根据信息技术应用的需要，适时修订和完善知识产权、未成年人保护、电子证据等方面的法律法规。加强信息化法制建设中的国际交流与合作，积极参与相关国际规则的研究和制定。

（六）加强互联网治理

坚持积极发展、加强管理的原则，参与互联网治理的国际对话、交流和磋商，推动建立主权公平的互联网国际治理机制。加强行业自律，引导企业依法经营。理顺管理体制，明确管理责任，完善管理制度，正确处理好发展与管理之间的关系，形成适应互联网发展规律和特点的运行机制。

坚持法律、经济、技术手段与必要的行政手段相结合，构建政府、企业、行业协会和公民相互配合、相互协作、权利与义务对等的治理机制，营造积极健康的互联网发展环境。依法打击利用互联网进行的各种违法犯罪活动，推动网络信息服务健康发展。

（七）壮大信息化人才队伍

研究和建立信息化人才统计制度，开展信息化人才需求调查，编制信息化人才规划，确定信息化人才工作重点。建立信息化人才分类指导目录。确定信息化相关职业的分类，制定职业技能标准。

尊重信息化人才成长规律，以信息化项目为依托，培养高级人才、创新型人才和复合型人才。发挥市场机制在人才资源配置中的基础性作用，高度重视"走出去，引进来"工作，吸引海外人才，鼓励海外留学人员参与国家信息化建设。

（八）加强信息化国际交流与合作

密切关注世界信息化发展动向，建立和完善信息化国际交流合作机制。坚持平等合作、互利共赢的原则，积极参与多边组织，大力促进双边合作。准确把握我国加入世界贸易组织后过渡期的新情况，统筹国内发展与对外开放，切实加强信息技术、信息资源、人才培养等领域的交流与合作。

（九）完善信息化推进体制

切实加强领导，凡涉及信息化的重大政策和事项要经国家信息化领导小组审定。要抓紧研究建立符合行政体制改革方向、分工合理、责任明确的信息化推进协调体制。加大政府部门间的协调力度，明确中央、地方政府在信息化建设上的事权，加强对地方的业务指导。

各地区各部门要贯彻落实党的十六大和十六届三中、四中、五中全会精神，因地制宜，加快编制信息化发展规划，制定科学的信息化统计指标体系，改进信息化绩效评估方法，完善国民经济和社会发展的统计核算体系，使信息化融汇到国民经济和社会发展的中长期规划之中。

附录二

《国家电子政务"十二五"规划》

前 言

大力推进国家电子政务发展是国家"十二五"的重要任务,是落实科学发展观、深化改革开放、加快转变经济发展方式的必然要求,是党委、人大、政府、政协、法院、检察院系统各级政务部门政务工作的组成部分,是政务部门提升履行职责能力和水平的重要途径,也是深化行政管理体制改革和建设人民满意的服务型政府的战略举措。依据《2006—2020年国家信息化发展战略》、《中华人民共和国国民经济和社会发展第十二个五年规划纲要》,制定本规划,作为"十二五"期间推动国家电子政务发展的指导性文件。

一、发展成绩和形势

(一)"十一五"期间电子政务发展成绩

党中央、国务院高度重视国家电子政务发展。"十一五"期间,国家电子政务快速发展,电子政务在改善公共服务、加强社会管理、强化综合监管、完善宏观调控等方面发挥了重要作用,促进了政府职能转变,已成为提升党的执政能力和建设服务型政府不可或缺的有效手段。

地方和部门电子政务建设普遍开展,组织体系不断健全,专业技术队伍建设不断加强。推动电子政务发展的政策、制度和标准规范继续完善,许多地方制定了相关法规。围绕经济和社会发展的需要,电子政务应用深入推进,富有成效的典型应用不断涌现。中央和省级政务部门主要业务电子政务覆盖率已经达到70%。金关、金税、金盾、金审等一批国家电子政务重要业务信息系统应用进一步深化,取得更大的经济和社会效益。宏观经济管理、财政管理、进出口业务管理等宏观调控信息系统在有效应对国际金融危机冲击、保持经济平稳较快发展方面发挥了重要作用。教育、医疗、就业、社会保障、行政审批和电子监察等方面电子政务积极推进,改善和增强了政府为社会公众提供服务的能力和水平。食品药品安全、社会治安、安全生产、环境保护、城市管理、质量监管、人口和法人管理等方面电子政务应用持续普及,加强和提升了社会管理能力和水平。县级以上政务部门普遍建立政府网站,积极开展政府信息公开、网上办事和政民互动等服务。电子政务基础设施建设取得成效,国家电子政务网络初步满足党委、人大、政府、政协、法院、检察院各系统推进业务应用的需要,技术支撑能力明显提高。电子政务信息安全保障系统普遍建立,管理制度规范逐步健全,网络与信息安全保障能力明显提升。

(二)"十二五"时期电子政务发展形势

"十二五"时期是我国全面建设小康社会的关键时期,是深化改革开放、加快转变经济发展方式的攻坚时期。国家电子政务发展面临新的环境和要求,正处于转变发展方式、深化应用和突出成效的关键转型期。

"十二五"时期,我国改革开放继续深化,加强和改善宏观调控,保持经济平稳较快发展任务加重;保障和改善民生,推进基本公共服务均等化进程加快;加强和创新社会管理,建设资源节约型、环境友好型社会形势紧迫;加快转变政府职能,加大行政审批制度改革力度,进一步加强行政管理创新和服务型政府建设要求更高,这些都对电子政务发展提出了更新更高要求。电子政务依托的信息技术手段发生重大变革,超高速宽带网络、新一代移动通信技术、云计算、物联网等新技术、新产业、新应用不断涌现，深刻改变了电子政务发展技术环境及条件。经济社会发展需求和技术创新为国家电子政务发展提供了难得的历史机遇，必须扎实落实科学发展观，努力转变电子政务发展方式，大力推进国家电子政务健康持续发展。

面对新的形势，必须清醒地认识到电子政务发展中存在着一系列严峻挑战：对发展电子政务作用的认识亟待进一步提高，需要大力提升政务与技术融合程度，不断缩小应用成效与服务型政府建设需要之间的差距；符合电子政务科学发展的体制机制亟待健全，需要着力改变统筹不足、政出多门、分散建设、低水平重复、投资浪费等现象；国家电子政务统筹规划和顶层设计亟待加强，需要着力改变应用发展水平不高和政务信息资源开发利用不足等现状，加大解决行业与地方间条块矛盾突出、信息共享和业务协同难以推进等问题的力度；电子政务建设对国家信息产业发展的拉动作用亟待提升，需要努力提高安全可靠信息技术和产品应用水平，切实转变电子政务信息安全保障薄弱的现状。必须科学判断和准确把握发展趋势，采取更加有力的措施，集中力量解决国家电子政务发展中的突出矛盾和问题。

二、指导思想和发展方针

（一）指导思想

以邓小平理论和"三个代表"重要思想为指导，深入贯彻落实科学发展观，紧紧围绕全面建设小康社会的总目标，以电子政务科学发展为主题，以深化应用和注重成效为主线，转变电子政务发展方式，充分发挥电子政务应用成效，服务经济结构战略性调整，服务保障和改善民生，服务加强和创新社会管理，促进服务型政府、责任政府、法治政府和廉洁政府建设，走一条立足国情、讲求实效、面向未来的电子政务发展道路。

（二）发展方针

1. 必须坚持将科学发展观贯穿电子政务发展全过程

加快转变电子政务发展方式，坚持统筹规划，抓好顶层设计，强调政务与技术深度融合，深化电子政务应用，突出发展质量，注重可持续全面协调发展。

2. 必须坚持把以人为本和构建和谐社会作为电子政务发展的出发点和落脚点

以服务社会公众为中心，围绕解决经济社会重大问题和突出矛盾，把保障和改善民生、促进社会和谐稳定、保持经济平稳较快发展作为发展重点，加快服务向基层延伸，提升服务效率和质量，使电子政务惠及全民。

3. 必须坚持把深化应用和突出成效作为电子政务发展的根本要求

切实以提高各级政务部门履行职责能力为目标，优化业务流程，创新服务模式，强化应用推广，加大政务信息资源开发、利用和管理力度，大力推动信息共享和业务协同，突出建设集约化、应用平台化、服务整体化，进一步提高电子政务的经济和社会效益。

4. 必须坚持创新发展和加强管理的有机统一

积极探索新技术在电子政务中的应用，构建互联互通和高效服务的技术应用体系。顺应发展形势需要，进一步健全管理体制机制，加强建设、运行和服务管理，开展考核评估，加大安全可靠产品的研发和应用力度，带动信息产业发展，提升信息安全保障能力。

三、发展目标

"十二五"期间，电子政务全面支撑政务部门履行职责，满足公共服务、社会管理、市场监管和宏观调控各项政务目标的需要，促进行政体制改革和服务型政府建设的作用更加显著。

——电子政务统筹协调发展不断深化。全面推进电子政务顶层设计，符合科学发展的电子政务工作体制和机制不断完善，统筹协调能力不断提高。

——应用发展取得重大进展。县级以上政务部门主要业务基本实现电子政务覆盖，政务信息资源开发利用成效明显。政务部门主要业务信息化覆盖率，中央和省级超过 85%，地市和县区分别平均达到 70%、50% 以上。

——政府公共服务和管理应用成效明显。县级以上政府社会管理和政务服务电子政务水平明显提高，社会管理和政务服务事项电子政务覆盖率平均达到 70% 以上。县级以下街道（乡镇）和社区（行政村）的政务服务事项电子政务覆盖率分别平均达到 50%、30% 以上。

——电子政务信息共享和业务协同取得重大突破。县级以上政府普遍开展跨地区、跨部门信息共享和业务协同，共享内容和范围不断扩大，业务协同能力不断增强。主要业务信息共享率平均达到 50% 以上。

——电子政务技术服务能力明显加强。电子政务基础设施建设不断发展，专业技术服务水平持续提升，应用支撑服务能力明显提高。电子政务网络互联互通率平均达到 85% 以上，专业技术服务机构技术服务达标率平均达到 60% 以上。

——电子政务信息安全保障能力持续提升。县级以上地方电子政务信息安全管理制度普遍建立，信息安全基础设施不断发展，安全可靠软硬件产品应用不断加强，信息系统安全保障取得显著成绩。

四、发展方向和应用重点

（一）加快推动重要政务应用发展

1. 推进业务应用协同发展

坚持统筹协调，充分发挥电子政务基础设施作用，围绕解决经济和社会发展的重点难点问题，优先推进经济运行、财政管理、综合治税、强农惠农、城市管理、国土管理、住房管理、应急指挥、信用监管等一批重要协同业务应用。加大行业与地方应用发展的条块结合统筹力度，努力构建基础统一与应用协同的电子政务应用整体发展格局。兼顾行业与地方业务应用发展，行业业务应用发展纵向部署要充分考虑地方实际，加强与地方应用建设和发展衔接。地方要加强行业与当地应用的统筹协调，建设内容纳入当地电子政务规划和年度计划，做好配套工作，满足行业业务应用要求，确保纵向互联互通的行业电子政务应用整体发展。

2. 推进部门业务应用发展

围绕信息化环境下提升执政和履职能力需要，加强统筹规划和顶层设计，统筹推进政务部门业务应用发展，全面支撑社会主义经济建设、政治建设、文化建设、社会建设以及生态文明建设发展。加强重要信息系统建设，不断扩大应用规模，逐步实现应用全业务、全流程和全覆盖，推动政务与技术深度融合，充分发挥应用成效。加强国民经济预测预警应用功能建设，提高信息分析和利用能力，创新分析研判的方式和手段，提高各类突发事件的应急应对能力，提升宏观调控和科学决策水平。推进法规、规章、政策制定和实施管理，加强实施情况信息采集和落实成效分析评估，支持动态调整，增强科学决策能力。加强信息综合利用，强化信息分析研判，提高宏观调控的科学性和预见性，增强针对性和灵活性。推进国家级全民健康保障、住房保障、社会保障、药品安全监管、食品安全监管、能源安全、安全生产监管、市场价格监管、金融监管、社会信用体系等重点工程建设。

3. 强化政府网站应用服务

加强政府网站建设和管理，促进政府信息公开，推动网上办事服务，加强政民互动。加大政府网站信息公开力度，不断丰富公开信息内容，提高公开信息质量，增强信息公开的主动性、及时性和准确性。大力提升政府网站网上办事能力，以社会公众为中心，扩大网上办事服务事项，优化办事流程，不断提高网上办事事项的办事指南、表格下载、网上咨询、网上申请、结果反馈等五项服务功能覆盖率，提高便捷性和实效性。推进政府网站政民互动服务发展，建立健全公众意见及问题的受理、处理及反馈工作机制，实现网上信访、领导信箱、在线访谈等互动栏目的制度化和规范化，注重民意收集与信息反馈，保障人民的知情权、参与权、表达权、监督权。加强政府网站服务保障和运行维护保障，建立相关制度，明确各方责任，加大管理力度，开展绩效评估和考核，大力提高政府网站服务能力。

(二)加强保障和改善民生应用

1. 深化保障和改善民生应用

加快推进劳动就业、社会保障、医疗卫生、教育、文化等应用服务,促进基本公共服务体系建设发展。加快推进劳动就业应用,提供公共就业信息发布、需求预测、跟踪监测和失业预警等服务,促进构建和谐劳动关系。统筹推进城乡社会保障应用,覆盖社会保险、社会救助、社会福利等社会保障业务。完善医疗卫生应用,健全覆盖城乡居民的基本医疗和药品供应服务体系,拓展新型农村合作医疗服务覆盖面。完善重大疾病防控等专业公共卫生业务应用,提高重大突发公共卫生事件的处置能力。完善教育和文化行政管理信息化应用,促进教育公平,为公众提供优秀文化资源服务。推进交通运输管理应用,促进综合交通运输体系不断完善。加强水资源、管理应用,提高水量水质监测能力,确保水资源安全。

2. 加强县级政府和基层政务服务应用

加大县级政府政务公开和政务服务应用推进力度,不断创新政务服务方式和手段,促进基本公共服务体系建设的应用发展。依托县级政府电子政务公共基础设施,开展民政、计生、劳动、教育、卫生、公安、农业等政务服务应用,增加服务内容,扩大服务范围,加强业务应用系统互联互通,推进信息共享和业务协同,提高服务水平。深化政务服务中心和各类政务服务窗口等多种渠道服务应用,充分利用已有的基层为民场所和服务设施,推进基层政务服务窗口的应用服务环境建设,配备服务终端、自助终端和辅助设备,加快推进政务服务应用向乡镇(街道)和社区(行政村)的延伸。不断提升基层政务工作人员电子政务应用能力,开展"一站式"服务,为社会公众提供方便优质、多方式全方位的服务,提高基层服务水平,促进基本公共服务均等化。

(三)加强创新社会管理应用

1. 深化社会管理应用

加快推进维护社会秩序、促进社会和谐、保障人民安居乐业的电子政务应用建设,电子政务要在协调社会关系、规范社会行为、解决社会问题、化解社会矛盾、促进社会公正、应对社会风险、保持社会稳定等方面发挥作用。以解决影响社会和谐稳定突出问题为突破口，深化社会管理应用，逐步建立覆盖全面、跟踪动态、信息共享、功能齐全的社会管理应用服务体系，促进社会管理水平提高。推进实有人口和流动人口管理服务应用，保障人民安居乐业。推进基层社会管理和服务应用，强化基础工作，促进社区和谐稳定。推进公共安全、食品药品安全监管、安全生产监管、应急处置管理等应用，为人民群众提供安全稳定的生活环境。加强生态环境保护应用，确保国家生态安全。推进非公有制经济组织、社会组织管理等应用，推动社会组织健康有序发展。推进信息网络管理应用，提高对虚拟社会的管理水平。大力推进政务公开和权力阳光运行应用，完善权力网上公开运行和电子监察应用，推进公共权力运行、公共资金使用和公共资源交易等领域的综合监控应用，促进行政行为的公开公正和透明廉洁。

2. 促进城镇社会管理创新

加大城镇社会管理应用推进力度，进一步创新管理模式，不断提高社会管理科学化水平。加强城镇人口管理和服务应用，支持"以证管人、以房管人、以业管人"新模式，提高管理服务水平。推进社会治安防控应用，实现城镇社会治安有效防控。推进城镇基层社会管理和服务应用，强化城镇社区自治和服务功能，改善自我管理，提升自我教育，强化自我监督。加强突发事件应急处置和管理应用，提升自然灾害和公共突发事件的预测预警、分析评估、应急处置等能力和水平。推进城镇基础设施服务管理应用，建设文明、卫生、宜人、宜居城镇。加快推进依托电子政务平台促进城镇基层社会管理和服务应用向街道和社区延伸，提高社区自治和服务功能，实现城市网格划分、管理联动，构建城市综合管理格局。

（四）强化政务信息资源开发利用

1. 建设高质量政务信息资源

推进政务部门依据职能建设政务信息资源，逐步覆盖业务活动中产生和获取的各类政务信息。加强政务信息资源建设规划和计划的制定，梳理信息内容，明确程序，建立制度，落实责任，提高质量。大力推进基础信息资源建设，完善基础信息资源体系，动态完善地理、人口、法人、金融、税收、统计等基础信息资源，规范信息采集，保证信息质量，推动应用服务。围绕促进经济平稳较快发展的需要，加强宏观经济、财政、土地、投资、工业经济、科技创新、贸易、商品市场、房地产市场、现代农业、服务业等宏观调控信息资源建设。围绕促进社会和谐稳定的需要，加强食品药品监管、环境保护、公共安全、流动人口、安全生产监管、质量监管、城镇综合管理、网络舆情等社会管理信息资源建设。围绕保障和改善民生的需要，加强劳动就业、教育文化、社会保障、医疗卫生、社会救助等公共服务信息资源建设。

2. 加强政务信息资源管理

建立健全政务信息资源管理制度，提高政务信息资源管理能力，明确政务信息管理要求，提升政务信息资源管理水平。加强政务信息资源专业管理队伍建设，建立政务信息资源产生、传输、存储、管理、维护、服务等环节的管理规范和标准，加强政务信息资源管理系统运行维护，保障信息安全，强化信息服务，提高政务信息资源利用成效。加强政务信息资源准确性管理，明确信息来源，建立实时动态更新机制，确保信息及时准确。加强政务信息资源可靠性管理，明确信息管理要求，建立授权信息使用制度，加强信息防篡改和可恢复管理，确保信息安全可靠。加强政务信息资源可用性管理，确保信息真实、准确和完整。加强国家电子文件管理，确保电子文件的真实、完整、可用和安全，保存国家历史记录。

3. 大力推动信息共享和政务信息资源社会化利用

积极推进跨地区、跨部门、跨层级信息共享，丰富信息共享内容，扩大信息共享覆盖面，提高信息共享使用成效。加强信息共享规划和计划制定，建立跨地区、跨部门、跨层级的信息共享推进机制，以协同业务需求为导向，明确共享信息内容和程序，确定信息共享部门责任，制定信息共享制度，建立信息共享基础设施，保障共享信息安全，进一步完善信息共享管理和服务。重点推进地理、人口、法人、金融、税收、统计等基础信息资源共享，推进宏观经济、财政、国土、投资、工业经济、科技创新、贸易、房地产、现代农业等宏观调控信息共享，推进食品药品监管、环境保护、公共安全、流动人口、安全生产监管、质量监管、社会信用、城镇综合管理等社会管理信息共享，推进劳动就业、教育、文化、社会保障、医疗卫生、社会救助等公共服务信息共享。围绕地市和县级政府深化社会管理和公共服务应用需要，汇聚在国家、省级集中管理的各类基础信息资源和重要业务信息，要采取多种方式和手段，为地市和县级政府深化电子政务应用提供跨层级、跨部门信息共享服务，促进地方政府社会管理和服务水平持续提高。加快推进国家级电子政务信息共享平台建设，为各级政务部门开展跨地区、跨部门、跨层级信息共享和业务协同提供支撑服务。建立完善有利于社会化、市场化利用政务信息资源的机制。

（五）建设完善电子政务公共平台

1. 完成以云计算为基础的电子政务公共平台顶层设计

积极研究云计算模式在电子政务发展中的作用，全面分析新技术对电子政务公共平台发展的影响和全方位业务协同、信息资源共享及信息安全保障对电子政务公共平台发展的需求，适时开展以云计算为基础的电子政务公共平台顶层设计试点，在此基础上开展国家电子政务公共平台顶层设计，充分发挥既有资源的作用和新一代信息技术潜能，加快电子政务发展创新，为减少重复浪费、避免各自为政、信息孤岛创建技术系统。

2. 全面提升电子政务技术服务能力

鼓励地方在国家电子政务规划和顶层设计指导下，在现有基础上建设集中统一的区域性电子政务云平台，降低电子政务建设和运维成本，提高电子政务发展质量，增强电子政务安全保障能力。鼓励电子政务建设的运行维护走市场化、专业化的道路。系统集成资质管理和电子政务管理密切结合，将建设和运维安全可靠、复杂大系统的能力和绩效作为系统集成资质评价的重要内容。

3. 制定电子政务云计算标准规范

加快研究制定基于云计算的电子政务标准规范，主要包括系统架构、技术标准等技术性标准规范，应用分类服务标准、应用迁移标准、数据管理标准等服务性标准规范，公共平台安全规范、应用安全规范、信息安全规范、服务安全规范等信息安全保障标准规范，绩效评价标准、平台和信息管理标准、技术服务管理规范等管理性标准规范。

4. 鼓励向云计算模式迁移

以效果为导向，推行"云计算服务优先"模式，制定电子政务公共平台建设和应用行动计划，明确相关部门的职责和分工，共同推动电子政务公共平台运行和服务。在满足安全需求、遵从法律法规和业务准备的基础上，推动政务部门业务应用系统向云计算服务模式的电子政务公共平台迁移，先期重点推进新建、升级改造的业务信息系统在电子政务公共平台上部署运行，提高基础资源利用率和应用服务成效。开展电子政务公共平台应用试点示范工作，总结推广应用服务成功做法和有益经验。

（六）提高政府信息系统的信息安全保障能力

1. 建设完善信息安全保障体系

加强信息安全防护体系建设，建立电子政务网络信任体系、应急处置体系和监管体系。加强政府网站安全管理，实施政务部门互联网安全接入防护工程。按照国家等级保护和涉密信息系统分级保护的有关要求，建立完善等级保护工作机制，落实涉密信息系统分级保护制度，规范涉密信息系统使用管理。

2. 制定电子政务安全可靠的标准规范

按照安全可靠的要求，保护政府信息系统不被攻破和信息不被窃取泄漏，研究制定政府信息系统的信息安全标准规范。推进安全存储、数据备份与恢复、主动防护、安全事件监控、恶意代码防范等信息安全保障。加大电子政务安全可靠软硬件产品的研制力度，建立应用评估机制，建设安全可靠的电子政务应用。

3. 进一步加强政府信息系统安全管理

建立完善政府信息系统安全管理制度规范，制定政务部门计算机安全配置和审计制度，建立信息系统安全检查制度，加强信息安全检查工作力度，加强对政务部门使用信息技术外包服务的安全管理，不断提高电子政务信息安全保障水平。

五、保障措施

（一）加强组织领导，加大工作力度

加强国家级电子政务部际统筹协同工作制度建设，建立健全部门协同工作机制。地方要结合实际，进一步明确工业和信息化主管部门、财政部门、投资主管部门、科技部门、业务部门等职责，不断完善在统筹规划、顶层设计指导下的各司其职、各负其责相互配合的工作体系和机制。加强电子政务发展共性基础性工作，协调电子政务规划、顶层设计、工程投资、应用建设、系统运维、考核评估等环节的管理。地方和部门要重视电子政务发展工作，列入重要议事日程和考核内容，确定分管领导和责任单位及人员，明确目标和任务，精心组织实施，确保认识到位、责任到位、措施到位、投入到位。

（二）加强资金保障，提升使用成效

研究完善适应我国实际情况的电子政务资金投入和管理办法，实现集中统一、高效、低成本的管理制度。加强电子政务建设发展必需的财政资金保障，调整和优化支出结构，统筹各种渠道的建设资金，实行公共基础设施、业务应用和系统运维的资金分类保障制度，加强资金管理和监督，不断提升资金使用成效。推进公共基础设施统建共用和统一运维服务的集中投入，确保基础设施投入效益，坚决制止重复建设和投资浪费。加强业务应用和信息资源开发利用建设投入，满足部门业务发展需要，深化电子政务应用，持续提升电子政务应用成效。保障电子政务系统运维经费，研究制定部门系统运维费用支出核定标准，落实政务部门系统运维费用，确保电子政务可持续发

展。做好政府采购和使用电子政务正版软件资金保障。加大中西部地区电子政务建设转移支付力度，地方财政也要加大对贫困地区电子政务建设的转移支付力度。加强经费使用管理和监督，建立科学、规范的管理制度，提高资金使用效率，严肃查处财政专项资金管理和使用中出现的问题。

（三）加强规划实施，落实目标任务

加强电子政务规划组织落实工作，建立目标一致、方向统一、互联互通、层级衔接的全国电子政务规划实施体系。地方工业和信息化主管部门要根据国家要求结合实际，制定本地区电子政务规划及规划实施方案，加强地方规划与国家规划衔接，按年度分解目标指标，落实保障措施。加强地方和部门规划年度实施的统筹管理，建立规划及年度计划备案制度和实施监测评估机制，加强对规划执行情况的监测、评估、督导和工程项目动态跟踪及实施效果评估。组织开展电子政务发展水平综合评估，积极开展信息共享和业务协同、政府网站发展的专项评估。建立地方和部门规划实施年度报告制度和规划中末期实施成效评估制度，根据变化情况，对规划适时修订和完善。大力推进政务公开，加大信息公开力度，增强规划实施及修编过程的公开性和透明度。

（四）加强队伍建设，提高服务能力

加强行政部门、技术服务单位和专业人员队伍建设，建设一支规模适当、结构合理、德才兼备、符合不同层次需要的高素质、职业化电子政务管理和服务队伍。加强行政机构和干部队伍建设，建立科学考核评价制度，对任务完成情况实行绩效考核，完善激励约束机制，建设一支政治坚定、业务精通、清正廉洁、作风优良的电子政务干部队伍，提高履行职责能力。加强电子政务技术服务单位和专业人员队伍建设，制定技术服务单位服务评价标准和办法，建立服务质量、运维保障、技术管理等综合考核制度，强化队伍职业道德建设，建立专业人员职业资格认证制度，建设一支技能高、专业强、服务优的专业技术服务队伍，提高技术服务能力和质量。强化运行保障服务工作，地方要建立以工业和信息化部门为核心，技术服务单位为主体，专业技术队伍为基础，服务制度为保证，合作密切、功能互补、资源共享的电子政务运行保障服务体系，提升系统运维服务能力。充分利用社会专业技术资源，推行运维服务外包，逐步实现技术服务机构和人员规范化管理。重视西部和困难地区的队伍建设，不断充实工作力量，改善工作环境和条件。结合实际组织开展培训工作，不断提升业务部门工作人员电子政务应用能力，不断提高专业技术人员政务服务能力。

（五）健全法规制度，促进持续发展

加强电子政务相关行政法规研究，积极推进电子政务相关法规制度建设，实施依法行政，完善监督措施和办法，健全行政责任制。开展国家电子政务顶层设计，统筹电子政务发展中整体与局部、行业与地方、建设与应用、统一与分散、管理与服务的关系，促进电子政务全面协调发展。加强电子政务规范性文件和技术标准制定，规范网络、应用、信息、网站、运维、队伍等方面建设，逐步覆盖电子政务全过程。推进业务应用和服务规范化标准化，依据职能结合实际，制定符合应用条件的业务工作规范和服务标准，规范相关职能业务在电子政务条件下的工作程序、内容和要求。开展电子政务理论研究和学科建设，积极学习国外先进经验。加强电子政务发展指导，建立地方电子政务发展指导工作制度，不断总结成功做法和经验，组织开展经验交流。

附录三

《"十二五"国家政务信息化工程建设规划》

一、现状和形势

加快国家信息化建设是党中央、国务院顺应世界信息化发展趋势作出的重大战略决策，政务信息化建设是国家信息化建设的重要组成部分。"十一五"时期，我国政务信息化建设快速推进，信息化水平不断提高。经过多年努力，围绕各级党委、人大及其常委会有关政务机构、政府部门以及政协、法院、检察院有关政务机构（以下统称政务部门）的办公自动化、重要领域和重点业务信息化、网络与信息安全基础设施保障开展的一系列信息化工程建设取得了实质性进展，金盾、金关、金财、金税、金审、金农等近百个重大信息化工程项目陆续建成，相关业务信息系统顺利投入运行，各级政务网站成为信息公开、网上办事、便民服务的重要渠道，对于强化科学民主决策，保障政务部门高效运转，推动信息化和工业化深度融合，保障信息安全，促进经济社会发展发挥了重要作用。但同时必须清醒地看到，当前我国政务信息化建设中依然存在一些突出矛盾和问题，需要尽快加以研究解决。主要是：一批面向公共服务和改善民生的重要信息化系统尚需加快建设，信息共享、业务协同和服务应用程度需进一步提高，网络和信息安全形势不容乐观。

"十二五"时期是全面建设小康社会的关键时期，是深化改革开放、加快转变经济发展方式的攻坚时期，也是我国政务信息化深入发展的重要阶段。编制和实施《"十二五"国家政务信息化工程建设规划》是强化顶层设计，加强规划指导，大力推进国家政务信息化工程建设的基本要求和重要举措，是落实《中华人民共和国国民经济和社会发展第十二个五年规划纲要》和《2006—2020年国家信息化发展战略》的具体部署。《"十二五"国家政务信息化工程建设规划》是"十二五"期间安排国家投资建设重大政务信息化工程的重要依据。

二、总体要求

（一）指导思想

以邓小平理论和"三个代表"重要思想为指导，深入贯彻落实科学发展观，围绕"十二五"期间国民经济和社会发展的主要任务，以促进转变经济发展方式、提升治国理政能力为宗旨，以推动经济社会各领域信息化、保障和改善民生、维护经济社会安全为目标，加快推进国家政务信息化工程建设。要加强顶层设计，坚持需求主导，强化信息共享、业务协同和互联互通，突出建设效能，有效提高公共服务水平，强化国家网络与信息安全保障，推进国家信息化建设步伐，促进经济平稳较快发展和社会和谐稳定。

（二）基本原则

——坚持统筹协调。统筹规划和综合协调政务信息化工程建设，结合各政务部门核心职能，深入开展需求分析，合理设定建设任务，科学量化效能目标。加强顶层设计，统筹规划，分步实施，试点先行，成熟一项，建设一项，确保工程应用实效。

——坚持协同共享。科学规划工程项目，统筹部署应用系统，支持跨部门、跨区域的业务协同和信息资源共享，共用基础网络，有效控制投资规模，切实发挥投资效益，坚决避免重复投资、重复建设。

——坚持创新发展。结合公共服务模式改革和政务运行机制创新，优化业务流程，顺应新技术发展趋势，探索政务信息化工程建设运行管理的新模式，提高投资管理水平。

——坚持安全保障。强化与新一代信息技术发展相适应、满足信息化发展实际需要的信息安全基础设施。坚持自主可控，强化安全保密措施，确保重要信息系统安全可靠，着力提升国家网络与信息安全保障能力。

（三）主要目标

通过实施国家政务信息化工程，到"十二五"期末，形成统一完整的国家电子政务网络，基本满足政务应用需要；初步建成共享开放的国家基础信息资源体系，支撑面向国计民生的决策管理和公共服务，显著提高政务信息的公开程度；基本建成国家网络与信息安全基础设施，网络与信息安全保障作用明显增强；基本建成覆盖经济社会发展主要领域的重要政务信息系统，治国理政能力和依法行政水平得到进一步提升。

三、重点任务

"十二五"国家政务信息化工程以《国民经济和社会发展第十二个五年规划纲要》、相关法律法规和政策文件为依据，重点明确以下建设任务：

（一）构建国家电子政务网络

基于国家电子政务传输骨干网，建好内网，扩展外网，整合优化已有业务专网，构建完整统一的国家电子政务网络。加快推进专网业务向国家电子政务网络迁移，确需保留的部门专网根据业务需要实现与国家电子政务网络互联互通。

1. 国家电子政务内网平台

建设目标：形成统一的国家电子政务内网平台，主要用于承载各级政务部门的内部办公、管理、协调、监督和决策等业务信息系统，并实现安全互联互通、资源共享和业务协同。

建设内容：加快建设统一的电子政务内网平台。规范网络连接，整合网络资源，确保安全接入。重点建设中央级平台，尽快实现顶层互联互通。各部门按照业务系统部署和安全管理要求，依托统一的国家电子政务内网平台，开展跨地区跨部门业务应用，实现网络资源的共享共用。

2. 国家电子政务外网平台

建设目标：实现国家电子政务外网平台的互联互通，为各级政务部门履行职能提供服务，为面向公众、服务民生的业务应用系统以及国家基础信息资源的开放共享提供信息支持。

建设内容：完善国家电子政务外网中央级平台，整合地方网络资源，加大地方各级电子政务外网建设，推进中央级电子政务外网平台与地方各级电子政务外网的有效联通。

（二）深化国家基础信息资源开发利用

基础信息资源库包括基础信息库和业务信息库，并依法向政务部门和社会开放。基础信息库要按照一数一源、多元采集、共享校核、及时更新、权威发布的原则建设。业务信息库要按照物理分散、逻辑集中、共享校核的原则建设。

1. 人口信息资源库

建设目标：初步实现相关部门人口信息资源的实时共享，为区域资源承载能力、实有人口统筹管理、人口全生命周期管理、社会治安状况、人力资源能力素质、社会就业形势、市场消费能力和公益事业发展水平、城镇化水平等的监测分析和评价决策提供信息支持，提高管理、服务和决策水平。

建设内容：建设和完善覆盖全国人口、以公民身份号码为标识、以居民身份证信息为主要内容的国家人口基础信息库。以人口基础信息为基准，建立信息共享和校核机制，充分利用全国人口普查信息，逐步建设人口总量和静态动态分布、户口登记、健康素质、残疾人口、年龄和性别结构、教育程度、就业状态、居住状况、收入水平、纳税情况、参保缴费、社保待遇、婚姻状况、优抚救助、扶贫开发、党员、公务员、专业技术人才等方面的业务信息库。

2. 法人单位信息资源库

建设目标：初步实现相关部门法人单位信息资源的实时共享，为企业技术创新、产品质量保障、中小企业发展、劳动就业需求、行政资源配置、产业经济安全、社会事业发展、市场开放竞争、社会信用体系等的监测分析和评价决策提供信息支持，提高管理、服务和决策水平。

建设内容：建设和完善以法人组织机构代码为标识的机关法人、事业法人、企业法人、社团法人及其他依法成立的各类机构单位基础信息库。以法人单位基础信息为基准，建立信息共享和校核机制，充分利用经济普查信息，逐步建设法人信用、固定资产投资、产业结构、就业规模、生产经营、税源税收、法人业务范围等方面的业务信息库。

3. 空间地理信息资源库

建设目标：初步实现相关部门空间地理信息资源的实时共享，为自然资源储备和开发利用状况、人居环境、生态环境、自然灾害、交通资源配置和物流配送效率的监测分析和评价决策提供信息支持，提高国土空间资源配置效率。

建设内容：在国家自然资源和地理空间基础信息库一期工程的基础上，进一步扩充和整合相关数据资源，完善信息共享机制。建设和完善以测绘基础地理信息为主要内容的国家空间地理基础信息库。以国家空间地理基础信息为基准，建立信息共享和校核机制，逐步建设土地矿产资源、海洋环境状态、地质地震构造、耕地草原状况、森林湿地荒漠、水源水系分布、城乡建设规划、综合交通布局、水域空域航线、网络资源分布、重点水利工程分布、行政区划和地名、邮政编码和地址、地理数据资源等业务信息库和国土资源监管信息系统。

4. 宏观经济信息资源库

建设目标：依据业务需要实现宏观经济信息的共享，为有关部门和地方开展经济运行动态监测、产业安全预测预警等分析决策提供信息支持，确保金融、税收、统计等宏观经济基础数据真实准确、完整及时，提高政府统计公信力，提高宏观调控的科学性、预见性和有效性。

建设内容：强化金融、税收、统计等基础信息资源开发利用，逐步完善消费、投资、进出口以及经济运行、节能减排、知识产权等方面的业务信息资源。建立完整、统一、高效、适用的国家统计信息系统，完善国家统计数据库，建成安全畅通、便捷高效的联网直报系统。

5. 文化信息资源库

建设目标：推动文化信息资源共享和开发利用，促进中华文化的传承和传播，提升国家文化软实力。

建设内容：完善文化信息资源共享工程，逐步建设以国家物质和非物质文化遗产信息、少数民族传统文化、国家重要文物、国家档案信息等为主要内容的信息库。完善文化市场信息监管平台，加强重点新闻网站建设，推动新闻信息搜索引擎发展，完善国家级网络视频内容传播和共享平台。

（三）完善国家网络与信息安全基础设施

坚持以促发展、保安全为主线，按照规制为主、疏堵兼顾、科学管控、共建共享、政企结合的方针，加快网络与信息安全基础设施建设，完善国家信息安全保障体系，提高我国基础信息网络和重要信息系统的安全保障能力。

1. 网络与信息安全基础设施

在已有设施和资源的基础上，重点围绕提高网络舆情监测能力、网络失窃密监测预警能力、网络有害信息监测和管控能力、网络违法犯罪防范和打击能力等，逐步建立科学高效的信息安全管控机制，建设统一的网络与信息安全基础设施，健全重点信息安全管理业务系统，构建密码保障、身份认证、保密监管、检测评估和监测预警等技术支撑体系，切实保障我国信息网络空间的安全可控。

2. 重要信息系统安全保障设施

减少各部门互联网出入口数量，推进党政机关互联网统一接入。加强涉密信息系统与信息资源的安全保密设施建设，统筹应急响应与灾难备份能力建设，增强电子政务网络、基础信息库和重要业务信息系统的安全防护能力建设，为重要信息系统的安全可控运行提供支撑。完善密钥管理基础设施，推进电子政务网络信任体系建设，充分利用已依法设立的电子认证服务机构，实现面向电子政务内外网与各级各类业务应用的身份认证、访问授权和责任认定等安全管理，为跨部门、跨地区的政务业务应用提供安全保障。

（四）推进国家重要信息系统建设

在继续加快推进金盾、金关、金财、金税、金审、金农等重要信息系统建设的基础上，重点建设保障和改善民生、维护经济社会安全、提升治国理政能力等方面的重要信息系统。根据各部门的职能分工，整合部门工程项目功能，实现重要信息系统的跨部门协同互动和资源共享，形成相关部门项目关联组合的信息化一体工程。

1. 全民健康保障信息化工程

建设目标：实现相关政务部门的信息共享和业务协同，提高突发公共卫生事件应对能力、重大疾病防控能力、卫生监督和公众健康保障能力，以及基层医疗卫生服务能力。提升医疗卫生事业行政监督管理水平。提高远程医疗服务能力，促进医疗卫生公共服务均等化，满足人民群众多层次多样化医疗卫生需求。

建设内容：按照深化医药卫生体制改革的要求，完善以疾病控制网络为主体的中西医协同的公共卫生管理信息系统。建立涵盖基本药物采购供应和使用管理、居民健康管理、诊疗导航与管理、综合业务管理和绩效考核等功能的基层医疗卫生管理系统。以建立城乡居民电子健康档案和中西医电子病历、推广医保"一卡通"为重点，建设支持各级医院上下联动、医保医药医疗业务协同、居民健康监测咨询等的医疗健康公共服务信息系统，支持医疗机构分级协作和医保支付即时结算。建设基本药物制度运行监测评价信息系统和基本医疗卫生服务质量与绩效评价信息系统。推动远程医疗试点。

2. 全民住房保障信息化工程

建设目标：实现相关政务部门的信息共享和业务协同，为加强住房保障工作提供信息支持，增强国家房地产市场宏观调控能力，提高科学决策水平。

建设内容：以人口分布、建设用地供给信息监测为基础，整合房屋权属信息和房地产市场交易信息，重点建设住房信息系统，加强对保障性住房资源配置的监管、互助性住房建设资金的监控以及投资性住房需求的监测。

3. 全民社会保障信息化工程

建设目标：实现社会保险经办服务的多险种跨省区可接续，规范业务办理流程，控制资金风险，实现精细化管理，为完善社会保障制度提供信息支持，不断提升国家社会保障的能力和水平。

建设内容：在金保一期工程基础上，加快社会保障信息化工程建设。推进社会保障卡应用，建设覆盖乡村社区、实现多险种和跨省区接续的社会保险经办服务信息系统。在低保一期工程基础上，建设由城市延伸到农村的统一社会救助、社会福利和慈善事业管理信息系统。建设社会保障监管信息系统。

4. 药品安全监管信息化工程

建设目标：实现相关政务部门的信息共享和业务协同，进一步加强对药品和医疗器械研制、生产、流通和使用全过程监督，实现药品流通过程的透明监管，有效提高对药品全生命周期安全监管的水平，强化药品（含医疗器械）安全监管，满足国家基本药物制度和深化医药卫生体制改革的需求。

建设内容：建设药品监管信息化工程。建成国家药品监管信息系统一期工程，支持药品真伪鉴别、来源追溯、过程追踪、快速召回和紧急调配。在此基础上，加快建设药品安全监管信息系统。

5. 食品安全监管信息化工程

建设目标：逐步实现食品生产、流通、消费全程监管业务的紧密协同和数据共享，支持食品安全事件的预防预警和应急处置，满足预防为主、科学管理、明确责任、综合治理的食品安全监管工作要求，切实提高食品安全的保障水平。

建设内容：加快建设食品（含农产品）生产、加工、流通（含进出口）、消费等环节的安全监管信息化工程。利用物联网技术、溯源技术、防伪技术、条码技术、云计算技术等，建设支持食品及食品添加剂生产达标的生产监管信息系统，建设支持食品及食品添加剂品牌真伪认证、来源追溯、过程追踪、责任追查及召回销毁的流通监管信息系统，建设支持对食品生产商、经营商和餐饮服务商进行信用评价、守信激励、失信惩戒的食品经营者信用监管信息系统。建设食品安全风险监测和评估信息系统，建设相应的食品安全信息共享平台。

6. 安全生产监管信息化工程

建设目标：推进各级安全生产监管部门对安全生产信息的共享共用，提升重大危险源管理和生产安全事故的预防预警、监管监察和应急处置能力。

建设内容：按照加强安全生产监管监察能力建设的要求，在煤矿、非煤矿山、危险化学品、病险设施、特种设备、工业生产、工程建设、交通运输等领域，充分利用企业安全生产的实时监测信息，完善和建设安全生产监管信息系统。

7. 市场价格监管信息化工程

建设目标：实现相关政务部门的信息共享和业务协同，切实加强价格调控监管，防范市场投机炒作和价格异常波动，提升重要商品的市场价格监测预警、价格调控、监督检查，以及公共服务的能力和效率。

建设内容：充分利用已有的信息化设施，优化整合现有信息化资源，加快建设和完善价格监管、价格监测预警、成本调查、价格鉴证、药品和医疗器械价格评审、价格监督检查等信息系统，形成统一协调的价格管理和数据共享平台，加强对生产、流通、消费各环节的价格监测分析。

8. 金融监管信息化工程

建设目标：实现相关政务部门的信息共享和业务协同，为金融市场平稳运行和国民财富安全等方面的有效监管提供信息支持，逐步增强金融信息服务能力，规范金融机构行为，提高对金融风险的防范预警能力和应急处置水平。

建设内容：按照深化金融体制改革和加强金融监管的要求，加快建设金融监管信息系统，完善针对金融业系统性风险、信用风险、市场风险的风险管控和信息共享系统，重点加强对外汇业务、资本市场交易和跨境资金流动等的动态监测和信息共享。建设和完善金融信息平台。

9. 能源安全保障信息化工程

建设目标：实现相关政务部门的信息共享和业务协同，提高对油、气、电、煤等能源供需、价格走势、国际能源市场发展变化，以及重点能源企业财务状况的监测预测和预警能力，为提高国家能源安全保障能力提供信息支持。

建设内容：按照构建安全、稳定、经济和清洁的现代能源产业体系的要求，建设能源安全保障信息化工程。建设覆盖能源资源、能源生产、运输、储备、库存、价格、进出口、消费等各个环节，能源上下游相关产业的监测预警与监督管理信息系统。重点建设支持国内能源生产结构调整、合理布局、确定能源定价策略、制定重大能源战略规划的宏观决策信息系统。

10. 信用体系建设信息化工程

建设目标：依法实现信用信息的跨部门共享，有效支撑对失信行为的惩戒和守信行为的激励，提升信用监管水平，推进社会信用体系的建设。

建设内容：按照加快推进社会信用体系建设的要求，利用人口和法人基础信息库，依托部门和地方建设的业务信息系统，进一步完善公民和法人的信贷、纳税、履约、生产、交易、服务、工程建设、参保缴费，以及违法违纪等信用信息记录。根据客观需求，结合实际条件，建设公民和法人信用信息征信信息系统。

11. 生态环境保护信息化工程

建设目标：逐步实现污染源、污染物、生态环境质量等方面的信息共享，不断提高对重点流域、区域的环境治理水平，有效增强对环境生态和生物多样性保护的监测、评估、服务能力，有效遏制工业污染，促进环境友好型社会建设。

建设内容：针对危害群众生命健康的突出环境问题，按照从源头上扭转生态环境恶化趋势的要求，充分利用物联网、遥感等先进技术，进一步完善土壤、森林、湿地、荒漠、海洋、地表水、地下水、大气等方面的生态环境保护信息系统。运用新一代信息网络技术，动态汇集工业企业污染监测信息，加强工业污染和温室气体排放的评估和监测能力建设。

12. 应急维稳保障信息化工程

建设目标：实现相关政务部门的信息共享和业务协同，有效提高对自然灾害和突发公共事件的综合防范和应对能力，提升应急维稳信息预测预警通报、综合分析研判和决策指挥支持能力，切实维护社会和谐稳定，保障国家安全。

建设内容：进一步建设和完善应急管理信息系统，加强对自然灾害、公共卫生事件和突发群体性事件的信息报送、预测预警、分析评估、舆论引导、应急预案智能化联动、预警信息发布、应急通信、应急指挥、防灾减灾、应急队伍和物资调配、应急处置责任认定等信息能力建设。充分利用、整合和完善各类社会管理动态综合信息，拓宽民意反映渠道，建设维护社会稳定信息系统，面向重点地区、特殊群体、敌对势力和矛盾多发领域，加强舆情搜集和信息监测。

13. 行政执法监督信息化工程

建设目标：为有效防控廉政风险，促进行政权力规范运行，深入推行行政执法责任制，加大行政复议指导监督力度，提高面向公共财政资源配置的制度监督水平等提供信息支持，规范行政自由裁量行为，促进依法行政。

建设内容：加快建设行政监察信息系统，以落实违法违纪责任追究为重点，加强行政权力运行监察监管机制，完善电子监察系统。以行政许可和行政处罚等执法行为为重点，建设行政执法监督信息系统。以公共财政运行安全和绩效评价为主要内容，在金审工程的基础上，进一步完善政府预算执行监督的审计信息系统。

14.民主法制建设信息化工程

建设目标：有效满足立法和监督等工作需求，为人大及其常委会履职提供信息支持。进一步提高政协政治协商、民主监督和参政议政能力。有效增强司法能力、提高司法效率、确保司法公正、推进司法公开。实现检察信息资源的整合与共享，促进公正廉洁执法。

建设内容：围绕国家基本法律制度的建设，加强人大信息系统建设，完善法律信息库。整合共享有关信息资源，完善政协业务网络系统。加快推进法院系统信息化，建设完善法院案件管理及决策支持系统。加快推进检察系统信息化，建设以控告举报与刑事申诉、职务犯罪侦查与预防、侦查监督、刑事审判监督、民事审判与行政诉讼监督、刑罚执行监督为主要内容的检察院法律监督信息系统。

15.执政能力建设信息化工程

建设目标：充分运用信息化手段，加强党的建设，优化配置党的执政资源。为不断巩固党的执政基础，提高执政能力提供信息支持。

建设内容：整合利用各级党委、政府和其他相关机构的信息资源，建设完善党的决策指挥管理系统、执政资源配置和运行监测系统、惩治和预防腐败系统、社会管理和群众工作服务系统。

四、保障措施

（一）科学组织工程建设

国家政务信息化工程建设任务涵盖的具体工程项目，均应严格按照基本建设程序审批。要加强工程建设的跨部门统筹协调，确定牵头建设部门，建立健全"一把手"负责制，确保完成规划提出的目标任务。牵头建设部门要会同有关部门严格依照规划要求，对具体工程项目开展专题研究，逐项细化工程体系架构和具体项目的建设范围，落实实施步骤和部门职责分工。各项目建设单位必须充分利用统一的国家电子政务网络开展本部门信息化工程建设，避免重复投资、重复建设。对各自为政、不支持信息共享和业务协同、不能满足国家政务信息化工程整体建设要求、论证不充分的项目不予审批。有关部门要抓紧研究制定部门现有业务专网迁移规划，促进部门业务网络尽快向国家电子政务网络迁移。原则上不再审批新建部门信息化专网。要进一步明确工程项目完工投用后的共用共享机制，增强部门间的业务协同能力，确保工程项目取得实际效果，切实提高国家投资效益。鼓励采用物联网、云计算、下一代互联网、绿色节能、模拟仿真等新技术，以促进信息基础设施和信息资源共享，培育多元化公共服务为重点，在相关领域开展政务信息化试点示范工程建设。

（二）落实工程建设资金

充分保障国家政务信息化工程的建设资金和运维经费。中央地方共建项目按照统一规划，根据中央地方事权划分确定相应的建设内容和建设资金。建设资金列入同级政府固定资产投资，运维经费列入同级财政预算。国家对西部地区和中部欠发达地区的中央和地方共建项目予以适当补助，通过中央基建投资安排解决。中央和地方的建设资金、运维经费必须及时到位，确保项目顺利实施。

（三）加强工程全过程管理

项目建设单位应按照国家电子政务工程建设项目管理的相关规定加强项目的全过程管理。严格项目概算调整管理，严格工程项目信息通报制度和档案管理制度，同步推进电子化档案管理，进一步强化工程监理。有关部门要抓紧研究制定国家政务信息化工程效能评价指标体系，在项目验收阶段和投入运行后对工程项目进行效能评价，评价结果作为项目验收和后续项目建设立项的重要参考。要深入开展项目需求分析，科学确定项目建设内容和投资规模，确保政务信息化工程取得实效。

（四）推进工程建设管理创新

鼓励项目建设单位积极采用服务外包、项目代建等专业化和市场化方式，探索政务信息化工程建设运行的新机制新模式。有关部门应抓紧研究编制国家数据中心和灾备中心的整体规划，制定促进部门信息化建设采用共建、代建、服务外包等方式的具体措施，以及与之配套的信息安全保密管理制度，有效促进部门信息化建设的改革发展，合理控制、切实降低建设与运维成本，提高专业化水平和服务质量，确保重要信息系统安全可靠运行。工程建设中应按照优先采购安全可控、绿色节能软硬件产品的原则进行设备选型和招标，并将采购情况作为项目验收和效能评价的重要内容。继续组织实施信息安全产品和服务产业化专项，推进自主创新产品发展，为政务信息化工程提供技术支持。

（五）加强信息安全保密

工程建设必须与安全保密措施有机结合，做到安全保密措施先行。项目建设单位要严格依据国家关于涉密信息系统分级保护和非涉密信息系统信息安全等级保护的有关规定，在政务信息化工程项目的需求分析报告和建设方案中同步落实分级保护和等级保护要求，制定实施与业务应用紧密结合、技术上自主可控的信息安全和保密解决方案。项目建成后的试运行期间，项目建设单位应按有关规定组织开展信息安全风险评估，确保信息化工程项目安全保密。

（六）强化规划监测评估

建立动态评估机制，强化对规划实施情况的跟踪分析和督促检查。发展改革委要对规划实施的年度进展情况进行总结，并适时开展中期评估，不断优化规划实施方案和保障措施，促进规划工程建设目标和任务的顺利实现。

附录四

《上海市政府电子政务"十二五"发展规划》

大力推进电子政务,是各级政府提升履职能力和水平的重要途径,是深化行政管理体制改革和建设人民满意的服务型政府的重要手段。为更好地落实《国家电子政务"十二五"规划》和《上海市国民经济和社会发展第十二个五年规划纲要》有关要求,结合本市信息化发展实际,深入推进本市电子政务有关工作,切实提高行政管理和服务水平,编制本规划。

一、基本情况和发展形势

(一)基本情况

"十一五"以来,各级政府按照"服务政府、责任政府、法治政府和廉洁政府"和"行政效率最高、行政透明度最高、行政收费最少的行政区之一"(以下简称"两高一少")的目标要求,大力开展电子政务建设和应用,取得了明显成效。

一是基础设施建设进展显著。互联互通的电子政务网络体系日益完善,传输环境极大改善,形成了由政务内网(市公务网)、政务外网、800兆数字集群政务共网等构成的基础公共网络。电子政务安全基础设施水平和应急响应能力稳步提升。市电子政务灾难备份中心启动了介质容灾服务,并开展了数据级灾备系统试点。

二是业务应用日益深化。初步建立了实有人口库、法人库、空间地理基础信息库。进一步完善了以"金"字号命名的12个国家重点业务系统。建成了城市网格化管理、电子口岸平台、网上行政审批平台等一批跨部门业务信息系统，并逐步推广应用。

三是服务功能不断拓展。电子政务服务对象已经涵盖政府部门、企事业单位和社会公众，增强了政府服务的便捷度和透明度。以"中国上海"为标志的上海政府网站群的建设、应用和服务水平不断提升，在推动信息公开、网上办事、公共服务、网上互动、移动应用、无障碍建设以及社会监督等方面，成效显著。

四是发展环境持续优化。加强电子政务项目的建设管理和行业评估，提高了电子政务的综合效益。结合新一轮政府机构改革，市政府办公厅设立电子政务办公室，会同市有关部门、单位推进、指导、协调、监督本市电子政务工作。不少区县和部门加强电子政务的标准规范、技能培训和人力保障等方面工作。

当前，本市电子政务建设还存在着几个比较突出的问题。一是体制机制方面，电子政务建设全市性统筹协调与监管有待进一步加强，区县、部门之间电子政务发展水平存在差异；二是建设效益方面，本市电子政务建设起步早、投入力度大，但核心业务信息化程度偏低，部门间协同应用不够，社会管理和服务公众的效能有待进一步提升；三是信息资源共享和利用方面，信息的完整性、准确性和及时性不高，决策支持能力有限，部门之间、政民之间的信息共享和交互程度不够；四是安全保障方面，分散建设的安全措施无法适应新形势要求，电子政务整体的安全保障能力亟待进一步提高。

（二）发展形势

1. 电子政务成为提升国际竞争力的新突破

近年来，信息技术革命及其广泛应用推动着世界范围内生产力、生产方式乃至生活方式的深刻变革。作为信息化建设的重点和先导，电子政务已成为国际间城市竞争合作的重要内容，国际性大都市更是竞相制定和实施电子政务发展战略和行动计划，推动电子政务纵深发展。

2. 我国电子政务发展进入新阶段

经过多年的发展，我国电子政务基础设施日益完善，应用实践取得长足进步。党的十七届五中全会以来，互联互通、资源共享、业务协同、整合提升成为国家电子政务建设的要求。更加强调电子与政务的融合、需求与效果的并重，更加注重应用支撑、集约开放和协同共享，更加聚焦加快政府管理现代化进程和促进服务型政府建设，正成为各地电子政务发展的共识。

3. 上海转型发展对电子政务提出新要求

在"创新驱动、转型发展"的关键时期，上海电子政务建设正面临新的发展机遇和挑战。转变公共服务理念、创新社会管理方式、促进行政管理体制改革，将成为今后本市电子政务深化应用的出发点和落脚点。加强单一部门资源整合利用、推进跨部门协同共享、完善服务方式和内容，将进一步成为本市电子政务发展的重点和方向。

二、指导思想和基本原则

（一）指导思想

深入贯彻落实科学发展观，紧密围绕上海加快推进"四个率先"、加快建设"四个中心"和社会主义现代化国际大都市的总体目标，严格按照"两高一少"的政府自身建设要求，以提高社会管理能力和公共服务水平为重点，以整合资源、深化应用、创新服务、绩效管理为主线，全面加强电子政务建设与管理，努力构建与现代化行政管理要求相适应、与城市创新驱动和转型发展大局相一致、与信息网络技术发展水平相同步的电子政务发展新格局，有力促进"服务政府、责任政府、法治政府和廉洁政府"建设，服务本市经济社会的全面、协调、可持续发展。

（二）基本原则

1. 统筹规划，协调发展

从经济社会发展的全局出发，加强电子政务的顶层设计，统筹推进，注重实效，突出重点，分类实施。切实处理好电子与政务、整合与新建、公开与保密的关系，促进电子政务全面协调发展。

2. 整合资源，协同共享

充分利用现有的基础网络、业务系统和信息库等各类电子政务资源，实现有效整合、分类管理和有序利用，最大限度地促进电子政务资源互联互通和协同共享。

3. 深化应用，完善服务

聚焦政府内部的核心业务和重点工作，不断拓展相关电子政务应用。聚焦与人民群众生产生活密切相关的政务活动，强化专项业务建设与应用，提供更加灵活、高效的电子政务服务。

4. 规范管理，注重创新

着眼于建立健全管理制度，完善法治环境，确保电子政务持续健康发展。坚持创新引领，加强前瞻性研究。同时，注重理论创新、模式创新、管理创新和机制创新。

5. 统一标准，保障安全

加强电子政务标准体系的研究和应用，提高系统建设的规范性、开放性和实用性。正确处理安全与发展之间的关系，同步健全与政务应用深度融合的电子政务安全体系，切实保障网络、信息和应用安全。

三、总体目标

"十二五"期间，构建"建设集约、资源共享、应用深化、环境完善"的电子政务发展框架，重点形成电子政务的"四大体系"，即管理上，形成科学、合理的监管评估体系；应用上，形成统一、规范的业务协同体系；服务上，形成高效、便民的服务体系；技术上，形成安全、创新的支撑保障体系。到"十二五"期末，本市电子政务整体发展水平处于全国先进行列。

一是统筹管理水平进一步提高。建立市、区县联动，条块结合的电子政务决策管理、业务应用和监督考核机制，并将其纳入各级政府部门管理和绩效考核体系；建立完善跨部门应用协调和信息资源共享长效机制；建立健全协同监管机制，实现政府投资信息化项目全周期管理。

二是应用平台建设进一步推进。创新信息网络技术应用，推进统一政务网络的业务支撑作用，搭建电子政务功能平台。市、区县两级政务外网以及各类应用支撑平台发挥重要作用，承载日常政务运行业务，有效降低行政成本。

三是信息资源体系进一步完善。加强政务信息资源管理，逐步建立集中与分布相结合的政府信息资源管理体系，推进政务信息资源内部共享和社会化服务，满足社会管理和公共服务需求，重点相关领域之间资源共享与业务协同取得突破性进展。

四是核心业务应用进一步深化。跨部门信息系统建设、资源整合共享和业务协同成效显著；应用系统覆盖政务部门主要职能和核心业务，事务处理、业务监管和决策支持能力不断加强；建立电子公文交换体系，逐步取消双轨制；试点探索推行移动办公。

五是公共服务水平进一步提升。初步形成立体化、多层次、全方位的电子政务公共服务体系；实现行政审批网上统一受理、部门协同办理、统一查询反馈；政府网站服务功能更加完备，服务水平大幅提升；开展智能化电子政务服务和移动政务服务新模式初步应用，不断拓展个性化服务；进一步增强政府与社会、民众的双向互动、同步交流。

六是发展环境进一步优化。基本建立与业务发展需求相匹配的电子政务政策体系、人才体系、技术体系、标准体系、安全体系，信息技术应用成为公务员必备技能，电子政务的公众认知度和满意度不断提高。

四、主要任务

（一）深化完善公共网络建设服务

1. 建设完善政务内网，拓展业务应用

按照电子政务内网建设要求，配合完成政府系统政务内网的升级改造及接入网的优化完善。大力发展内网决策指挥、应急管理、公文流转、日常办公等各类应用，实现电子政务内网信息系统互联互通、信息共享和业务协同，满足各级政务部门内部办公、管理、协调、监督和决策的需要，提高政务内网运维保障能力。

2. 提升政务外网能力，深化服务应用

进一步完善政务外网，不断提高网络平台业务承载能力，保障对上联国家、下至社区的重大业务信息系统的网络支撑。重点推进、鼓励面向社会管理和公共服务的政务服务应用在政务外网上运行，不断提升政务外网对公共部门的决策服务和应用支撑作用。加强业务应用系统互联互通，推动实施跨部门、跨层级的网上市、区县联动和协同办公，不断创新政务外网应用服务模式。加强网络整合优化，逐步归并市、区县两级政府部门互联网接口。

3. 依托移动网络等技术，推进无线应用

进一步拓展800兆数字集群政务共网等公共基础网络的功能和应用，重点提高信息反馈、分析决策和指挥调度等能力。探索无线政务网络建设，逐步形成布局合理、功能完备、技术先进、安全可靠的基础网络。充分利用智能移动终端，开展面向公众服务和移动办公等应用。

（二）有效促进信息资源共享利用

1. 强化重点基础信息资源库功能

建设完善实有人口、法人、空间地理等基础信息资源库，发挥其基础性、全局性、战略性的作用。进一步健全相应的信息采集、动态更新、有序共享等机制，强化基础信息资源库的建设维护和应用服务。完善人口数据，推进实有人口信息在多部门、多行业的深化应用。进一步完善法人信息共享和应用系统，重点拓展信息类型、覆盖范围和基础应用。建设空间地理信息共享平台，创新空间地理信息交互等建设运营模式。

2. 推进重点领域政务信息资源建设与共享应用

重点推进金融、商务、质量技监、统计、建设交通、规划国土、住房绿化市容、水务、环保、卫生、食品安全、旅游等领域信息资源的建设和共享。加强各部门内部资源整合共享，进一步提升对信息的分析处理能力，发挥其在业务管理、宏观决策和公共服务等方面的支撑作用。大力发展跨部门信息系统建设和应用集成，促进跨部门信息资源共享。

3. 加快政务信息资源目录和交换体系建设

按照"试点先行、面上铺开、标准配套"的思路，以建设交通、商务、公安、工商、规划国土、住房、交通港口、统计、卫生、质量技监等领域的政务信息资源为切入点，开展政务信息资源分类、编目、注册和共享工作。加快推进政务信息资源服务平台建设，深入研究政务信息资源目录标准体系，逐步形成集中与分布相结合的政务信息资源共享机制，实现政务信息资源的规范管理、快速查询、按需共享和社会化服务。

（三）重点推进基础应用深化服务

1. 深化网上行政审批平台建设与应用

实现所有市级部门审批业务系统、区县审批平台与市级网上审批管理和服务平台的互联互通，形成全市统一的网上审批平台框架。推动并联审批、协同应用和单部门审批等行政审批和服务事项全部上网、全程上网、规范上网、高效上网。开展电子监察。加快审批资源共享。

2. 推进政府部门无纸化办公

依托市政府核心办公系统数据交换平台，实现政府系统文件、会议通知、简报专报等的垂直报送和横向传输。大力推进政府部门间的电子公文信息交换和信息资源共享利用，力争市级部门无纸化办公率达到50%，进一步提高政府行政效能。

3. 开展电子政务云试点应用

利用云计算、物联网等技术，开展示范应用，创新管理服务模式，加强全市电子政务集约化建设，促进政务信息资源整合共享，提升整体安全保障能力，提高建设资金使用效率。

（四）积极推动重点领域业务协同

1. 经济发展与监管领域

重点围绕服务经济体制改革，完善税收管理信息系统建设，促进税源跟踪、监管和征收的协同。加强建设工程监控信息化管理系统建设，提升建设市场管理水平。深化农业、商务、工商、质量技监、卫生、食品药品等部门涉及食品安全的信息系统建设，进一步强化食品安全检验检测信息共享，促进食品安全监管业务协同。加强农村集体"三资"（资金、资产、资源）的信息化管理，推动农村集体"三资"保值增值，维护农村集体经济组织和成员的合法权益。

2. 城市建设与管理领域

扩大交通信息综合应用，完善道路交通、交通管理、公共交通等综合信息平台，加强交通各行业部门间的信息共享与交换，提升数字交通综合服务水平，推进城市智能交通体系建设。深入推进城市网格化管理信息系统应用，重点完善水务、地下空间、居住区物业、公共交通、绿化市容、工程安全、特种设备等专业网格化管理系统，为部门监管提供有力支撑。重点建设和整合安全生产、危化品应急救援处置、消防、应急预警等方面信息平台，提升城市安全监管能力。整合水务、环保、市政、交通等信息资源，试点构建"智能水网"，提升本市水资源开发利用综合水平，增强城市危机管理能力。进一步推进房屋状况信息服务等信息系统建设，为住房保障、房地产市场调控、房屋管理等提供支撑。

3. 社会民生与服务领域

围绕教育教学改革和创新人才培养，优化教育信息基础设施，建设和完善各类教育基础信息库，推动教育资源共建共享。从不断满足市民日益增长的物质文化需求出发，大力推进公共文化服务领域信息化建设，优化公共文化设施网络，推进文化信息资源全社会共享。建立统一规划的市、区县两级健康信息数据共享交换平台，以应用电子健康档案和电子病历为基础，加快推进和完善相关信息系统建设，使公共卫生机构、医院、社区卫生服务中心以及家庭医生、市民有效共享利用健康信息。围绕贯彻实施《社会保险法》，升级人力资源和劳动保障管理信息系统，同步完善相关业务系统，提升人力资源和劳动保障社区统一公共服务能力。重点推进社区事务办理、收入核对、救助帮扶、社区生活服务、居委会自治等信息服务平台建设，构建"智能社区"体系框架，提升社区便民服务水平。加强旅游管理及服务的信息化应用。

（五）着力提高公共服务能力和水平

1. 创新政府网站建设服务

充分发挥政府网站作为电子政务窗口和平台的重要作用。继续深化政府信息公开、网上办事、便民服务、政民互动四大核心内容建设。以整合资源、创新服务为导向，构建"一站式"网上政务大厅和网站群服务体系，强化面向公民和法人的在线服务和互动交流功能，着力提升政府网站服务水平。积极推进政府网站无障碍改造，增强视力障碍群体访问政府网站的便捷性，力争改造率达到70%。加强各级政府网站平台的整合，推动集约建设和统一管理，切实提高政府网站服务质量和安全防护能力。

2. 建立全市统一的市民服务热线

建设涵盖咨询、投诉、建议、办事等各类服务事项的统一市民服务热线和业务处理平台，实现电话、短信、网络"三位一体"的接入方式，形成业务受理、跟踪督办、处理反馈、市民回访、监督考核的全过程"闭环"管理机制，初步形成本市非紧急类事务"一号式"热线服务体系。

3. 推进第二代社会保障卡应用

将社保卡作为政务服务和民生服务的前端载体，在学籍管理、老年服务、电子健康档案等领域，拓展持卡应用，为市民提供信息记录、信息查询、身份认证、金融支付等公共服务。

4. 加强各类公共服务平台整合利用

以多渠道服务终端为载体，利用无线、有线等网络技术和平台，增强服务的便捷与智能程度。创新政务微博等新技术应用，推进政民互动，健全公民参与和诉求表达机制，提高政府管理和服务水平。

（六）全面提升综合支撑保障能级

1. 完善电子政务建设标准规范体系

按照国家标准和行业标准，构建本市统一、适用的数据、技术、管理和业务等标准规范体系，重点研究政府信息资源目录体系标准、统一的法人数字证书标准等，进一步明确市、区县之间，市级部门之间，同条线市、区县两级部门之间信息系统建设标准和管理维护规范，促进系统间的互联互通、协同应用。

2. 健全电子政务安全保障体系

进一步完善安全基础设施，加强风险评估与等级保护，建立应急预警机制，不断强化安全长效管理。充分发挥电子政务灾难备份中心的功能和作用，提高其整体服务能力。进一步加强政务外网安全防护能力。建设政务外网电子认证系统和密钥管理设施，强化应用和数据安全。推进法人身份网上统一认证，整合各部门向企业发放的数字证书，实现法人数字证书统一管理、一证多用、电子印章加载等功能。推进国产软件的推广与应用，进一步提升信息安全。

五、保障措施

（一）加强组织领导，完善体制机制

在市政府统一领导下，加强宏观指导，统筹规划、统一部署、协调推进本市电子政务建设。各区县政府、市政府各部门建立主要领导负责制，明确责任部门，落实工作职责，加强督促检查，统筹协调，推进市、区县、街道乡镇（社区）各级电子政务工作。研究制定《上海市电子政务管理办法》，逐步完善项目建设管理、信息共享、网上审批等配套工作制度。进一步形成市、区县联动，条块结合，部门协同的综合协调机制，促进本市电子政务持续健康发展。

（二）增加资金投入，落实重点工程

加大电子政务建设和运维资金投入力度，重点保障部门基础性业务、跨部门系统、公共基础设施和信息资源建设。鼓励电子政务服务外包和市场化参与，形成多元化投入渠道。强化规划衔接与任务落实，以"智慧城市"建

设三年行动计划为依托,加快制定上海市政府投资重大信息化工程建设规划,明确目标、落实部门、细化任务,通过重点工程的方式具体实施。

(三)建立考评制度,提高建设效益

建立电子政务绩效评估体系和绩效考核机制,倡导集约建设和协同共享,引入公众评价机制,加大监督考核力度。按照国家有关部门要求,开展电子政务发展水平综合评估与政府网站发展等专项评估。形成电子政务建设考核通报制度和激励机制,提高电子政务建设的经济效益和社会效应。

(四)加强队伍建设,搞好宣传推广

营造良好的学习实践环境,全面提升电子政务工作人员解决实际问题的能力。将电子政务列为领导干部和各层次机关工作人员学习培训内容,建立普及性与针对性相结合的培训机制,提高电子政务意识和素质。发挥政府带动效应,借助各种媒体,广泛宣传电子政务服务的新理念、新方法和经验、做法,不断提高公众认知度和全社会应用水平。

(五)创新技术应用,加强合作交流

跟踪研究新技术,关注应用发展新趋势,建立全市电子政务项目专家咨询、认证机制,发挥试点示范效应,重点攻克共性、难点问题,形成电子政务创新技术支撑服务体系。加强电子政务领域的国内外交流与合作,加强国内外产、学、研多领域协作,创新思维和方法,不断提升本市电子政务发展水平。

附录五

《青岛市电子政务发展"十二五"规划纲要》

一、发展现状

"十一五"期间,我市认真贯彻国家和省工作部署,全面落实《青岛市电子政务发展"十一五"规划纲要》,坚持突出应用、注重实效,集中统一、集约发展,加强整合、优化服务,建管并举、确保安全的方针,切实完善电子政务基础条件,有效整合电子政务资源,积极创新电子政务模式,电子政务各领域实现了跨越式发展,成为优化政务环境、创新政务模式的重要动力,有力推动了高效、廉洁、服务型机关建设。"青岛市电子政务工程"获全国信息化建设成就奖,市委、市政府门户网站——青岛政务网在全国330多个副省级和地市政府网站的五次绩效评估中,取得了两次第一、两次第二、一次第五的成绩,并获突出贡献奖。我市电子政务总体上处于全国较高水平,并具备向更高水平发展的条件。

(一)电子政务基础条件进一步完善

电信网、有线电视网、宽带互联网和3G无线网覆盖全市,市级机关局域网建成率达到100%,公众服务网站建成率达到99%,电子政务内网通达区(市)、专网通达街道(镇)、外网通达社区(村)。由八个平台、五个中心、一套目录构成的"851"电子政务核心技术体系,成为全市机关共享的基础设施。

（二）统筹整合取得成效

坚持"四统一分"管理体制,制定了《电子政务建设项目管理办法》,加大了电子政务统筹整合力度。提供基础设施共享服务（ISS）、平台共享服务（PSS）和应用共享服务（ASS）,实现低投入建设、大规模应用、低成本运行、高水平服务。截至2010年底,已有28个部门实现主机集中托管;统一构建了99个部门的内部办公系统、47个部门190项审批业务系统、44个部门5800多项行政处罚业务系统和20多个领域的电子监察系统;为52个部门虚拟了70多个公众服务网站,为20个部门建设了内部信息共享系统,为100多个部门和单位提供国际互联网接入服务,为100多个部门和单位提供网络版防病毒和补丁推送等网络安全服务;30多项部门应用系统依托共享平台建设和运行。

（三）电子政务与政务模式创新深度融合

在市、区（市）、街道（镇）三级机关形成了大一统的一网式办公环境,行政效率显著提高;将市、区（市）两级3000多项审批服务事项全部纳入统一网上审批平台办理,业务协同和联合服务能力显著增强;将5800多项行政处罚事项细化量化自由裁量基准后逐步纳入统一网上执法平台管理和运行,有效规范了行政行为;对审批、执法、公共资源交易、重要资金管理使用等20多个领域实行电子监察,有效强化了行政监督;在全市机关统一建设了政府信息公开数据库并通过政府门户网站统一发布,推动了阳光政府建设;定期组织网络在线问政,建立了各部门统一的网上政府信箱、新闻发布、意见征集、调查、听证、信访等系统,畅通了公众知情、参与、表达、监督渠道;整合各部门1万多项服务事项并通过政府门户网站向市民提供"一站式"服务,推动了服务型政府建设。

"十一五"期间,我市电子政务虽然实现了跨越式发展,但仍然存在一些突出问题。

一是发展不平衡。一些部门和区（市）不同程度地存在重技术引进轻政务创新、重建设轻应用、重监管信息化轻服务信息化、重机关信息化轻基层信息化的"四重四轻"倾向，影响电子政务均衡健康发展。

二是信息资源共享和业务协同滞后。一些部门和区市的电子政务仍处于单项业务孤立发展状态，跨部门跨系统的整合式、一体化应用较少。受观念和建设模式制约，部门间信息资源共享程度较低，业务协同困难，使电子政务难以继续大幅度提高行政效能和服务效率。

三是分散建设问题依然存在。个别部门对电子政务缺乏全局观念，各自为政、分散建设的问题仍然存在，不仅造成重复投资、资源浪费，而且继续形成"信息孤岛"和业务分割，影响了一体化政府和一站式服务目标的实现。

二、背景和需求

"十二五"期间，我市电子政务发展必须积极适应以下六个方面的趋势和需求，明确发展方向，提高发展水平。

（一）政府社会管理和公共服务职能进一步强化

党的十七大提出："加快行政管理体制改革，建设服务型政府"，"完善公共服务体系，推行电子政务，强化社会管理和公共服务"。"十二五"期间，我国将加快转变发展方式、调整经济结构，加快推进服务型政府建设，进一步强化政府的社会管理和公共服务职能。电子政务必须紧紧围绕这一过程，适应社会信息化迅速广泛普及的趋势，坚持不懈地探索利用信息网络技术强化政府的社会管理和公共服务职能。

（二）公众参与意识不断增强

网上论坛、博客、微博等互联网应用形式，形成了信息发布和传播大众化渠道，改变了舆论形成机制，激发了公众参与意识，强化了社会监督机制。电子政务作为网络时代政府转型的产物，必须不断适应公众参与需求和互联网应用新形势，自觉拓展公众网上参与渠道，及时回应公众关切，努力推动和谐社会建设。

（三）行政权力规范透明运行的要求更加迫切

法治政府建设和政务公开的不断深化，党务公开的逐步推行，以及社会监督机制的不断增强，对行政权力规范透明运行提出了更加迫切的要求。电子政务应当在促进权利规范透明运行上发挥更大作用。

（四）后台集中化、前端移动化成为信息化发展新趋势

信息化系统越来越复杂、数据量的爆炸性增长和虚拟化等技术的成熟而催生的云计算模式，使信息化后台系统的集中化成为迫切需求和可行选择。同时，无线网络和手机等手持设备智能化的发展，将使网络应用迅速由桌面终端向手持终端转移。电子政务系统的规划建设必须积极适应这两种趋势。

（五）三网融合将使家庭上网加快普及

电信网、广播电视网和互联网融合发展，将使电视机等家用电器变成智能网络终端，加快互联网和信息化应用在家庭的普及。这一方面对电子政务发展提出了更迫切的需求，另一方面也为电子政务发展提供了更加有利的社会环境。

（六）物联网技术将开辟政府社会管理和公共服务信息化应用新领域

作为国家重点发展的战略性新兴产业，物联网将加快网络及其服务的泛在化进程，实现人与人、人与物、物与物的通信，增强人类对环境的感知和控制能力。电子政务应当充分利用物联网技术，在提高城市管理、交通管理、能源管理、环境保护、安全生产、食品安全、医疗服务、公共安全、应急处置等各个方面的管理和服务水平上发挥更大作用。

三、指导思想和工作原则

"十二五"期间，我市电子政务发展总的指导思想是：以邓小平理论和"三个代表"重要思想为指导，深入贯彻落实科学发展观，紧紧围绕党和政府经济调节、市场监管、社会管理、公共服务职能和决策、执行、监督各个环节，遵循统筹整合、均衡发展、协同共享、安全可靠的原则，坚持世界眼光、国际标准，发挥集中统一管理体制和集约化发展模式的优势，推动我市

电子政务率先发展、科学发展、高端发展。

"十二五"期间，我市电子政务发展要坚持下列工作原则：

——统筹整合。坚持统一机构、统一规划、统一网络、统一软件和分级推进的"四统一分"管理体制，集中建设和完善电子政务共享平台，通过基础设施共享、平台共享、应用共享，加大技术系统整合力度，巩固集约化模式。没有特殊需要，部门不再建设机房、不再建设平台级信息系统、不再设立新的信息中心，逐步把部门的信息化后台系统整合到统一平台。各区市电子政务发展要服从全市统一规划和部署，凡全市有统一要求的，均应使用统一的系统，实现两级互联互通。

——均衡发展。破除重技术引进轻政务创新、重建设轻应用、重监管信息化轻服务信息化、重机关信息化轻基层信息化的"四重四轻"倾向，坚持以政务目标为导向、以应用为中心、以服务为重点，推动电子政务转方式调结构，实现均衡发展，提升整体绩效。

——协同共享。通过制度建设、模式创新、技术约束等配套措施，不断破除"信息孤岛"和业务分割，促进跨部门业务系统互联、信息资源共享和管理服务协作，努力建设网络环境下的一体化政府，为社会提供一站式服务，推动电子政务向高端发展。

——安全可靠。坚持一手抓发展、一手抓安全，不断加强安全保密技术体系建设和应用过程中的管理制度建设，提高安全防御能力和系统管理水平。

四、总体目标

"十二五"期间，我市电子政务发展的总体目标是：按照《青岛市国民经济和社会发展第十二个五年规划纲要》的部署和要求，跟踪信息网络技术发展趋势，建成并不断完善适应全市机关电子政务应用需要的共享技术支撑体系；加强统筹整合，基本解决部门分散建设信息化系统问题；推进跨部门信息交换共享，基本建成政府监管和服务所需基础信息共享数据库；推进跨部门业务协同，加快网络环境下一体化政府建设进程；大力拓展和深化电子政务应用，推动政务模式创新，进一步畅通民意渠道、深化政务公开、强化行政监督、规范行政行为、优化政务流程、提升政府服务，推动电子政务向世界先进水平迈进。要实现六个转变：

——由技术驱动向政务驱动转变。根据行政管理体制改革和服务型政府建设的需求推进电子政务发展，将技术创新融入政务创新，用政务创新引领技术创新。

——由以政府为中心向以人民群众为中心转变。贯彻以民为本理念，根据服务型政府建设要求，改变从政府需要和自身管理方便出发规划建设电子政务系统的做法，更加关注社会服务需求，围绕方便企业和市民推进电子政务建设和应用。

——由以部门为中心向以流程为中心转变。以效率最高、成本最低、服务最优为目标，发挥电子政务流程互通、信息共享的优势，推行跨部门、跨层级联合服务，推动网络环境下一体化政府建设。

——由以信息服务为主向以办事服务为主转变。实施"政府二次上网"工程，全面推进政府审批办事服务上网，真正实现企业、市民随时随地与政府连线办事的目标，提高效率，降低成本。

——由信息分散独享向信息集中共享转变。打破信息资源部门所有观念，通过制度、技术、服务等各种手段，改变"信息孤岛"状态，推动信息资源集中共享，提高整体开发利用水平。

——由单一集约化模式向复合集约化模式转变。在继续提高现有共性应用系统集中共享水平的同时，不断扩大机房、主机、存储、网络、安全、基础软件、基础数据、应用组件等各层次的集中共享，形成复合集约化发展模式。

五、主要任务

（一）建设完善核心技术体系，推进技术资源整合共享

1. 建设云计算与灾备一体化服务平台

采用虚拟化等新技术，通过整合、扩展、完善，建设云计算与灾备一体

化的电子政务服务平台，广泛推行基础设施共享服务、平台共享服务、应用共享服务，实现技术资源整合共享。

2. 建设政务物联网数据中心

依托现有电子政务基础设施，根据各部门物联网应用扩展需求，建设全市机关统一的政务物联网数据中心，为部门基于物联网的应用系统集中提供网络通信、数据存储、信息处理及系统运行服务，避免各部门分散建设物联网数据中心。

3. 整合完善政务网络平台

根据中央办公厅、国务院办公厅统一部署，建成全市统一的电子政务内网，并整合各部门涉密网络，形成全市统一的涉密信息传输管理平台。大力发展内网决策指挥、办公管理、信息共享、业务协同等各类应用。严格按照信息系统分级保护要求，落实安全保密措施，完善身份鉴别、访问控制、责任认定体系，确保内网应用安全。

以现有电子政务专网、外网为基础，构建全市机关共享使用的高速骨干网络平台，整合各部门延伸到区（市）、街道（镇）、社区（村）和基层企事业单位的纵向网络，实现全市电子政务网络的统建统管。

4. 整合完善政务网站平台

完善青岛政务网内容管理平台、政民互动平台和办事服务平台，整合部门网站服务资源，形成一体化的政府公共服务网站群，并逐步向统一网站过渡。

5. 整合完善安全支撑平台

按照信息系统等级保护要求，完善以病毒防范、漏洞管理、入侵防范、信息加密、访问控制等为重点的安全防护体系；完善以安全审计、系统监控、接入控制等为重点的安全管理体系；全面发放"e证通"企业数字证书和"一卡通"市民数字证书，建立基于数字证书的统一身份认证、授权管理、责任认定服务体系，为企业和市民提供一次认证、一网通行的网上政务服务。

6. 建设移动电子政务平台

根据机关移动办公、移动执法需求，适应手持设备智能化和移动通信技术快速发展的形势，规划建设移动政务安全接入平台和应用服务平台，形成有线无线互为补充、安全可靠、统建统管、充分共享的移动电子政务平台。

（二）建设基础信息数据库，推进信息资源整合共享。

制定政务信息资源共享管理办法、目录体系和交换体系，建立健全重要政务信息资源采集、加工、管理、交换、共享、利用等相关制度和规范标准，建成八大基础信息数据库，促进部门间信息交换和共享服务标准化，为决策提供准确、规范、综合的数据和业务服务，为政务管理和服务提供完整、准确、及时的基础信息支撑。

1. 自然人基础信息数据库

依托市民卡工程，整合公安、人力资源社会保障、医疗卫生、计划生育、教育、民政、公积金、残联、老龄等各部门相关的人口信息资源，按照部门分工，建立权责分明的更新维护机制，形成完善的自然人基础信息数据库。

2. 法人基础信息数据库

以企业"e证通"和财源建设工程为依托，整合工商、税务、质监、公安、财政、建设、人力资源社会保障、民政等所有涉及企业和组织机构的信息资源，形成完善的企业、民办非企业和社团组织等法人基础信息数据库。

3. 空间地理信息数据库

依托国土、测绘数据，建设统一的空间地理基础信息共享平台，通过图层数据加载、调用等方式，统一为各部门基于空间地理信息的业务应用系统提供服务，形成全市统一的空间地理信息共享数据库。

4. 统计信息数据库

完善统计信息系统，整合部门统计数据，建设完整、准确、及时的统计信息数据库和统计信息查询、分析、展现服务平台。

5. 执法信息数据库

依托网上审批、网上执法业务系统，建设包含行政执法事项、法规依据、裁量权、批文和证照信息、处罚结果信息、执法人员资格、执法文书等内容的行政执法基础信息数据库。同时，与自然人、法人基础信息数据库相关联，形成统一的自然人与法人基础信息、资质信息和监管信息，为部门业务系统和信用平台建设提供数据服务。

6. 档案信息数据库

依托电子政务共享平台，继续推进数字档案馆建设，加快历史档案数字化进程，完善电子文件归档管理，形成完善的档案信息数据库。

7. 社会信用信息数据库

依托自然人和法人基础信息数据库和网上执法、纳税、年检等部门业务系统，整合涉及企业和个人的信用信息，建设全市信用信息数据库。

8. 决策支持和办公信息数据库

根据党委、政府决策需要，整合各类基础信息和管理信息，建立政务主题数据库。同时，以市委办公厅、市政府办公厅内部信息共享网站和数据库为样板，推动各部门普遍建立内部信息共享网站和数据库，提高全市机关信息管理和开发利用整体水平。

（三）深化共性基础应用，推进管理服务整合协作

1. 推进市民一卡通、企业一证通应用

发放社会保障（市民）卡，实现市民办理就业、就医、社会保障、住房公积金等社会公共事务一卡通。发放"e证通"企业数字证书，深化细化税务、工商、人力资源社会保障、环境保护、国土房产、统计、科技、国有资产管理、建筑工程管理、新闻出版管理、市政公用事业管理、交通运输管理、农林水利管理、海洋渔业管理等领域的信息化应用，并使用数字证书进行电子签名认证，实行网上直接受理、办理和反馈。

2. 整合资源拓展网上公共服务

以市民一卡通、企业一证通、政府邮箱、网上审批、网上执法、信息公开、政民互动等政府服务为基础，全面梳理各政务部门和公共服务机构的服务事项并上网提供在线办理，同时吸引、整合社会服务资源，打造集电子政务、电子商务、社会服务于一体的网上"市民服务e站通"和"企业服务e站通"，

形成网上综合为民服务体系。

3. 深化网上审批

发挥统一网上审批平台的优势，全面实现市、区（市）两级行政许可和非许可审批事项网上流转。按照以流程为中心的原则，打破部门、层级界限，不断推进纵横联动审批，实现统一受理、一表填报、联合办理、一站式服务。

4. 推行网上执法

建成市、区（市）两级统一的网上执法平台，编制行政执法权力目录和行政处罚裁量基准，建立规范的执法流程并实现90%以上的行政执法事项网上登记、管理、运行、发布和监督，促进行政执法规范透明运行。

5. 深化网上信息公开

依托市委、市政府门户网站和网上办公系统，完成存量信息梳理，严格新增信息补充更新机制，形成内容完整、分类准确、更新及时的政府信息主动公开、依申请公开和不予公开目录及数据库。完善网上查阅和依申请公开信息受理功能。同时依托网上审批、网上执法等应用，推动权力运行过程和结果公开。

6. 完善网络问政综合服务

整合完善政府门户网站和各部门网站的政府信箱、访谈、调查、听证、意见征集、新闻发布等渠道，建设统一的网络问政综合服务体系，形成功能完善、形式多样、方便畅通的公众知情、参与、表达、监督渠道，密切政民联系，促进和谐社会建设。

7. 深化网上办公，推行网络会议

按照功能更完善、可靠性更高、整合能力更强、用户体验更好、政务流程更优的要求，改造升级金宏电子政务集群系统，开发金宏移动办公系统。推动网上办公拓展新的应用领域、覆盖更广的用户范围，市、区（市）两级90%以上的部门实现内部网上办公。扩大网络视频会议系统使用范围，一般性工作部署类会议采用网络视频会议形式召开。

8. 推进电子政务进社区（村）

加大社区和村级信息化基础设施建设资金投入，全面推进宽带网络进社区（村）工程，争取100%的社区、90%以上的村实现电子政务宽带网络接入。整合部门面向社区（村）的业务系统，完善社区和村级电子政务平台，推进信息传递、事务管理、信息整合、村务公开和公共服务网络化，促进政府行政管理和社区自我管理有效衔接，政府依法行政与居民依法自治良性互动。推行社区（村）为民服务代理制，让政府的网上服务通过代理服务惠及千家万户。

9. 推行网上学习培训

利用全市统一的网络视频会议系统，开展网上实时培训；利用视频点播系统，为机关工作人员提供机动灵活的音视频培训服务；利用决策资源网平台，建立知识积累、管理、交流、利用机制；利用在线培训考试系统，开展网上学习、培训和考核，促进学习型机关和知识型公务员队伍建设。

（四）推进各领域电子政务，提高部门信息化水平

1. 民生保障服务领域

围绕贯彻实施《社会保险法》，建设完善的社会保障信息系统。完善人力资源管理信息系统，提高就业管理服务能力。根据医药卫生体制改革需要，建设和完善公共卫生、居民健康档案、基层卫生服务、医疗保障、药品监督管理系统以及以电子病历为核心的区域医疗信息化应用系统。建设集教育管理、教育资源、公共服务于一体的教育信息化综合服务平台。围绕提升社会救助、救灾捐款、优抚安置、社会福利管理水平，加快建设民政信息化系统。完善住房信息系统，提升住房保障管理服务水平。建设人口计生综合业务信息系统，提高人口信息服务水平。完善残疾人管理服务信息化系统。建设以监管信息数据库为核心的食品安全监管信息网络，实现对食品生产、经营各环节的有效监管。

2. 社会管理领域

加快推进政法、公安信息化系统建设，提升社会治安综合管理能力。深

化应急技术平台与电子政务平台的整合,依托电子政务平台,建设完善的应急监测监控、指挥调度和基础信息系统。完善人民来信来访三级信息网络体系,提高信访管理服务水平。推进人口、户籍、计划生育、社保、医疗、民政、房产、车辆等领域跨部门信息交换共享,提高政府社会管理水平。完善文化市场监管信息系统,加强文化市场综合管理。

3. 城市规划建设管理服务领域

建设和完善城市规划信息化应用系统。建设地下管网基础数据库、地下综合管网系统和地下空间的数字化综合管理系统。完善扩展安全生产网格化监管体系,全面实现隐患排查、安全监管、安全教育、行政执法网络化和科学化。加快智能交通系统建设,促进道路畅通工程。完善数字化城管系统功能,创新管理运行机制,扩大覆盖面,实现城市管理精细化、长效化。完善旅游公共服务系统,提高旅游应急调度、预警管理、突发事件协同、市场营销和旅游服务能力。推进"金土工程",实现市、区(市)、镇三级土地一体化管理。建设空间地理共享信息平台,推动城市规划建设、资源管理、环境保护、设施管理、位置服务、应急指挥等信息化应用一体化。

4. 综合管理和行政监督领域

加快"金财工程"建设,整合财政信息化应用,实现预算编制、执行、监督一体化。深化财源信息共享,加强财源监控,促进财政增收。以现有电子监察系统为基础,扩展电子监察领域,深化、细化监察内容和环节,真正实现对行政权力运行的全程跟踪、实时监控、预警纠错和绩效评估。推进"金审工程",形成以联网审计、动态审计监测、公共管理审计监管、经济安全审计评价、审计管理质量控制、审计决策支持为主要内容的审计信息化支撑体系。

六、保障措施

(一)加强组织领导

电子政务工程是一项关系机关办公管理现代化、行政管理体制改革和城市信息化发展的重要工作,涉及面广,组织协调难度大,资金投入多,技术复杂，必须切实加强组织领导。全市的电子政务工作在市委、市政府领导下，由市电子政务协调领导小组负责重大问题和涉及全局的重大工程的组织领导和协调。市电子政务和信息资源管理办公室要在市委办公厅、市政府办公厅的具体组织领导下，做好日常管理、统筹、协调、推进和技术支持工作。各区市要参照市的做法，按照全市统一规划要求，确定本地电子政务发展目标和任务，理顺体制机制，抓好贯彻实施，确保市、区（市）两级电子政务统一、协调发展。市直各部门要明确分管负责同志，确定一个综合主管处室、一名信息技术主管和一名信息资源主管，形成电子政务协调推进的工作机制。

（二）完善投资保障和约束机制

将电子政务建设和运行维护资金纳入财政预算。严格执行《青岛市电子政务建设项目管理办法》，加强项目前期规划、审核把关、建设管理、竣工验收和绩效评估。重点保障全市统一共享平台、统一应用系统和整合共享项目投资。鼓励部门利用共享平台规划建设应用系统。严格控制部门自建平台级信息系统。

（三）完善考核评价机制

健全电子政务绩效评估指标体系，建立科学的绩效评价机制，定期评估部门、区（市）电子政务发展水平，推动全市电子政务健康有序快速发展。

（四）加强制度和标准规范建设

根据电子政务发展需要，适时制定相关管理规定和标准规范，逐步建立既符合国家要求、又符合我市实际的电子政务制度和标准规范体系。

（五）加强培训，提高应用水平

将电子政务纳入领导干部和各层次机关工作人员学习培训内容。建立普及性培训和针对性培训相结合的培训机制，增强全市机关工作人员利用信息网络技术推进政务创新的意识，提高工作能力和水平。

（六）加强交流与合作

积极参加信息化专题会议，保持与国内外政府机构、知名IT厂商联系，跟踪技术和应用发展趋势，积极引进服务外包，多领域扩大交流与合作，创新思路、技术、管理和方法，以世界眼光、国际标准，推动我市电子政务不断向高层次发展。

参考文献

[1] 汪玉凯：《电子政务创新与社会管理》，载《电子政务》，2011年第9期。

[2] 国家行政学院电子政务研究中心、联合国经济和社会事务部：《2012年联合国电子政务调查报告（面向公众的电子政务）》，2012年3月。

[3] 孟庆国：《网络群体性事件中个体行为解构与建模分析》，载《电子政务》，2011年第9期。

[4] 丁艺：《韩国地方政府电子政务建设商业模式：代理理论视角的分析》，载《电子政务》，2011年第4期。

[5] 丁艺：《跨国知识网络组织的知识与信息共享》，载《电子政务》，2010第10期。

[6] 杨昕：《论虚拟社会的基本特征及其管理》，载《社会工作》，2012年第1期。

[7] 冯斌元：《网络虚拟社会安全管理面临的挑战与对策》，载《上海公安高等专科学校学报》，2010年第3期。

[8] 孟广均、沈英等：《信息资源管理导论》，科学出版社1998年版。

[9] 肖明：《信息资源管理》，电子工业出版社2002年版。

[10] 胡昌平等：《信息管理科学导论》，武汉大学出版社2002年版。

[11] 刘焕成：《提高电子政务信息资源开发利用效率的对策研究》，载《图书情报工作》，2004年第8期。

[12] 徐步陆：《浅议加入WTO后的我国政府信息资源管理发展》，载

《信息化建设》，2003年第8期。

[13] 孟庆国：《网络问政的意涵、形式与特征》，载《电子政务》，2011年第9期。

[14] 朱希铎：《如何面对信息化建设转入IRM阶段的挑战》，参见 http://www.jydoc.com/article/88847.html.

[15] 朱希铎、侯炳辉：《信息化未来之困——信息资源管理》，参见 http://it.sohu.com/20041020/ n222592416.shtml.

[16] 徐焕良：《知识链模型研究》，载《计算机科学》，2005年第2期。

[17] 李绪蓉、徐焕良：《政府信息资源管理分析》，载《电子政务》，2005年第Z4期。

[18] 北京市信息办：《北京市政务信息资源共享交换体系规划》，2006年5月。

[19] 孟庆国：《互联网与治理腐败新路径》，载《上海党史与党建》，2009年第12月号。

[20] 国信[2006]2号：《国家电子政务总体框架》，参见 http://www.miit.gov.cn/n11293472/n11295327/n11297127/11741734.html.

[21] 李建设等：《电子政务系统安全的框架性解决方案》，载《计算机工程与设计》，2007年第14期。

[22] 王政等：《电子政务安全保障体系结构研究》，载《计算机应用》，2008年第S1期。

[23] 美国国家安全局：《信息保障技术框架》，北京中软电子出版社2002年版。

[24] 张振，王惠芳：《电子政务安全体系结构研究与设计》，载《网络安全技术与应用》，2010年第11期。

[25] 荣华：《如何提高对虚拟社会的管理水平——网络舆论：深化认知和正确引导》，载《中国党政干部论坛》，2011年第4期。

[26] 陈红捷、刘西林：《电子政务环境下虚拟组织在政府组织变革中的应用》，载《西北工业大学学报（社会科学版）》，2005年第3期。

[27] 单保华、杨冬菊：《一种有盟主的服务虚拟组织模型及其在电子政务中的应用》，载《计算机学报》，2006年第7期。

[28] 孟庆国：《互联网时代党内民主建设路径探析》，载《长白学刊》，2009年第6期。

[29] 张建：《电子政务环境下虚拟组织协作关系模型》，载《清华大学学报（自然科学版）》，2006年第3期。

[30] 李广乾：《论电子政务的经济职能》，载《电子政务》，2012年第5期。

[31] 韩禈伟：《电子政务云的应用需求及经济效益分析》，载《科技信息》，2012年第16期。

[32] 覃征、陈俊英、王昱等：《电子政务导论》，高等教育出版社2007年版。

[33] 张向宏、张少彤：《服务政府与政府网站建设》，清华大学出版社2010年版。

[34] 李志更、秦浩：《政府网站构建与维护》，中国劳动出版社2011年版。

[35] 李荷华：《电子政务内网系统架构研究》，载《电子政务》，2006年第7期。

[36] 李瑛、钟洛、喻飞：《电子政务内网设计与实现》，载《衡阳师范学院学报》，2005年第6期。

[37] 宁家骏：《国家电子政务外网构架——建设统一外网平台》，载《电子政务》，2005年第Z1期。

[38] 刘增明、戈文杰：《国家电子政务外网建设概况》，载《电子政务》，2008年第6期。

[39] 董西尚：《网站集群管理系统研究与开发》，载《吉林广播电视大

学学报》，2009年第5期。

[40] 郑天鹏：《地方政府网站公众参与的实践与建议——以吉林省为例》，载《中国信息界》，2012年第8期。

[41] 张锐昕、姜春超：《政府门户网站的功能及其保障机制》，载《理论探讨》，2007年第4期。

[42] 黄学华、吴科主，周传华：《当前我国政府网站公众参与渠道建设情况及对安徽的启示》，载《电子政务》，2010年第11期。

[43] 罗燕：《基于合肥市政府门户网站开展信息公开的研究》，载《安徽大学》2012年。

[44] 刘静岩、李峰、王浣尘：《政府门户网站的功能与具体定位》，载《情报杂志》，2005年第2期。

[45] 姚静：《中国政府门户网站信息无障碍建设的问题与对策—基于国内外政府门户网站的比较》，载《电子政务》，2012年第9期。

[46] 邓崧、彭艳：《电子政务经济效益的关系模型分析》，载《价值工程》，2006年第5期。

[47] 工信部：《国家电子政务"十二五"规划》，2011年12月12日。

[48] 汪玉凯：《中国电子政务建设的经济效益分析》，载《新视野》，2002年第5期。

[49] 张维迎、刘鹤：《中国地级市电子政务研究报告》，经济科学出版社2003年版。

[50] 张锐昕、乔立娜：《电子政务对完善政府公共服务职能的意义和挑战》，载《中国行政管理学会2004年年会暨"政府社会管理与公共服务"论文集》2004年。

[51] 张长胜，《基于WEB的电子政务信息系统设计与实现》，山东大学，2005年。

[52] 刘祯祥：《网络时代电子政务优势研究》，载《黑龙江科技信息》2007年第18期。

[53] 王雅林：《"社会转型"理论的再构与创新发展》，载《江苏社会科学》，2000年第2期。

[54] 米加宁：《电子政务与MPA教育》，载《公共管理研究（1）"公共管理研究与教育"国际学术研讨会论文集》2001年。

[55] 戴宏：《电子政务应用向我区基层延伸》，载《内蒙古日报（汉）》。

[56] 李卫江：《电子政务与空间信息集成的理论及实践》，华东师范大学，2004年。

[57] 徐晓日：《政府创新的信息化模式——电子政务研究》，吉林大学，2004年。

[58] 戚鲁：《电子政务环境下政府组织管理研究与实践》，南京理工大学，2004年。

[59] 王宁：《电子政务中信息资源整合的建模方法与应用研究》，大连理工大学，2006年。

[60] 刘辉、巴晨锋：《电子政务与物联网技术》，载《河北省科学院学报》，2011年第3期。

[61] 鲍凌云、刘文云：《云计算在电子政务系统中的应用研究》，载《现代情报》，2011年第4期。

[62] 高意盈：《政务微博何去何从》，载《政府法制》，2011年第28期。

[63] 何振、魏琼：《电子政务视野中政府行政流程再造分析》，载《电子政务》，2005年第22期。

[64] 姚志新：《基于互联网建设市级电子政务安全支撑平台的研究与实现》，载《计算机安全》，2007年第3期。

[65] 胡同新：《电子政务与我国政治文明建设》，载《重庆邮电学院学报（社会科学版）》，2006年第1期。

[66] 刘双良：《信息时代与政府管理模式创新——中美电子政务比较研究》，载《湖北省社会主义学院学报》，2004年第3期。

[67] 张振、王惠芳：《电子政务安全体系结构研究与设计》，载《网络安全技术与应用》，2010年第11期。

[68] 肖培英：《建立电子政务系统与管理科学化问题研究》，新疆大学，2006年。

[69] 马建：《我国地市级政府电子政务建设的现状分析与对策研究》，安徽大学，2007年。

[70] 韦江：《电子政务促进和谐城市构建的研究》，北京工业大学，2008年。

[71] 李佳：《公民社会组织发展中存在的问题与对策》，载《吉林省行政管理学会"政府管理创新与转变经济发展方式"学术年会论文集（《吉林政报》2010·专刊2）》，2011年。

[72] 李桐：《推动区县电子政务建设 加强电子政务测评工作（下）》，载《中国国门时报》，2007年。

[73] 朱虹：《网络环境下的政府公共服务协同研究》，华中师范大学，2007年。

[74] 李娜：《自然灾害救助中政府公信力的提升》，载《吉林省行政管理学会"政府管理创新与转变经济发展方式"学术年会论文集（《吉林政报》2010·专刊2）》，2011年。

[75] NSA.Information Assurance Technical Framework 3.1[EB/OL]. 2002. http://www.iatf.net/framework-docs/version-3_1/index.cfm.

[76] Siau K.Long Y A.(2006).Using Social Development Lenses to Understand E-goverment Development[J].Journal of Global Information Management.2006.14(1):47-62.

[77] Rowley J.(2011).E-Goverment Stakeholders—Who Are They and What Do They Want? [J]. International Journal of Information Management.2011.31(1):53-62.

[78] Smith M L.(2011).Limitations to Building Institutional Trustworthiness through E-goverment:a Comparative Study of Two E-services in Chile[J].Journal of

information Technology.2011.26(1):78-93.

[79] Thomas J C.Streib G.(2005).E-democracy .e-Commerce and E-Research:Examining Electronic Ties between Citizens and Goverments [J]. Administrative Science.2005.37(3):259-280.